KLEINE LEUTE

DAS LEBEN DES SCHAUSPIELERS
FRED DELMARE

Michael Hametner

KLEINE LEUTE

DAS LEBEN DES SCHAUSPIELERS FRED DELMARE

Schwarzkopf & Schwarzkopf

1
HELDENTRÄUME IM SCHNEE
Kindheit in Thüringen

Ob Fred Delmare an einem Tag geboren wurde, an dem noch Schnee lag oder sich der Frühling schon zeigte, weiß heute niemand mehr zu sagen. Er erinnert sich nur daran, daß es oft in seiner Kindheit kalt war.

Der Tag seiner Geburt war der 24. April 1922. Geschwister, die heute zu befragen wären, gibt es keine. So müssen wir das Datum nehmen, wie es in der Geburtsurkunde eingetragen steht. Und lesen daraus anstatt der Wetterlage die Lage der Gegend, in der er geboren wurde: Hüttensteinach, vier bis fünf Kilometer vor Sonneberg. Die Republik von Weimar hatte den Südthüringer Raum zum Notstandsgebiet erklärt. Einst war Sonneberg die Weltstadt des Spielzeugs gewesen. Bis 1898 existierte in Sonneberg ein amerikanisches Konsulat. Sieben amerikanische Großhandelsunternehmen hatten sich in Sonneberg niedergelassen, darunter WOOLWORTH. Der erste Weltkrieg und die erste große Inflation Anfang der 20er Jahre hatten den Niedergang der Spielwarenindustrie um Sonneberg eingeleitet. Die Leute saßen zu Hause und schnitzten, preßten Puppenkörper, malten Glasaugen für Puppen, stopften Teddybären mit Graswolle aus – alles für ein paar Pfennige. Und die Familienväter setzten ihre Kinder und Schwiegertöchter, die Oma, die Tanten und anderen Anverwandten um den großen Tisch im Wohnzimmer, nannten sich Spielzeugfabrikanten, und ließen alle schnitzen, malen, pressen oder stopfen. Und doch hatten sie, nachdem die Aufkäufer die Ware abgeholt hatten, nicht mehr als ein paar Mark in der Tasche. Und bei den Ärmsten saßen abends alle um denselben Tisch, warteten auf einen Topf mit dampfenden Kartoffeln, und manchmal mußten sich zwölf Esser einen einzigen Hering teilen. – So soll es damals gewesen sein, als er geboren wurde.

In Hüttensteinach, das sich als selbständiger Ort gegen Köppelsdorf nicht mehr lange wird behaupten können, mußten die Männer und Frauen immer Ausschau halten nach Arbeit, mit der man sich etwas dazuverdienen konnte, und sei es ein kostenloses Essen. Eine Wiese konnte gemäht, der Garten des Zahnarztes umgegraben werden. Der Zahnarzt zahlte feste Preise: fünf Mark und ein halbes Hähnchen für einen Tag Gartenarbeit. Und er achtete genau darauf, daß beim nächsten Mal ein anderer zu dieser Arbeit kam, denn er wollte gerecht gegen die Not sein.

Der Vater bestimmte den Vornamen des Stammhalters auf Werner. Die Mutter hatte nichts einzuwenden, und so wurde noch am nächsten Tag auf dem Standesamt von Sonneberg und im Kirchenbuch von Hüttensteinach ein VORNDRAN, WERNER eingetragen. Er wird später – nach dem Krieg, als sein Name auf Plakaten und in Programmheften gedruckt werden sollte – diesen Namen gegen Fred Delmare eintauschen. VORNDRAN stehen wollte er schon, aber nicht so heißen.

Es stellte bei den Vorndrans nichts Ungewöhnliches dar, daß der Vater am Tag nach der Geburt und die Tage darauf ordentlich einen auf seinen Sohn trank. In der Kneipe war er meist, jedenfalls wenig zu Hause. Nicht, daß der Vater ein Trinker gewesen wäre. Beileibe nicht. Dafür mag das Geld schon gar nicht ausgereicht haben, das die Familie zum Leben hatte. Es hielt ihn nur einfach nicht zu Hause. Er saß gern beim Kartenspiel mit den anderen oder ging zum Sport. Mit seinem Hang zur Geselligkeit machte er es der eigenen Familie schwer. Zu oft war er nicht zu Hause.

Lina, die Mutter, war die Zweitälteste unter sechs Geschwistern. Und sie war es, deren Körpergröße nicht mehr als 1,60

Meter maß. Der Vater, zwei Jahre älter als seine Frau, hatte stattliche 1,80 Meter! Auf dem Hochzeitsfoto kann man es sehen. Max und Lina hatten extra ein Fotoatelier aufgesucht und mußten sich für die Aufnahme vor einen Prospekt stellen. Es sieht aus wie auf einer Hotelterrasse am Gardasee, den sie nie gesehen haben. Max preßt seinen Zylinder an die linke Brust, als sei er noch immer beim Militär. Linas Schleier fällt bis auf den Boden. Und obwohl sie gut einen Schritt hinter ihrem Mann steht, was ihr in der Perpektive etwas mehr Größe geben soll, endet ihr Kopf dort, wo bei Max das Kinn beginnt. Der Vater gehört zu den Männern, die einem Friseur bei seiner Arbeit nicht widersprechen, sonst hätte er gebeten, die abstehenden Ohren zu verstecken. Lina trägt weiße Handschuhe und hält die Blumen. Eine Szene, wie sie der Fotograf wohl Dutzende Male fotografiert hat. Außer dem Größenunterschied kaum etwas Auffälliges. Vielleicht der Blick. Beide schauen sehr gefaßt, ohne ein Lächeln. Auf anderen Familienfotos ist dasselbe zu beobachten – gelächelt wird nicht.

Der Vater arbeitete als Schreiner in der Piano-Fabrik von Hüttensteinach. Pianos baute man nur am Anfang, später mußte man auch für die Spielzeugindustrie in Sonneberg zuliefern. Noch etwas später mußte man schließen, und der Vater wurde arbeitslos.

Es könnte durchaus sein, daß die Mutter ihr Hochzeitskleid selbst genäht hat. Sie arbeitete in Werners Kindertagen als Näherin zu Hause. Einmal in der Woche wurden ihr zugeschnittene Stoffbahnen gebracht, die sie dann gegen fertige Ware tauschte: Anzüge für Bäcker, Jacken und Hosen für den Waidmann, später dann auch Uniformen für die SA.

Die Vorndrans lebten ohne Not für das Tägliche. Man bewohnte zur Miete allein ein Haus. Das jedoch war so klein, daß es nur zwei Zimmer, Küche und einen kleinen Vorraum hergab. Der Vorraum – von dem rechts eine Tür ins Wohnzimmer führte – wurde Werners Raum: ein Durchgangszimmer, besser als nichts.

Gegen Onkel Wilhelm waren die Vorndrans arme Leute. Wilhelm war der Bruder der Mutter. Er war Kaufmann bei Woolworth in Sonneberg. Für den kleinen Werner, der mit seiner Mutter oft Onkel Wilhelm in dessen Villa besuchte, war der Onkel so etwas wie ein Gott. Wilhelm hatte die Tochter einer Nazigröße von Sonneberg geheiratet. Und obwohl ihn die politische Glaubensrichtung der Familie seiner Frau nicht interessierte, verbesserte er dadurch sein Ansehen in Sonneberg beträchtlich. Onkel Wilhelm hatte ein Herz für Werner. Nicht etwa, daß er dem Kleinen seiner Schwester Geld zusteckte – er ging mit ihm um, als gehörte Werner zur eigenen Familie. Das war für den Heranwachsenden viel eindrucksvoller. Er besuchte ein Haus, in dem es Dienstboten gab und mittags nicht einfach gegessen wurde, sondern getafelt, in dem viel Besuch ein und aus ging und man sogar ein Auto fuhr. Und dieses Haus gehörte einem aus seiner Familie: Onkel Wilhelm. In seiner Jugend war Wilhelm ein guter Reckturner gewesen. Im Arbeitszimmer hing seine Urkunde als Thüringen-Meister. Er hatte Muskeln, die – wenn er sie auf Werners Bitte hin anspannte – das gestärkte Oberhemd bauschten, bis es Falten warf.

Eine Stunde Fußmarsch brauchte man von Werners Elternhaus bis zur Villa von Onkel Wilhelm in Sonneberg. Auf dem Weg malte sich der kleine Werner aus, auch einmal in seinem Leben ein so stattliches Haus zu haben. Onkel Wilhelm wurde – ohne daß er viel dafür tat – schon für den Sechsjährigen ein Vorbild. Und wenn sich Werner einen Begriff machen wollte, was reich ist, dann mußte er nur an Onkel Wilhelm und die Villa in Sonneberg denken. Der Vater begleitete sie nie, wenn Lina mit Werner den Bruder besuchen ging. Und Wilhelm ersparte es dem Vater – was sich

Werner so sehr gewünscht hätte –, die Vorndrans in ihrem kleinen Häuschen zu besuchen.

Und noch etwas trug dazu bei, daß Onkel Wilhelm und der Vater sich aus dem Weg gingen. Auch wenn der Vater kein eingeschriebenes Mitglied war, so sympathisierte er doch mit den Kommunisten. Onkel Wilhelm gehörte durch die Familie seiner Frau zur anderen Seite. Dieser Unterschied spielte zunehmend eine größere Rolle. Werner war eines Tages – es waren noch drei, vier Jahre, bevor die Nazis an die Macht kommen sollten – wieder auf dem Weg zu Onkel Wilhelm, da erlebte er an der Hand seiner Mutter eine Rangelei der Kommunisten mit den Nazianhängern. Erst hatten sie nur zuschauen wollen, aber als aus dem Schubsen und Schieben quer über die Straße eine richtige Prügelei wurde, war ihnen der Weg abgeschnitten. Später verehrte die Mutter Hitler. Sie stellte im Wohnzimmer ein Foto vom neuen Reichskanzler auf. Und wenn der Vater seine Frau wegen ihrer Schwärmerei ärgern wollte, dann legte er über den stumpfen Silberrahmen ein Blümchen oder einen Myrthenzweig. Max nahm seiner Frau die Hitlerverehrung nicht wirklich übel. Aber in der Familie seines Schwagers wollte er sich als Anhänger der Kommunisten nicht sehen lassen. So kam es, daß sich Max und Onkel Wilhelm aus doppeltem Grund aus dem Weg gingen.

Der Luxus der Vorndrans war ein Motorrad, das sich der Vater kaufte, als Werner zehn Jahre alt war. Es handelte sich um eine 250er STANDARD mit viel Chrom. – Als Werner irgendwann einmal ein Paar Segeltuchschuhe von den Eltern geschenkt bekam, da trug er immer ein kleines Läppchen in der Tasche, um die dunklen Lackkappen vorn und hinten, die auf das Segeltuch genäht waren, jederzeit blankwischen zu können. Seine teuersten Schuhe sollten immer wie neu aussehen.

Bis Werner zur Schule kam, ereignete sich nichts Außergewöhnliches. Werner liebte seine Eltern, ohne immer auf alle Ermahnungen zu hören, und sie liebten ihn. Der Vater, der noch zwei Geschwister hatte, und die Mutter mit ihren vier Schwestern und Bruder Wilhelm, hätten gern noch ein Kind gehabt. Aber entweder klappte es nicht, oder die Mutter wollte nicht noch einmal ihrem Lohnherrn sagen, daß sie für ein paar Wochen ausfällt. Jedenfalls entschlossen sich die Vorndrans zu einer Adoption. Das Amt hatte den Wunsch geprüft, und eines Tages schickte man ein kleines Mädchen ins Haus – zur Probe. Mag Werner am Anfang beglückt gewesen sein, daß er von nun an mit seinem Holzschwert nicht mehr alle Mädchen des Dorfes schützen mußte, sondern familiäre Verteidigungspflichten hatte, so wuchs doch bald Mißbehagen gegenüber dem Plan der Eltern. Eines Tages drückte er das Mädchen beim Bad in der Zinkwanne unter Wasser. Werner bestritt den Ernst der Handlung, aber die Eltern gaben den Adoptionsplan auf. Den Kinderwunsch nicht.

Zur Schule kam Werner in Hüttensteinach. Er trat seinen Schulweg nie besonders gern an. Schule war eben notwendig. Seine Freunde Eberhard und Karl-Heinz gingen auch dahin – warum nicht auch er. In Erdkunde und Geschichte brachte Werner recht ordentliche Zensuren nach Hause, jedenfalls bessere als in Rechnen und Deutsch. Seine Leistungen hielten sich in der Mitte.

Entscheidender als das Lernen war in diesen Jahren eher etwas anderes: Werner hoffte inständig darauf, nach dem Vater zu kommen und endlich schneller zu wachsen. Schon bei der Einschulung war er im Vergleich zu seinen Freunden einige Zentimeter im Rückstand. Sollte er nur die Größe seiner Mutter erreichen ... Er mochte gar nicht daran denken. In der Klasse – in der ohnehin die älteren Kinder mitunterrichtet wurden und folglich der Größenunterschied zu Werner stark auffiel – begann man den Kleinen zu hänseln. Und so mag es gekommen sein, daß Werner von früh an nach Wegen suchte, wo er den anderen voraus sein konnte.

Der Vater versuchte mit ungewöhnlichen Mitteln, Werners Wachstum auf die Sprünge zu helfen. So wie er selbst den Sport für etwas Wichtiges in seinem Leben hielt, sollte es auch für den Sohn sein. Max war ein bemerkenswerter Ausdauerläufer. Und wenigstens das sollte Werner auch werden. Der Vater trainierte den Sohn selbst. Die Mutter schüttelte den Kopf, wenn sie sah, daß der Vater eine Wäscheleine mitnahm. Sie wußte, daß er Werner die Leine um den Leib schürte und den Jungen auf den letzten Kilometern hinter sich herzog. Der Vater wollte nicht, daß sein Sohn aufgibt. Aufgeben gab es bei ihm nicht.

Eines Tages veranstaltete die Schule einen Hindernislauf. Werner war damals schon dreizehn oder vierzehn Jahre. Der Vater stellte sich wie ein Trainer an die Strecke. Als sein Sohn vor seinen Augen stürzte und mit geknicktem Knöchel auf dem Weg liegenblieb, da schrie der Vater: Lauf weiter, oder du kriegst eine! Es waren nur noch wenige Meter bis zum Ziel, und Werner hatte in Führung gelegen. Noch war der Zweite nicht an ihm vorbei. Also lief Werner unter großen Schmerzen die letzten Meter und gewann. Gleich danach trug der Vater seinen Sohn zum Arzt und drückte ihn auf dem Weg vor Freude ganz fest an sich. – Der Stolz über den Triumph seines Sohns machte den Vater weich. Am selben Abend noch durfte Werner zum ersten Mal offiziell sein Motorrad fahren. Der Vater saß hinten.

Aus seinem Sohn einen Sportler zu machen – von diesem Plan ließ er nicht ab. Die nächste Sportart, die er für Werner ausprobierte, war Boxen. Hinter dem Haus, wo das Dach zum Wäschetrocknen ein wenig übersteht, befestigte der Vater eines Tages einen Sandsack. Zum täglichen Üben, damit Schlag und Muskeln hart werden. Richtige Boxhandschuhe gab es nicht. Werner spürte den Kies hinter dem Sacktuch, Steinchen für Steinchen. Er zog sich seine wollenen Winterhandschuhe über, zwei aufeinander, doch die Haut auf den Knöcheln der kleinen Finger sprang trotzdem auf. Einmal bekam er beim Training einen Schlag so unglücklich zwischen Nase und Mund, daß ihm das Blut lief. Als er die warme Flüssigkeit schmeckte, packte ihn die Wut. Diesen Schlag sollte ihm der andere büßen. Doch der Trainer wußte Werner, der in höchster Erregung auf seinen überraschten Gegner zulief, zurückzuhalten. Er ließ den Vater bestellen und teilte ihm mit, daß ein so unbeherrschter Junge für den Boxsport nicht geeignet ist. Der Vater erkannte den eigenen Jähzorn bei seinem Sohn wieder und gab ihn, ohne lange über den Vorfall zu reden, zu den Ringern. – Das Selbsthelfertum des Vaters kannte keine Grenzen. Sooft Werner mit Mittelohrentzündung im Bett lag, hatte die Mutter Höhensonne angeordnet. Der Vater entschied eines Tages kurzerhand: Ochsenblut! Er drückte seinem Sohn den Becher aus graugesprenkelter Emaille in die Hand und schickte ihn zum Metzger nach Ochsenblut. Das sollte er trinken, fortan einmal in der Woche. Werner ekelte sich vor der tiefroten, dicken Flüssigkeit. Auf der Oberfläche standen dunkle, fast schwarze Ringe, die aussahen wie kleine Würmer. In einer Mischung aus Angst vor dem Vater und Hoffnung, endlich die Zentimeter aufzuholen, die ihm fehlten, brachte er das Blut Woche für Woche hinter sich. Er wuchs zwar nicht davon – das sah er bald –, aber seine Gesundheit, um die es in der Kinderzeit nie besonders gut bestellt war, stabilisierte sich.

Der Vater gab dem Heranwachsenden zwei Verhaltensregeln: Wenn dir einer etwas will, der genauso groß ist wie du: Lauf nicht weg, wehr dich! Wenn dich einer bedroht, der größer ist als du, sei auch du nicht fair: Nimm einen Stein, einen Knüppel, irgendwas! – Max wollte seinen Sohn nicht untergehen sehen. Offensichtlich geschah diese Erziehung vor dem Hintergrund, daß in Hüttensteinach, Köppelsdorf, Judenbach und den anderen Orten dieser Notstandsregion auf offener Straße so manche Gewalttat passierte. Wer lange überlegte, ob Gegenwehr erlaubt war, der hatte bereits verloren. Auf dem Waldweg nach Neufang sollte erst kürzlich ein Mann erstochen aufgefunden worden sein. Als Werner später eine Freundin in Neufang hatte, trat er den Rückweg durch den nächtlichen Wald nur mit Steinen in der Tasche an. Bis zum Elternhaus verbrauchte er sie alle. Auf jedes nächtliche Geräusch im Wald warf er einen Stein. Und als der Vater, der ihn gelegentlich prüfte, Werner einmal bei Dunkelheit in MÜNCHS KRUG schickte, um ihn dann vor dem Haus zu erschrecken, warf sein Sohn einen Stein nach ihm. Er hatte den Vater in blinder Angst nicht erkannt. Max war froh, daß nur sein Arm getroffen war. Einmal – es war beim Räuber-und-Gendarm-Spiel – hatte ihn in der Hitze des Spiels ein Junge an der Wassertonne mit Regenwasser bespritzt. Werner glaubte nicht an ein Versehen. Er geriet darüber dermaßen in Wut, daß er einen von den vier Steinen nahm, die vor dem Wasserablauf zum Abstellen der Eimer lagen. Damit schlug er nach dem anderen und traf ihn unglücklich am Kopf. Der Nachbarsjunge war sofort blutüberströmt. Werner bekam es mit der Angst und lief nach Hause. Als der Vater nach seinem Sohn rief und schon die Stimme ankündigte, was jetzt folgen würde, da versteckte sich der Junge unterm Bett. Auf beiden Seiten stand sich Wut gegenüber. Der Vater stocherte mit dem Besenstiel unter dem Bett und wollte den Jungen hervorzerren.

Wenn nicht zufällig Großmutter Thekla gekommen wäre, wer weiß, was der Vater mit Werner gemacht hätte. Thekla sah die Zornesader auf der Stirn ihres Sohns und sagte so energisch, wie es die heikle Lage brauchte: Laß den Jungen! Du willst doch, daß er sich wehrt! Max sah, daß er seiner

Erziehung nicht widersprechen konnte und hängte den Besen zurück an den kleinen Haken an der Küchentür.

Stolz war Max auf seinen Sohn. Als eines Abends der Ortspolizist Pfeifer vom Vater fünf Mark verlangte, weil er Werner mit dem Motorrad erwischt hatte, da legte Max den Zündschlüssel auf den Kneipentisch, was soviel heißen sollte wie: Das kann gar nicht sein! Werner gestand zu Hause, sich einen eigenen Schlüssel gefeilt zu haben. Max ging sofort zurück in die Kneipe und bezahlte widerspruchslos die fünf Mark. Sein Sohn, der das Motorrad an einen Zaun lehnen mußte, um überhaupt aufsteigen zu können, hatte es geschafft. Passiert war nichts.

Die strengen, aber liebevoll gemeinten Erziehungsmethoden des Vaters, sein Stolz auf Werner, ersetzten dem Sohn nicht das Familienleben. Nicht einmal am Weihnachtsabend hielt es den Vater zu Haus. Es verwundert, daß er an einem solchen Abend Partner zum Kartenspiel fand. Drei Jahre vor dem Tod der Mutter – Werner war inzwischen zehn Jahre – veränderte sich Max. Er blieb zu Hause, half im Haushalt, und die Familie ging sonntags gemeinsam spazieren. Werner konnte sich den Wandel, der so überraschend gekommen war, nicht erklären. Die drei gemeinsamen Jahre, die den Vorndrans blieben, prägten Werners Bild von einem harmonischen Familienleben.

Als der Vater seinen Familiensinn wiedergefunden hatte, war er auch wieder da – der Wunsch nach einem zweiten Kind. Die Mutter, bei der man eine Gebärmutterknickung festgestellt hatte, wollte sich operieren lassen. Und als alles bereits überstanden schien und sie am nächsten Tag entlassen werden sollte, da gab es am Abend zuvor im Haus der Vorndrans einen großen Schlag. Vater und Sohn waren gerade dabei, die Rückkehr der Mutter vorzubereiten. Sie sollte gleich sehen, daß sie erwartet wurde. Und sie sollte nicht gleich Arbeit mit der Wäsche haben. Vater und Sohn konnten sich das Geräusch nicht erklären. Später sahen sie im Schlafzimmer, daß die Holzverzierung vom Bettrahmen der Mutter abgefallen war. Spontan sagte Max: Mutter sehen wir in diesem Haus nicht lebend wieder! – Noch in dieser Nacht rief man beide in das Krankenhaus nach Sonneberg. Die Mutter lag unter einem Sauerstoffzelt. Nach der Operation waren Komplikationen eingetreten. Nicht der Chefarzt hatte operiert, sondern eine Vertretung. Der Vater schob die Verschlechterung darauf, und – in seiner Verzweiflung – ohrfeigte er den Vertretungsarzt vor dem Krankenzimmer. Diese Unbeherrschtheit hatte keine Folgen. Sein Verdacht war offenbar begründet.

Werner nahm die Hand der Mutter, die trotz der Schweißperlen auf ihrer Stirn eiskalt war. Und er mußte versprechen, es in seinem Leben zu etwas zu bringen. Und Werner, der an diesem Tag genau 13 Jahre, einen Monat und zwölf Tage alt war, versprach nicht nur dies. Als sollten diese Sätze seine Mutter wieder gesund machen, sagte er auch, daß sie sich nie für ihren Sohn schämen müsse. Und es fiel der Satz: So klein ich bin, ich werde ein Held!

Der Vater litt sehr unter dem plötzlichen Tod der Mutter. Vier Männer mußten ihn halten, weil er seiner Frau in das offene Grab nachspringen wollte. Später unternahm der Vater zwei Versuche, sich das Leben zu nehmen. Der Sohn, der nach dem Tod der Mutter abwechselnd beim Vater und bei den Großeltern lebte, erfuhr davon. In seiner Erinnerung sieht er das Kleid, das der Vater noch Jahre nach dem Tod der Mutter an den Schrank hängte, als werde sie es morgen anziehen. Der Vater schaute dann immer auf das Kleid und trank dabei still eine Flasche Wein. Sechs Jahre nach dem Tod der Mutter heiratete der Vater wieder. Werners Stiefmutter wurde die Krankenschwester, die bei der Operation der Mutter dabeigewesen war.

Heimfahrt

Die Einladung, mit ihm in seine Heimat zu fahren, hatte er bereits sehr früh ausgesprochen. Du mußt sehen, wo ich herkomme! Mußt meine Leute kennenlernen!

Wir hatten lange über seine Jugendzeit gesprochen. Welche Wichtigkeit diese Zeit für ihn besaß, merkte ich daran, daß er sich erstaunlich gut erinnerte. Immerhin reichen Schulzeit und Lehre, das Sporttraining mit dem Vater und der Tod der Mutter 60, 70 Jahre zurück. Manches Erinnerungsstück hat sich vom wiederholten Erzählen zu kleinen Geschichten geformt, die abrufbereit im seinem Gedächtnis liegen (für die späten Abschnitte seiner Schauspieler-Karriere ist dies viel seltener). – Warum ist ihm das alles so nahe? Nach unseren vielen Gesprächen bin ich mir sicher, daß in seiner Herkunft aus einem kleinen Thüringer Nest – dessen Name mit der Eingemeindung von der Landkarte verschwunden ist – ein Schlüssel zum Verständnis seines Lebens liegt.

Axel – wie seine Freunde Fred rufen; die Geschichte dieses Namens wird im 5. Kapitel erzählt – spricht mit seiner etwas schnarrenden Stimme ein »heimatloses« Hochdeutsch – Folge seines Schauspieler-Berufs. Beim Telefonieren oder wenn er sich aufregt, mischt sich ein Anflug von Sächsisch darunter. Nach unseren ersten Begegnungen hätte ich ihn nie für einen Thüringer gehalten.

Wir fuhren im Spätherbst nach Sonneberg. Mit zwei Autos. Seine Frau Renate und seine beiden Hunde begleiteten ihn. Die Hunde sind Yorkshire-Geschwister, die auf die Namen BÜFFEL und ELLI hören. Einst waren es drei, einer wurde überfahren, vor dem Haus in Taucha. Axels Auto, ein großer AUDI, hatte mit dieser Besetzung keinen Platz mehr für weitere Mitfahrer. Man kann daraus die Bedeutung der Hunde ersehen, die heute bei ihm fast Kinderstelle einnehmen.

Die Heimfahrt, wie er sie nannte, führte über die Autobahn am Hermsdorfer Kreuz vorbei bis Triptis, dann über Saalfeld soweit in Richtung Sonneberg, bis das Tal der Steinach erreicht ist – kurz vor der Kreisstadt liegt Hüttensteinach, heute nur noch ein Teil von Sonneberg. Ein kleiner Ort, der sich an der Straße entlangzieht. Wenig Auffallendes: niedrige Häuser, keines höher als zwei Stockwerke. Vom Regen in diesen Novembertagen ist der Verputz dunkel und läßt die Häuser armselig aussehen. Links der Bahndamm. Wir müssen ihn überqueren und stoßen wieder auf ein kleines Tal – hier fließt der Judenbach. Entlang des Bachs zieht sich die Karlstraße, heute Judenbacher Straße, den Berg hoch. Axel zeigt mir sein Elternhaus. Es steht in der zweiten Reihe, schon etwas auf dem Hang. Wie das Vorderhaus ist es mit grauen Aluminiumplatten verkleidet, die Rauhputz imitieren sollen und besser dem Wetter widerstehen. Das Haus seiner Eltern ist klein wie ein Gartenhaus. Heute gibt es eine winzige Terrasse, mehr ein balkonartiger Austritt vor dem Fenster an der Giebelseite. Darauf ein in dieser Jahreszeit vergessen wirkender kleiner weißer Plastiktisch und zwei Stühle.

Neigung, das Haus zu betreten, sich den jetzigen Mietern vorzustellen, verspüre ich bei ihm nicht. Das wars, sagt er. Und: Ist nicht viel zu sehen! Axel will weiter: Wir fahren den Berg hoch nach Judenbach. – Nach wenigen Kurven ist der Nachbarort erreicht. Sieht schon freundlicher aus, denke ich. In Hüttensteinach hätte ich mich im Urlaub nicht einquartieren wollen – hier oben schon. Er wendet sein Auto. An der Bushaltestelle steht ein alter Mann. Lächelt ins Auto. Hat er den Schauspieler erkannt, frage ich mich, oder war es nur Freundlichkeit? Axel stoppt und steigt aus. Der Alte hat ihn erkannt. Sie wechseln ein paar Worte: Der Bus ist gerade weg. Kannst du mich mitnehmen? – Kann ich, sagt Axel. Er kennt keine Berührungsängste. Man stellt im Gespräch fest, zwar gleichaltrig zu sein, aber sich nicht von der Schule her zu kennen. Unser Mitfahrer zeigt offen seinen Stolz, daß ihn der Schauspieler nach Hause fährt. –

Meine Frau wird staunen. – Beim Aussteigen spricht er die Gegeneinladung aus: Komm mich besuchen! – Er gibt seine Adresse, und Axel nimmt die Freundlichkeit dankbar an.

Solche Begegnungen wiederholen sich. Vor allem im Gasthof Hüttensteinach, wo wir abends am Stammtisch sitzen. Gleich vier Leute wollen ein Autogramm. – Axel hat seine Karten im Hotelzimmer vergessen. Er vertröstet auf morgen. Der Wirt soll sie weitergeben.

Keine Spur von Eitelkeit. Weißt du, sagt er zu mir, das sind meine Leute; und meint die, die im Gastraum sitzen, die, die wir schon auf der Straße getroffen haben. Und für die spiele ich! – Er wird feierlich, wenn er sagt: Wenn ich denen mit meinen Filmen eine Freude machen kann, dann ist mir das was wert. Bei meinen Leuten bin ich gern, sagt er und winkt Herbert, den Wirt, an den Tisch. – Hat sich der Werner Walter schon sehen lassen? – Nein. – Wir sind mit ihm verabredet. Er – damit meint er mich – soll ihn kennenlernen, euch alle.

Bei Werner Walter, dem Schulfreund, hatten wir am Vormittag kurz vorbeigeschaut. Große Freude und Einladung zum Karpfenessen. Wie das heutzutage so ist, erst gibt man die Zusage, dann kommt das Zögern. Als wir wieder auf der Straße standen: Es wird mir zuviel. Paß auf – er schiebt mir sein Handy zu – du rufst nachher an und sagst, daß wir noch zwei andere Verabredungen annehmen mußten und es zu knapp wird fürs Essen. Dafür lädst du ihn ein, in den Gasthof. – Wir warten auf Werner.

Axel bestellt Thüringer Bratwürste mit süßem Sauerkraut. Kaum stehen die Teller vor uns, erscheint der Schulfreund in der Tür. Die Begrüßung fällt so herzlich aus wie am Vormittag.

Werner Walter ist wie Axel Jahrgang 22. In der Schule, sagt Werner in seinem weichen Dialekt, fiel Axel wenig auf; weder Musterschüler noch Hallodri. – Ich frage etwas ungeschickt: Zeigten sich damals schon künstlerische Neigungen bei ihm? – Nein. In der Schule nichts. Das heißt, doch. Die Aufführungen in der Theatergruppe bei Malermeister Schau. Sein siebter

Schwabe war ein dolles Ding. Wir haben ihn angefeuert. Daß es einmal sein Beruf werden sollte, nein, das konnte man nicht ahnen. Erst sein Auftritt mit der Marenbach. Aber das war nach dem Krieg. Als Werkzeugmacher hatte er Sonneberg verlassen – als Schauspieler war er heimgekehrt! Die Leute haben erst gespottet, als sie hörten, Werner Vorndran heißt jetzt Fred Delmare und spielt Theater. Danach haben sie sich über die Straße zugerufen: Große Klasse, der Werner, große Klasse! – Axel trinkt sein Bier und tut so, als sage man ihm etwas Neues. – Werner Walter weiter: In der Schule riefen sie ihn: FRÖSCHLE. Warum, weiß keiner. Ich hieß Rapunzel, Axel hieß Fröschle. – Gabs Hänseleien, weil er so klein war? frage ich. – Nein. In der Schule fiel es kaum auf. Die Jüngeren waren noch kleiner, und Axel hätte noch wachsen können. – Mach mal was, wenns nicht weitergeht, warf Axel ein. – Ach, tröstet ihn sein Schulfreund, heute ist es dein Markenzeichen! – Axel strahlt hinüber zum Wirt. – Er hat mir erzählt, sage ich, daß Sonneberg in den 20er und 30er Jahren als Notstandsgebiet galt. Was bedeutete das für den Alltag? – Wir bekamen nie neue Schuhe, sondern nur die Schuhe von unseren älteren Geschwistern. Uns gings ja noch gut. Mein Vater, sagt Werner Walter, war Stimmenmacher. – Was ist das, Stimmenmacher? – Damit die Teddys brummen können und die Puppen Mama sagen! Mein Vater hatte eine kleine Fabrik mit zwei Leuten. Einmal kamen sie aus England, weil er auch Kuhstimmen herstellen konnte, und die Engländer wollten Kuhstimmen. – Warum wollten die Engländer Kuhstimmen? fragt Axel. Und gibt gleich selbst die Antwort: Die wurden in ein dickes Steak eingepflanzt, und wenn das Messer kam, sagte das Steak auf dem Teller: Muuuuuuh! – Aber nach der letzten Wirtschaftskrise 1929 kam kein Engländer mehr nach Sonneberg! schließt der Schulfreund ab. Und dann: Wer aus dieser Gegend kommt, in der schweren Zeit, die wir hier hatten, Kind war, nur mit der Acht-Klassen-Schule losgeschickt wird und dann eine solche Karriere macht, der muß erstens unwahrscheinliches Glück gehabt haben und zweitens muß er mehr können als die anderen! – Ich geh' jetzt, sagt Werner zu Axel, der in ihrer gemeinsamen Schulzeit auch Werner hieß. Gibst du mir noch ein Autogramm für meine Enkelin mit? – Hat die etwa noch keins? – Axel schaut besorgt. – Sie hat es vertauscht gegen einen Schlagersänger, sagt Werner und legt den Ersatz fein säuberlich in seine Brieftasche und geht. – Sie wußte, daß du mal wieder bei uns vorbeischaust.

Sag mal, frage ich Axel später, wenn die Fahrt hierher für dich die Heimfahrt ist, wie nennst du dann die Rückfahrt?

Er lacht und gibt keine Antwort.

2
KUCHEN FÜR DEN ADMIRAL
Überleben im Lazarett

Wie sollte im Jahr 1936 ein Junge aus dem thüringischen Notstandsgebiet um Sonneberg, der mit 13 Jahren die Mutter verliert, dessen Vater arbeitslos ist, ein Held werden? Das war leichter gesagt als getan. Schon bei der Frage, wie lange der Junge zur Schule gehen sollte, fiel die Antwort ohne Diskussion aus: acht Klassen! Es ist zwar kaum anzunehmen, daß Werner protestiert hätte, aber es gab auch keine andere Möglichkeit. Eines war Werner klar, dort, wo er herkam, würde er nie ein Held werden.

In seiner Straße lebte eine Familie, die hatte eine Tante in Amerika. Und als die Tante eines Tages ihre Verwandtschaft in Thüringen besuchte, begegnete Werner einer Frau, die nachmittags immer einen Hut trug, auch sonst auffallend gut gekleidet war und in der ganzen Art ihres Verhaltens verriet, daß man in Amerika viel besser lebte. Wer zufällig auf der Straße in ihre Nähe kam, konnte an ihr sogar Parfum riechen. Mancher mag es damals als Duft Amerikas genommen haben: So riecht die große weite Welt! Dieser Duft muß in Werner eine ganze Assoziationskette in Bewegung gebracht haben, denn plötzlich wußte er, was er werden wollte: Schiffsjunge! Der Vater reagierte nicht weiter. Er bestand darauf, daß sein Sohn einen richtigen Beruf lernt. Auf alle ausgefallenen Pläne, die Werner nach Hause mitbrachte, hatte der Vater nur eine Antwort: Dich nimmt sowieso keiner, du bist viel zu klein! – Aber der Vater konnte nicht verhindern, daß der 14jährige zwei Bewerbungsbriefe aufs Postamt in Hüttensteinach trug, sie frankierte und mit großen Erwartungen an eine Reederei in Hamburg abschickte. Die Adresse hatte ihm kein anderer als Onkel Wilhelm besorgt, der ein Einsehen mit dem Jungen hatte, weil er genauso dachte: In Sonneberg ist nichts zu holen! Von der letzten Weltwirtschaftskrise hatte sich die Spielzeugstadt noch nicht erholt, als die nächste kam. In Berlin hatte man sich 1936 entschlossen, eine große Niederlassung des Heeresbekleidungsamts nach Sonneberg zu verlegen, damit die Thüringer wenigstens etwas vom Aufschwung unter Hitler profitieren konnten.

Der Junge wartete auf die erste Antwort drei Wochen. Klugerweise hatte er die Adresse seiner Großeltern, wo er nach dem Tod seiner Mutter oft wohnte, angegeben. Er fürchtete, der Vater würde ihm den Brief aus Hamburg nicht aushändigen. Doch die Antwort, die nach drei Wochen eintraf und die Oma Thekla still neben den Abendbrotteller legte, enthielt eine Absage. Auf den zweiten Brief wurde gar nicht erst geantwortet. Vielleicht hatte der Vater ihn abgefangen.

Werner mußte sich damit abfinden, eine Berufsausbildung in Sonneberg anzutreten. Zuerst wollte er Autoschlosser werden. Aber in der Werkstatt, in der er mit dem Vater vorsprach, nahm man erst wieder in einem Jahr einen Lehrling. Warten wollte Werner nicht. Nun gab es nur noch eine Möglichkeit: SPINDLER. Die Fabrik in Sonneberg – an der Straße zum Ortsteil Oberlind gelegen – stanzte Bakelit, den Vorläufer des Plastik. Man fertigte Isoliermaterial für alles, durch das einmal Strom fließen wird. SPINDLER – ein Betrieb mit damals 300 Mitarbeitern – besaß auch eine Abteilung fürs Werkzeugmachen. Hier wurden die Matritzen für die Pressen hergestellt und anderes, was man für die Maschinen brauchte. Werkzeugschlosser wäre ein Beruf gewesen, der dem Vater gefiel. Aber auch SPINDLER stellte erst wieder in einem Jahr Lehrlinge ein.

Der Vater ging mit seinem Sohn die Karlstraße herunter. Wer die beiden sah, wäre kaum darauf gekommen, daß es Vater und Sohn waren. Max maß stattliche 1,80 Meter, der

Sohn reichte ihm bis zur Schulter. Am Fuß der Straße, dort, wo sie durch den Bahndamm einen Knick nach links machen muß, liegt rechts MÜNCHS KRUG – dorthin lud der Vater den Sohn ein. Max bestellte zwei Bier, und sie beratschlagten die Lage. In jedem Fall ein Jahr warten! Worauf – auf den Automechaniker oder auf den Werkzeugschlosser? Nach dem zweiten Bier – mehr hätte der Wirt für den 14jährigen, der aussah wie zwölf oder dreizehn, auch nicht gern gesehen – einigten sich Vater und Sohn, daß Werner zu SPINDLER geht. Denn dort konnte er, zwar nicht als Lehrling, aber doch als Gehilfe für alles, gleich anfangen. Damit hätte er immerhin schon einen Fuß im Betrieb, und das war bei Lage der Dinge schon etwas. Das Gehilfen-Jahr verging damit, daß er Briefe verteilte, Pakete austrug, Milch holte und manchmal statt Milch auch Bier. Und sooft er auf seinen Botengängen dem Chef begegnete, sooft schaute der ihn freundlich an und sagte: Na, bald bist du Lehrling bei uns!

Am 1. August 1937 war es soweit: Werner Vorndran hatte sich als Gehilfe gut geführt und wurde als Lehrling von der Maschinenbaufabrik SPINDLER übernommen. Sein Lehrmeister hieß Erich Menzel. Der verstand nicht nur viel von Drehmaschinen, sondern konnte mit seinen Händen auch eine Geige greifen und spielen. Durch ihn wurde Werner nicht nur ein Werkzeugmacher, der mit Feinmechaniker-Qualität als Gesellenstück einen millimetergenauen Gewindeschneider herstellen konnte, er lernte auch, daß es neben dem formbaren Metall auch noch etwas anderes gibt. Am Wochenende zog Erich Menzel mit seiner Geige über die Tanzböden der Umgebung. Und wenn bei SPINDLER die Belegschaft feierte, ließ sich auch sein Lehrling Werner nicht lange bitten und trat mit seiner schönen Tenorstimme auf. Daß er mehr als eine passable Stimme besaß, wußte er durch gemeinsame Übungsstunden mit dem Schulfreund Gerhard von der Wehd. Werner empfing mit dem Beifall das Gefühl, etwas zu können, was – zumindest bei SPINDLER – außer ihm und seinem Lehrmeister nicht jeder konnte. Und das entschädigte ihn für die Hänseleien, der Kleinste seines Alters zu sein, dessen Körpergröße so gar nicht zu seinem Namen paßte: VORNDRAN. Als Sänger stand er plötzlich »vorndran«. Wieder hatte er Blut geleckt, das ihn nicht – wie noch beim Boxen – zornig machte, sondern von innen her warm und glücklich. – Im Frühsommer 1940 erhielt Werner den Gesellenbrief eines Werkzeugmachers.

Während der drei Lehrjahre ereignete sich nicht viel im Leben des Werner Vorndran. Irgendwann in dieser Zeit stand endgültig fest, daß er nicht weiter wachsen würde. Bei 1,60 Meter hatte der Körper aufgehört. Werner trug schwer daran. Wenn er sonnabends zum Tanz ging, dann gab er dem Kellner einen Zettel für die gewünschte Tanzpartnerin. Wenn die zurückschrieb: Nein! dann verließ Werner das Lokal. Er hatte Angst vor einem Korb. Deshalb diese seltsame Form, den Kellner als Boten einzuschalten. – Auch wenn die Mädchen kein NEIN auf den Zettel schrieben oder ihm von weitem etwas verunsichert über die spleenige Aufforderung zunickten – außer einem Tänzchen in Ehren kam damals nichts Entscheidendes zustande. Werner ahnte von der Liebe mehr als er wußte. – Die Idee mit den Zetteln stieß im allgemeinen bei den Mädchen auf wenig Gegenliebe. Die schauten ihn danach immer von der Seite an und blieben auf der Hut.

Während des letzten Lehrjahrs ereignete sich, was der Vater schon lange befürchtet hatte: Der Krieg brach aus. Der Vater, der den ersten Krieg und Deutschands Niederlage am Westwall miterlebt hatte, sagte ziemlich früh zu seinem Sohn: Diesen Krieg gewinnt Deutschland nicht! – Werner hatte nicht so viel Einblick in die Dinge wie sein Vater. Er wollte nur aufpassen, daß er nicht zur Infanterie kommt. Die haben sie immer zuerst, hatte der Vater gemeint. – Um den Planungen der Heeresleitung zuvorzukommen, war man gut beraten, sich selbst zu melden. Freiwillige konnten sich's aussuchen, jedenfalls noch im Jahr 1940. Und so tat es Werner. Er erinnerte sich seines Wunsches, daß er einmal als Schiffsjunge in die Welt fahren wollte, und meldete sich zur Kriegsmarine. Am 1. Oktober 1940 erhielt er den Stellungsbefehl nach Bremerhaven. Bereits auf der Fahrt an die Nordsee lernte der 18jährige den Krieg kennen, den er in Polen, fern in Rußland, in Frankreich oder über England vermutete. Als sein Zug durch Hannover fuhr, erlebte die Stadt einen schweren Bombenangriff. Werner sah die ersten Toten auf dem Bahnhofsvorplatz, sah Menschen in Panik um ihr Leben laufen und verspürte nichts als Angst. Er wollte zurück nach Hause. – Nur die Furcht, dann gesucht zu werden, hielt ihn von der Rückkehr nach Thüringen ab.

In Bremerhaven musterte man ihn für die 10. Schiffs-Stammabteilung. Aber damit war seine Kriegsverwendung noch nicht entschieden. Bei seiner Größe kam zunächst der U-Boot-Einsatz in Frage. Das wollte Werner, der Zeit seines Lebens unter Platzangst litt, um keinen Preis. Wenn man ihn als Kind beim Indianerspiel an den Marterpfahl gefesselt hatte, gingen Hitzewellen durch seinen Körper – was würde erst in dem engen Boot bei einer langen Tauchfahrt passieren. Der Körper schien zu wissen, was für Werner gut war. Bei einem Tauchtest bekam er starkes Nasenbluten, so daß der Oberfeldwebel seine Hoffnungen aufgeben mußte, den kleinsten Bewerber fürs U-Boot zu mustern.

Werner wollte um jeden Preis auf ein richtiges Schiff – als fahrendes Personal. Darüber sollte ein Muttest entscheiden. Ein guter Sprung über einen hohen Kasten, wie Werner ihn aus dem Sportunterricht kannte und als Kleinster der Klasse immer fürchten gelernt hatte, hätte die Einteilung zum fahrenden Personal gesichert. Er legte alle Kraft in den Anlauf, sah vor Anstrengung kaum noch das braune Leder, auf das er greifen mußte, sprang ab und schaffte einen maßgenauen Überschlag. Auf der anderen Seite des Kastens aber konnten ihn zwei Kameraden nicht auffangen – so unmäßig war der Schwung gewesen. Werner lag für kurze Zeit benommen am Boden – wußte aber, daß man ihm die Eignung für das fahrende Personal bestätigen mußte.

Während der Ausbildungszeit, die man im zweiten Kriegsjahr noch ziemlich genau absolvierte, suchte der Konteradmiral Clave einen Burschen. Das sprach sich herum, und ein Oberfeldwebel, der mit Werner wegen dessen fehlender Größe und aus einem anderen Grund wenig glücklich war, gab seinen Namen weiter. Werner hatte sich bereits in den ersten Ausbildungstagen unsterblich blamiert. Er stand – es war ein Dezembertag des Jahres 1940 – allein auf Wache. Es war etwa zwei Uhr in der Nacht. Plötzlich gab es hinter ihm knackende Geräusche. Werner fragte dreimal, wie es die Vorschrift verlangt: Wer da? Als keine Antwort kam, schoß er ins Dunkel. Sofort waren andere Wachen bei ihm und nahmen ihn mit. Das Eis des nahen Flusses war unter lautem Krachen gebrochen. Niemals hätte Werner schießen dürfen. Er wurde für seinen Leichtsinn bestraft. Künftig ließ ihn der Oberfeldwebel, wenn er sich für eine Aufgabe meldete, nicht über den zweiten Satz hinauskommen: Sie nicht, Vorndran! Im Krieg Kleine und Kinder zuletzt!

Der Spott aus Schulzeit und Lehre hatte sich wieder eingestellt. Und er tat unverändert weh. – Jedenfalls kam es seinem Oberfeldwebel ganz gelegen, seinen Kleinsten an den Konteradmiral abzugeben. Hätte Werner es darauf angelegt, einen Schonplatz zu finden, es wäre ihm bestimmt nicht gelungen. Jetzt bekam er ihn – wider Willen.

Die zwei Jahre als Bursche des Admirals ließen den Krieg, der sich in dieser Zeit immer weiter über Europa ausbreitete, fast vergessen. Werner konnte die Wache am Tor so oft passieren, wie er wollte. Als Bursche hatte er seine Arbeit in der

Wohnung des Admirals und in der Kaserne. Der Admiral wurde so etwas wie ein Ersatzvater für Werner. Der wußte zwar, daß man als Bursche niemals ein Held werden kann, aber diese Absicht beschäftigte ihn im Moment weniger als Lore Krull.

Werner hatte oft für seinen Admiral Kuchen kaufen müssen und dabei im Laden der Bäckerei und Konditorei KRULL Lore kennengelernt. Sie war ein dunkler Typ, gar nicht typisch für die Mädchen hier an der Küste. Auch war sie ein Stück größer. Werner sah es sofort, als er auf die gläserne Ladentheke zuging, und er machte sich so groß, wie es eben unauffällig ging. Als er endlich Ausgang bekam und schon dreimal Kuchen in der Konditorei KRULL gekauft hatte, da fragte er Lore, ob sie mit ihm ins Theater gehen wolle. Lore durfte nicht zusagen. Sie mußte erst zu Hause die Mutter fragen. Der Vater war schon einige Zeit tot. In der Backstube stand der Mann der ältesten Schwester von Lore. Unerwartet schnell erhielt Werner Antwort: Lore durfte, und sie wollte. Was er nicht wissen konnte, Lore besaß von der Schule aus ein Theateranrecht. Sie besuchte regelmäßig die Vorstellungen. Sie war Gymnasiastin und stand kurz vor dem Abitur.

Bald schon erlaubte die Mutter, Werner nach Hause einzuladen. Dann mußten Werner und Lore mit im Wohnzimmer sitzen, und nur unter Aufsicht der häkelnden Mutter und der ältesten Schwester Margarete konnten sie miteinander sprechen: über die Schauspieler in der Stadt, die neuen Filme, die demnächst in die SCALA kommen, und was sie am nächsten Wochenende machen werden. Die Mutter häkelte in dieser Zeit immer noch eine Kante mehr ums Taschentuch. Artig hatte sich Werner kurz vor zehn Uhr am Abend zu verabschieden. Erst von der Mutter, dann von Lore. Beiden gefiel der Thüringer Junge in seiner Uniform der deutschen Kriegsmarine. Aber wie streng die Sitten in dieser norddeutschen Familie waren, wird Werner noch erleben.

Eines Tages lud ihn ein Kamerad in die Familie seiner Freundin ein. Maja Mahler hieß die Freundin, und ihr Vater war Bankdirektor und besaß eine Villa im besten Teil von Bremerhaven, in Geestemünde. Seit Werner die Villa von Onkel Wilhelm in Sonneberg gesehen hatte, wollte er wissen, wie reiche Leute wohnen. Schon deshalb begleitete er seinen Freund gern. Maja Mahler war ein aufgeschlossenes Mädchen und freundete sich auch schnell mit Werner an. Eines nachmittags stand sie an der Anlegestelle der Fähre aus Kiel. Werner war nach Kiel zu einem Ausbildungslehrgang kommandiert, und irgendwie hatte Maja seine Ankunft erfahren. Bis heute beteuert er, daß zwischen ihm und Maja Mahler nicht das geringste gewesen ist, aber das half ihm nicht.

Maja Mahler wartete auf ihn. Sie gingen zusammen zur Straßenbahn, und darin saß – so spielt das Leben manchmal – Ursula, Lores Zwillingsschwester. Beim Aussteigen verabschiedete sich Werner von Maja und nahm mit Ursula an seiner Seite schnellen Schritts den Weg in die Wohnung der Krulls. Lore begrüßte ihn wie immer, zog sich aber nach Ursulas Aufforderung zurück. Werner blieb allein im Wohnzimmer. Er ahnte nicht, was sich hinter seinem Rücken zusammenbraute. Lores Mutter betrat das Wohnzimmer und teilte ihm mit strengem Blick mit, daß die Beziehung mit Lore beendet sei. Er hätte zu gehen, für immer.

Werner verstand die Welt nicht mehr. Er liebte Lore, er liebte ihre großen dunklen Augen, und er liebte die Welt, in die sie ihn mitgenommen hatte: Bücher, Filme, Theateraufführungen, die ihre Gespräche für Stunden fesselten. Daß so etwas möglich war, hatte ihn zum ersten Mal glücklich gemacht. Zu Hause in Hüttensteinach war es undenkbar. Den Wert einer seelischen Verwandtschaft, die noch durch keinerlei übereilte Körperlust um ihre Unschuld gebracht war, hatte er vorher noch nie erfahren. Jetzt sollte er Lore verlieren. – Ihre Verlobung war bereits ausgemacht gewesen.

Werner ging in die Kneipe gegenüber der Konditorei KRULL. Er setzte sich ans Fenster. Er wollte, daß sie ihn hinter den halbhohen Gardinen sehen konnte, wie er ein Bier nach dem anderen in sich hineinschüttete. Vielleicht würden sie ja doch seinen Schmerz ahnen und sich umstimmen lassen. Lore sollte wissen, wo er war und wie schlecht es ihm ging. Die Mutter sollte sehen, was sie mit ihrer Hartherzigkeit angerichtet hatte. Vor allem diese Petze von Ursula, die Maja Mahlers Begleitung völlig falsch verstanden hatte. Werner trank. Er zählte die Gläser nicht. Als er aus der Kneipe schwankte, hob er den Kopf noch einmal zu Lores Fenster hinauf, sah aber nichts mehr durch seinen verschleierten Blick. Er wollte – wie später noch ein paar Mal in seinem Leben – sterben. Werner legte sich auf die Molenmauer im Kaiserhafen. Inzwischen dämmerte es, aber er bemerkte in seinem Rausch weder die aufziehende Nacht noch die Kälte. Irgendwann weckte ihn Lores Schwester Ursula. Sie nahm den Hilflosen mit. Man ließ ihn im Wohnzimmer seinen Rausch ausschlafen. Man wollte ihm Lore nicht zurückgeben. Man wollte nur nicht, daß der Betrunkene in seinem Zustand einer Streife in die Hände fiel. Liebeskummer hätte die deutsche Kriegsmarine nicht als mildernden Umstand anerkannt. – Bis heute hat er seine erste Liebe im Kopf. Obschon er nicht einmal mehr ein Foto von Lore Krull besitzt. Am nächsten Tag zerriß er alle und warf die Schnipsel in die Geeste. Vielleicht hat sich dadurch ihr Bild in seinem Inneren erhalten, und vielleicht glaubt er deshalb bis auf den heutigen Tag, damals die Frau seines Lebens verloren zu haben. – Er versuchte später einmal – es war bereits nach dem Krieg –, sie wiederzusehen. Aber schon eine vorsichtige Erkundigung bei Nachbarn brachte die Auskunft, daß Lore inzwischen verheiratet war. Mit einem Kriminalbeamten.

Der Krieg fand für Werner Vorndran nicht statt. Bis ins Jahr 1942 hinein – da stockte bereits die Ostfront, und die Höhe der deutschen Verluste nahm zu – blieb er Bursche bei Konteradmiral Clave. Das war auch gut so. Denn Werner Vorndran hatte nicht das Zeug dazu, ein Held zu werden, wenigstens kein Kriegsheld. Als Werner eines Abends – es war noch während seiner Zeit als Bursche – mit einem Freund an einer Geburtstagsfeier außerhalb der Kaserne teilgenommen hatte, überschritten beide ihre Ausgangszeit. Auf ihrem nächtlichen Rückweg vom Kaiserhafen zur Kaserne liefen sie einer Streife direkt in die Arme. Kurz bevor die gefürchteten Kettenhunde ihn kontrollieren konnten, nahm er Reißaus. Er hörte noch das: Bleiben Sie stehen! und das Durchziehen der Waffen. Panisch lief er in eine dunkle Gasse. Nur ein Haus war erleuchtet. Hinter der Haustür standen geschminkte Frauen und rauchten Zigaretten. Er ahnte, wo er war. Er war im Puff von Bremerhaven gelandet, in dem zu später Stunde immer noch Betrieb war. Er hatte Angst, sich länger im Hausflur aufzuhalten, wo ihn die Streife jederzeit finden konnte. Ihm blieb keine Wahl. Er mußte fünf Mark opfern, aber dafür gingen die Frauen dann auch für ihn auf die Gasse und erkundeten, ob die Luft rein war. – Sein erster Besuch in einem Bordell gab anderntags nicht mal eine Geschichte für die Kameraden her.

Im Jahr 43 war Werners Gruppe damit beschäftigt, sich auf ihr Schiff, das in einer Werft in Rostock gebaut wurde, vorzubereiten. Lehrgänge und Übungen in Warnemünde sorgten dafür, daß er Lore nicht mehr begegnen konnte. Am 15. März 1943 erhielt die Besatzung des Minensuchbootes 346, zu dem Werner Vorndran als Kesselwart eingeteilt worden war, den Befehl, zum Einsatz nach Tromsö in Norwegen auszulaufen. Auf der Fahrt von Kiel nach Tromsö passierte es. Als Kleinster unter seinen Kameraden hatte er die Kessel zu reinigen. Dazu mußte er in ein Rohr kriechen, das kaum mehr als eine schmale Schulterbreite maß. Seine Platzangst brachte ihn, wie er befürchtet hatte, in eine mißliche Lage.

Offensichtlich begann er in dem Rohr in panischer Angst um sich zu schlagen. Er verlor das Bewußtsein. Ein Kamerad mußte den Ohnmächtigen aus dem engen Rohr bergen. Bei seinen unkontrollierten Schlägen gegen die Kesselwand zog sich Werner einen Riß in der Bauchdecke zu. Die Wunde war nicht besonders groß und schien auch nicht gefährlich. Doch schon am nächsten Tag – das Schiff lief gerade zu einem Zwischenstopp den Hafen von Reval an – sahen ihm die Kameraden an, daß es ihm nicht gut ging. Man wollte ihn in das Lazarett von Reval einweisen. Werner weigerte sich, weil Reval damals bereits in Reichweite der russischen Artillerie lag. Die Ärzte diagnostizierten eine akute Blutvergiftung bei ihm. Operation, Gipsbett, erneute Operation – sein Aufenthaltsort bis Kriegsende wurde das Lazarett. Zuerst Reval, dann Marienwerder, später Sanderbusch und am Ende Bremerhaven. Drei Monate nach seiner Einlieferung ins Lazarett erhielt er die Nachricht, daß sein Schiff, das Minensuchboot 346, auf einer Einsatzfahrt einen Volltreffer erhalten hatte. Dabei kamen bis auf vier alle, die unter Deck gearbeitet hatten, ums Leben, auch die Kesselwarte. – In Bremerhaven erfuhr er Ende April '45 vom Tod des Führers. Er sah die Schwestern weinen und empfand in dieser Stunde selbst große Unsicherheit. Was sollte werden aus Deutschland ohne den Führer? Bürgerkrieg? – Schließlich trafen die Amerikaner in Bremerhaven ein. Er hatte das Gerücht aufgeschnappt, daß deutsche Kriegsgefangene in amerikanische Internierungslager kommen. Um einem Lager zu entgehen, entschloß er sich zur Flucht. Er sprang mit der gerade verheilten Bauchwunde über den Zaun des Lazaretts. Als er später auf der Brücke über die Geeste stand, sah er bis zum Kaiserhafen eine einzige Trümmerlandschaft.

Wer da noch in den Trümmern lebte, dachte er damals, der braucht alles, aber kein Theater.

Was uns geblieben ist

Wieder frage ich nach der Notstandszeit, in der Axel geboren wurde. Will anschauliche Belege. Axel lacht schon. Am zweiten Tag in Sonneberg sind wir beim Bürgermeister eingeladen. Nicht beim jetzigen. Bezeichnend – den kennt Axel nicht (und der ihn ... ?). Eingeladen sind wir bei Gerhard Stier, seit den 70er Jahren fast fünfzehn Jahre Oberbürgermeister von Sonneberg, anschließend bis zu Wende Vorsitzender vom Rat des Kreises. Heute Rentner und Hobby-Geschichtsforscher.

Gerhard wurde – erzählt er mir später – nach dem Krieg Behördenangestellter. Zunächst kein SED-Mitglied und als Parteiloser kaum für eine Karriere empfohlen. Aber irgendwie fügte sich dann doch alles zwischen seiner Kaderakte und den Vorstellungen der höheren Genossen, und er wurde ihr Favorit. Er hat sich nicht dagegen gewehrt. Wen der Krieg verschont hat, der konnte nur zum Frieden überlaufen, und der war damals sozialistisch, sagt Gerhard. Drüben ließen sie die Opfer draußen vor der Tür stehen. Adenauer war mir nicht geheuer. Mag Propaganda dabeigewesen sein, sagt er, aber nicht alles.

Seine Frau und er erwarten uns zum Kaffee. Sie wohnen in der »Platte« von Sonneberg: Plattenbausiedlung. Die Kinder sind aus dem Haus – die Eltern haben plötzlich vier Zimmer. Die Räume klein zwar, aber dadurch bezahlbar. Der Tisch muß nicht nur die Gedecke für uns fünf fassen, sondern auch zwei Torten und die eben gerade gebackenen Spritzkuchen. Der Geruch beim Betreten der Wohnung, das war das heiße Fett. – Die sind heute nicht so gelungen, hätten viel mehr aufgehen müssen! entschuldigt sich Gerhards Frau. – Freundlichkeiten über Freundlichkeiten. Axels Renate, stelle ich fest, ist Teil der gemeinsamen Freundschaft. Ich werde einbezogen (Axels Freunde sind auch unsere Freunde!). Also, frage ich – und an dieser Stelle mußte Axel lachen –, wie war das mit der Notstandszeit, in der er groß geworden ist?

Heimatgeschichte ist Gerhards Thema. Er genießt die Frage: Sonneberg nannte sich die Weltspielwarenstadt. Nach eine Statistik von 1913 produzierten die Sonneberger 40 Prozent der deutschen Spielwaren, 25 Prozent der europäischen und 20 Prozent der Spielzeuge, die in der ganzen Welt gekauft wurden. Begünstigt hat diese Entwicklung, die um 1700 begann, daß durch Sonneberg die Handelsstraße von Nürnberg nach Leipzig führte. Nach dem ersten Weltkrieg gab es den großen Einbruch. Deutschland war vier Jahre weg vom Markt, und die Lücke wurde mit billiger Produktion aus Nahost gestopft. Zusätzlich entstand in Italien und Frankreich eine eigene Spielwarenindustrie. Und die Inflationszeiten in den 20er Jahren sorgten dafür, daß sich Sonneberg nie wirklich von dem Kriegsloch erholen konnte. Die Leute arbeiteten zu Hause in Manufakturen, die sie zwar »ihre Fabrik« nannten, aber es war einfach eine Wohnzimmer- oder Wohnküchenproduktion. Keiner war in der Gewerkschaft, Lohnforderungen waren Familienangelegenheiten. Die amerikanischen Großaufkäufer in Sonneberg konnten die Preise drücken, weil mit Gegenwehr nicht zu rechnen war. Die Produzenten haben sich in den guten Jahren nie um die Organisation des Verkaufs gekümmert. Sie mußten am Sonnabend ihre Wochenproduktion an den Aufkäufer abgeben – und der bestimmte den Preis. Meist blieben ihnen nur 8 bis 10 Mark für eine Woche Arbeit. Daß da ein Hering für zwölf Esser reichen mußte, wird schon stimmen. – Gerhard schaut auf die Uhr. – Axel, sagt er, für um sechs Uhr habe ich uns angekündigt, dein Auftritt! – Und dann zu mir: Ein zweites Beispiel für »Notstand«: Sonneberg war nach der zweiten großen Weltwirtschaftskrise '29 so arm geworden, daß es sein gerade gebautes Rathaus verkaufen mußte. Die Stadt befand sich in Liquidation. Die Landesregierung hatte einen Schuldenverwalter geschickt, und der bestand schon acht Monate nach der feierlichen Einweihung des Rathauses auf Verkauf. Das war 1930. – Daran sehen Sie, sagte er zu mir, für Axels Beruf gab es hier keine Chance. Er mußte weggehen. Übrigens, Tankred Dorst, der bekannte Theaterautor, stammt auch aus Sonneberg. – Und die Schauspielerin Irma Münch, ergänzt Axel. – Was macht die heute? fragt Gerhards Frau. Niemand weiß es zu sagen. Aber die meisten, sagt Gerhard, die als Künstler in Sonneberg keine Basis hatten und weggegangen sind, haben danach ihre Heimat abgeschrieben. Axel nicht. – Wäre Gerhard noch im Amt, er würde die Veranstaltungsreihe aus seiner Bürgermeister-Zeit gern weiterführen: Seht, was aus uns geworden ist! – Heute heißen diese Reihen besser: Seht, was uns geblieben ist! – Axel ist bissig. – Übrigens gab es zu Axels Zeiten in Sonneberg mal ein Theater! – Gerhard wirft den Satz auf den Tisch und freut sich über mein Erstaunen. – Wann? frage ich. – Gleich nach dem Krieg. In Sonneberg und Umgebung lebten damals einige Schauspieler, die vor den Bombennächten in den Großstädten hierher geflüchtet waren. Man spielte bis '47 – dann wurde das Theater Volksbühne und bald als eigenes Ensemble aufgelöst. – Da war ich schon in Berlin, und das war besser so. – Axel winkt ab.

Er fragt mich, ob ich mitkomme. Er will vor der Vorstellung noch den Text durchgehen, und das macht sich besser mit einem Zuhörer, sagt er. Im Hotel setzen wir uns in den leeren Frühstücksraum. Axel hat für die Lesung eine Weihnachtsgeschichte von O'Henry ausgewählt. Der erste Advent steht bevor. Die Geschichte handelt von einem jungen Ehepaar. Sie verkauft ihre schönen langen Haare und schenkt ihm von dem Geld eine Uhrkette – er verkauft seine Taschenuhr und schenkt ihr die Haarkämme, die sie sich im Schaufenster schon lange ausgesucht hat. Und als sie unterm Tannenbaum die Geschenke tauschen, erlebt keiner von beiden eine Enttäuschung, sondern die Liebe des anderen. – Ich höre Axel zu. Er spricht die Geschichte sicher, deutet nur an. Trotzdem beginnen an kleinen Dialogstellen die Frau und der Mann für mich zu leben. – Plötzlich fordert er mich auf, endlich meine Zuhörerrolle nützlich zu machen: Sag mir, was du nicht gut findest! – Wenn Axel das am Ende der Geschichte recht häufig verwendete Wort »weise« und »Weiser« spricht, klingt es eher wie »weiß« oder »Weißer«. – Dein »S« ist zu hart, sage ich vorsichtig. – Paß auf, ich machs nochmal. – Beim zweiten Mal wirds besser. Er muß meinem Gesicht angemerkt haben, daß es mir noch nicht ausreichte. – Ich machs noch mal! – Und jetzt stimmt es. – Daß er vor dem Auftritt in einem Sonneberger Seniorenheim die Geschichte noch einmal durchgeht, imponiert mir. Und daß er gerade diese ausgewählt hat, die ziemlich genau sozial empfindet, finde ich gut. Ich projiziere sie für mich auf die Sonneberger Notstandszeit.

Im Heim ist man zwar auf den Schauspieler vorbereitet, entschuldigt sich aber schon jetzt für den voraussichtlich schlechten Besuch. Sieben Uhr am Abend ist für die alten Leutchen zu spät. Nächstes Mal bitte am Nachmittag. – Spontan trägt Axel mir an, ihn vorzustellen, aber das entfällt glücklicherweise. Axel plaudert mit den alten Leutchen, von denen die meisten in seinem Alter sind. Trotzdem erscheint er unter ihnen als Junior. Und dann beginnt er die Lesung. – Ich sehe die angestrengten Gesichter der Alten. Und mir fällt etwas ein. Auf einen Zettel, den ich aus meinem Notizbuch reiße, schreibe ich ein Wort und lege den Zettel ganz vorsichtig neben sein Buch. – Für die Lesung gibt es viel Beifall. Die Alten wollen noch mit ihm sprechen. Manchmal tut er so, als wisse er nicht, daß er genauso alt ist wie sie. Manchmal sagt er: »Wir Alten!«

Als sie mit Bierdeckeln und anderen Verlegenheiten für ein Autogramm kommen, fällt ihm wieder ein, daß die Karten im Hotelzimmer liegen. Gerhard Stier, der uns begleitet, bietet an, morgen ein Dutzend der Oberschwester zu geben.

Auf dem Weg zum Auto bedankt sich Axel bei mir für den Zettel. – Was hatte ich darauf geschrieben? Nur ein Wort: lauter!

3
AUF ZEHENSPITZEN NACH VORN
Seine »Universitäten« (1)

Zu Hause in der Karlstraße in Hüttensteinach spielte weder jemand Klavier noch ein anderes Instrument. Sicher wurden Bücher gelesen, aber weder Vater noch Mutter sprachen miteinander über die Lektüre, und Theaterbesuche – auch daran kann er sich nicht erinnern. Das einzige, was neben den Versuchen des Vaters, seine Arbeitslosigkeit mit Gelegenheitsarbeiten zu überbrücken, ständiges Thema war, ist der Sport gewesen. Der lag in der Familie.

In die Welt der Kunst wurde er zu Hause nicht eingeführt. Trotzdem begann Werner Vorndran irgendwann zu glauben, die Kunst wird sein Leben. Auf diesem Weg gab es viele erste Schritte, viele Anfänge.

Vielleicht gab der Malermeister Schau, der in Hüttensteinach eine kleine Theatergruppe führte, ein Laientheater, den ersten Anstoß. Schau mußte in einem Ort mit kaum mehr als 600 Einwohnern immer auf der Suche nach möglichen Talenten für seine Bühne sein. Eines Tages sprach er auf der Straße Max Vorndran an, ob der seinen Sohn – damals war er vielleicht sieben oder acht Jahre – nicht mitspielen lassen wollte. Man führte die »Sieben Schwaben« auf, und für den siebten wäre Werner allemal gut. In Vicks Gasthof gab es einen Saal mit steiler Treppe zur Galerie. Dort saßen die Eltern und bewunderten ihre Sprößlinge. Ob Vater Max seinen Sohn als letzten, der an die große Hellebarde greift und sie auf die Bühne schleppt, auch bewundert hat? Immerhin schnitzte er die Hellebarde für Werner. Wie er auch immer zum Theaterspiel stand, er hatte seinen Anteil an der Aufführung.

Werner hatte als siebenter Schwabe keinen Text – mal ein improvisiertes Wort, ein Ausruf: Da sind wir! oder Halt! oder Zuuuurück! Gelacht haben sie über ihn. Er fiel auf – der Kleinheit wegen. Ein niedlicher Junge, der siebente da hinten, und so komisch! finden Sie nicht auch? Malermeister Schau war zufrieden. Später setzte er Werner für kleine Tanzprogramme ein. Sie bildeten das Vorprogramm, wenn er mit seiner Partnerin Einakter von Curt Goetz spielte. Die Kinder zeigten einen Schuhplattler. Dabei stellte sich Werner besonders geschickt an. Und wieder half der Vater bei der Ausstattung, indem er Werners zünftiges bayrisches Kostüm mit einem Ledergürtel bereicherte, den er mit alten, inzwischen ungültigen Fünf-Mark-Stücken beklebt hatte. Dazu eine Lederhose und Hosenträger mit echten Knöpfen aus Hirschhorn.

In seiner frühen Kinderzeit warben Freunde Werner für den »BK«, den Bibelkreis, den es in Hüttensteinach gab. Angezogen fühlte sich der Junge nicht vom Bibelstudium, was man des Namens wegen denken konnte, sondern vom Trommeln, das man dort lernen konnte. Der Bibelkreis wurde nach 1933 zuerst den Pimpfen und später der Hitlerjugend eingegliedert. Es handelte sich also um einen Freizeitverband. Zu ihm stieß als Zehnjähriger Werner Vorndran und lernte das Trommeln. Den Yorkschen Marsch und anderes, wonach sich gut marschieren ließ. Und weil er ein ausgezeichnetes Rhythmusgefühl besaß, durfte Werner bei besonderen Gelegenheiten den anderen vortrommeln – als Solist gewissermaßen. Am 1. Mai, zu Kirmes-Umzügen und anderen Gelegenheiten setzte man ihn auf den ersten Wagen, und er gab mit seinen Trommelschlägen das Marschtempo der hinterherziehenden Hüttensteinacher an. Dieses Gefühl muß ihm einiges wert gewesen sein. Denn er hätte beinah verpaßt, sich von seiner Mutter zu verabschieden. Die saß auf ihrem gepackten Koffer im Wohnzimmer, um ins Krankenhaus zu gehen. Werner hatte ihr versprochen zu kommen. Und als er dann kam, war er noch so aufgeregt von seiner Trommelei auf dem vordersten Wagen, daß er irgend etwas aus dem Wäscheschrank zog, als die Mutter um ein zweites Nachthemd bat. – Das Totenhemd brauchst du mir ja nicht gleich zu bringen, sagte die Mutter erschrocken, als sie sah, was Werner in der Hand hatte.

Niemand wollte behaupten, daß vom Trommeln oder Schuhplattler ein Weg zum Schauspieler führt – das ganz bestimmt nicht – diese Eindrücke aus der Kinderzeit führten zu einer ganz anderen Erfahrung. Der sonst eher wegen seiner Kleinheit gehänselte Werner, das Fröschle, lernte als Vortrommler, als letzter Schwabe und Schuhplattler-Solist das Gefühl kennen, etwas zu können, was andere nicht konnten. Plötzlich war er für Momente der Mittelpunkt, und die anderen mußten ihm zuschauen und bedankten sich auch noch, indem sie klatschten. Dabei verlor er das Gefühl, der Kleinste und Schwächste zu sein. Es tat seinem Selbstbewußtsein gut. Künstlerische Erfahrungen – nein, die sammelte er dabei nicht.

Schräg gegenüber vom Haus seiner Eltern wohnte ein Schulfreund. Gerhard von der Wehd, ein Jahr jünger als Werner, bekam Klavierunterricht und lebte auch sonst in ganz anderen Verhältnissen. Eines Tages erlaubten Gerhards Eltern, Werner mit nach Hause zu bringen. Gerhard setzte sich ans Klavier und spielte das Repertoire seines Unterrichts. Er besaß ein flüssiges Spiel, das auf Werner großen Eindruck machte. Der Besucher fühlte sich hin und hergerissen zwischen seiner Scheu, in diesem Wohnzimmer laut zu singen, und der Verlockung, sein Talent zu probieren. Vielleicht war seine Stimme ähnlich gut wie Gerhards Klavierspiel. Plötzlich fragte Werner, ob er nicht das Fenster schließen kann. Auf Gerhards erstaunten Blick erklärte er: Meine Eltern hören uns! und zeigte aus dem Fenster in Richtung seines Elternhauses. Ob Gerhard nicht auch etwas anderes spielen könne, beispielsweise La Paloma. Gerhard fand die Töne und Melodien nicht nur zu La Paloma, sondern auch zu manch anderem, was man damals so liebte. Und Werner, der eben nicht nur Publikum sein wollte, sang. Oft verließ ihn der Text, aber nicht die Stimme. Und so begannen sie an einem Nachmittag im Jahr 1934, miteinander zu üben. Sie erarbeiteten sich ein richtiges kleines Repertoire, schrieben sich Texte ab und besorgten die Noten dazu – Gerhard am Klavier und Werner als Sänger. Es ließ sich nicht vermeiden, daß Gerhards Eltern die Übungen der Kinder mitanhörten. Zu Werners Erschrecken setzten sie sich irgendwann mit ins Zimmer, und nach dem kurzen Programm meinte Gerhards Vater: Werner, du hast einen schönen Tenor! Du könntest Buffo werden. Dafür muß man auch gar nicht groß sein! – Diese Sätze im Wohnzimmer der Familie von der Wehd gingen schon etwas tiefer unter die Haut, als das Spiel bei Malermeister Schau in Vicks Gasthof. Vor allem, weil sie ihm etwas andeuteten, wovon ihn seine fehlende Körpergröße nicht ausschloß.

Trotz dieses Lobs blieb er unsicher, seine schöne Tenorstimme öffentlich vorzuführen. Ab und an ergaben sich dazu Gelegenheiten. Etwa bei einem Betriebsfest oder einer Weihnachtsfeier. Werner zierte sich nicht, er hatte große Hemmungen. – Werner, wenn es nichts wird, hörst Du einfach auf! Wir sind hier doch nicht in der Oper! beruhigte ihn Erich Menzel, sein Lehrmeister. Und dann erlebte Werner, daß sein Gesang Eindruck machte. Erst als viele seine schöne Stimme lobten, begann er es allmählich zu glauben.

Sein erster Theaterbesuch fand in Meiningen statt. Auch der bot nichts Außergewöhnliches – die Operette »Der fidele Bauer«, damals gängiges Repertoire. Nicht durch seine Eltern oder die Volksschule von Hüttensteinach war er nach Meiningen gekommen, sondern mit der Familie eines Freundes. Und man redete später auch noch einige Zeit über die Aufführung, aber zurück blieb davon bei Werner Vorndran nichts. Er kannte jetzt ein großes, richtiges Theater. Hatte den Moment erlebt, wenn das Parkett ins Dunkel fällt und sich der große Vorhang hebt. Während der Schulzeit war er noch ein zweites Mal im Theater. Diesmal im benachbarten Coburg, und auch diesmal erlebte er eine Operette. – Mehr weiß die Erinnerung schon nicht darüber.

Ganz anders verhält es sich mit dem Besuch in Fürth. Sein Schulfreund Eberhard Langguth hatte eine Tante in Fürth und die arbeitete – obwohl schon hoch in den Siebzigern – als Schneiderin am Fürther Stadttheater. Rosalia Recke, so hieß die Tante, führte sogar den Titel einer Hofschneiderin. Weder Eberhard noch Werner besaßen das Reisegeld, so beschlossen sie – es war 1936, am Ende von Werners Schulzeit –, mit dem Fahrrad zu fahren. Zwei Tage brauchten sie für eine Strecke, dann war Fürth erreicht. Zum ersten Mal erlebte Werner das Theater von der anderen Seite. Er sah die Garderoben der Schauspieler und Sänger, bekam einen Hustenreiz, als er die eigentümliche Luft in der Requisitenkammer einatmete, und stellte fest, daß ihm die Frackjacke, die ihm die Tante in ihrer Werkstatt zum Probieren zureichte, überhaupt nicht paßte. Es war übrigens der Frack des Buffo, wie sie ihm sagte. Was ein Buffo ist, begriff er am Abend, als er sah, wie mindestens ein Dutzend jüngerer Frauen am Bühnenausgang mit kleinen Blumensträußen auf einen Sänger warteten. – Als er kam, sagte die Tante: Das ist unser Buffo, der ist in Fürth bekannter als der Bürgermeister!

Fünf Tage blieben sie in Fürth. An zwei Abenden besuchten die beiden Jungen eine Vorstellung. Hier erlebten sie die Soubrette Else Bibel. Sie war außergewöhnlich jung, zumindest erschien sie Werner und Eberhard so. Else Bibel war eine Freundin der Tante, und so durften die beiden mit der Tante die Garderobe der Soubrette betreten, wechselten ein paar Worte mit ihr und sahen sie ganz aus der Nähe. Daß das schöne Gesicht der Soubrette ohne Schminke ungewöhnlich blaß war, sahen sie auch, aber es störte sie nicht.

Für den Sonntag lud die Tante zur außerordentlichen Freude der beiden Besucher Else Bibel zum Mittagessen ein. Werner hatte sich auf diesen Besuch mit einem kleinen Blumenstrauß vorbereitet. Wie mußte er aber staunen, als Eberhard den Blumen seines Freundes einen kleinen Konfektkasten hinzutat. So saß die zu ihrer Überraschung gleich von zwei Seiten Beschenkte am runden Wohnzimmertisch, und man erwartete gemeinsam die Tante, die in der Küche mit den Klößen beschäftigt war. Man erwartete sie um so dringlicher, je weniger die beiden die Soubrette des Fürther Stadttheaters zu unterhalten wußten.

Als dann die Klöße auf dem Tisch dampften und das Fleisch verteilt war, da geschah für Werner eine große Peinlichkeit. Sein Kloß entglitt der Gabel, rutschte nach rechts über das Tischtuch und fiel der Soubrette direkt in den Schoß. Die erhob sich lächelnd, wurde von der Tante ins Badezimmer geführt und kehrte an den Tisch mit einem großen dunklen Fleck im Kleid zurück. Sie befreite Werner von seiner Verlegenheit mit dem Satz: Das trocknet wieder! Werner hatte sich inzwischen überlegt, wie er sein Malheur entschuldigen konnte. Immerhin war ihm der Satz eingefallen: Thüringer Klöße sind viel weicher! Und da diese Antwort durchaus ihre Richtigkeit besaß, war die Situation wenigstens halbwegs gerettet. Als die Soubrette gegangen war, sagte die Tante ihrem Neffen und dessen Freund: Ihr seid wohl nicht gescheit! Sie ist verheiratet, und außerdem bekommt sie ein Kind!

Der Tante waren die glühenden Wangen und die strahlenden Augen ihrer beiden Besucher in Anwesenheit der Soubrette nicht entgangen. Werner hatte wohl das heißeste Gesicht, denn für ihn kam noch der Zorn hinzu, daß auch Eberhard von Else Bibel begeistert war und dies auch noch zeigte. Die Mitteilung der Tante wurde regelrecht zur Erlösung, weil sie der Konkurrenz der Jungen den Sinn entzog. Ein ungutes Gefühl hinterließ nur, daß die Tante beide jugendlichen Verehrer durchschaut hatte. – Am Abend sahen sie Else Bibel noch einmal wieder. Doch diesmal blieben Werner und Eberhard Zuschauer im Parkett. Und am nächsten Tag traten sie auch schon die Heimreise an. Wieder mit dem Fahrrad.

Dieser Besuch in Fürth bei Eberhards Tante hatte jedoch für Werner eine ganz wichtige Entscheidung gebracht: Er wird zum Theater gehen! – Nicht der Eindruck großer Schauspielkunst hatte ihn dazu angestiftet, sondern das Leben der Theaterleute hinter den Kulissen gab den Ausschlag. Von dieser Stunde an wußte der vierzehnjährige Werner Vorndran, daß er selbst zum Theater gehört.

Fortsetzung fand die Verwirklichung seines Lebensplans erst vier Jahre später in Bremerhaven. – Der Marinefreiwillige Werner Vorndran schaute sich, als er nach seiner Grundausbildung den ersten Ausgang genehmigt bekam, nach dem Theater um. Das Stadttheater war ein Mehrspartentheater mit Oper, Operette und Schauspiel und genoß einen guten Ruf. Werner erkundete am dritten Tag seiner Stationierung den Theaterplan. Doch brauchte es eine Gelegenheit zum Besuch. Die ergab sich über Lore Krull. Mit Lore erlebte er eine Vorstellung von »Iwan, der Schreckliche« mit dem Intendanten Georg Saebisch in der Titelrolle. Hier war es zum ersten Mal, daß Werner von der Kunst eines Schauspielers beeindruckt war. Saebisch war ein Typ wie Heinrich George. Vieles machte diese Schauspielergeneration über den Ausdruck der Stimme. Aber Saebisch konnte mehr – er wußte einen Charakter auch mit leisen Tönen zu zeichnen, besaß ein Gefühl für die Pause. Werner war von ihm begeistert, und Lore – was seine Liebe zu ihr noch größer machte – teilte seine Freude. Trotzdem verheimlichte er ihr, was er vorhatte.

Als das Ende der militärischen Grundausbildung in Sicht war, faßte er den Mut, sich bei Saebisch anzumelden. Der hatte auch bald Zeit, und so erschien der kleine Werner in seiner Marineuniform im Vorzimmer. Saebisch hörte sich Werners Wunsch nach einigen Stunden Schauspielunterricht an. Am Ende des Gesprächs gab er dem 18jährigen jungen Mann einige Texte mit, die er bis zum nächsten Mal vorbereiten sollte. Dann bestellte er ihn in seine Wohnung. Zwanzig Mark sollte Werner für eine Unterrichtsstunde bezahlen.

Und so arbeiteten sie miteinander. Ihre Zusammenkünfte fanden nicht oft statt – beide Männer hatten wenig Zeit: Werner war von seiner Ausbildung und seinem Dienst bei Konteradmiral Clave in Anspruch genommen und Saebisch natürlich vom Theater. Werner nahm insgesamt zwölf Stunden Unterricht.

Saebisch war ein höflicher Mensch, der gut zuzuhören verstand und gleich bei ihrer ersten Zusammenkunft darauf verzichtete, vor allem über sich zu sprechen. Er ließ Werner machen und sagte vor allem oft sein: Ja, ja, ja! Er hatte die Angewohnheit, seine Worte mehrfach zu wiederholen: Nicht schlecht, nicht schlecht, das ist gar nicht schlecht, nur, warum gehen Sie immer auf Zehenspitzen?

Werner lernte von ihm, daß man einen Text erst gründlich durchdenken muß, ehe man ihn spricht: Vom Gedanken ausgehen, mein Junge, immer vom Gedanken ausgehen. Dann ergibt sich das richtige Sprechen von ganz allein. Und vergiß die Pausen nicht. Was der Schriftsteller aufgeschrieben hat, das muß wieder Rede werden, und beim Reden macht jeder mal eine Pause. Stell dir vor, wer da spricht, welchen Gefühls du diese Person für fähig hältst, und dann sprich erst!

So ungefähr sprach Saebisch mit Werner Vorndran. Und der Junge hatte das Gefühl, endlich einmal zu verstehen, was ihm gesagt wurde. Saebisch konnte wunderbar vermitteln, was er von Schauspielkunst hielt. Und aufgenommen fühlte

Werner sich auch, denn schon von der dritten Stunde an brachte Frau Saebisch den beiden immer eine Tasse Tee. Irgendwann duzte Saebisch seinen Schüler sogar.

Weil er sich nun immer öfter auch im Theater aufhielt, wurde Werner irgendwann angesprochen, ob er nicht eine Statistenrolle übernehmen wolle. Für sein Leben gern, aber er achtete peinlich darauf, daß Lore bei diesen Vorstellungen nicht im Parkett saß. Denn er wollte unerklärlicherweise weder, daß sie von seinem Unterricht erfuhr noch von seinen kleinen Statistenrollen.

In einer Operette bekam er die Aufgabe, einen Sack über die Bühne zu tragen. Die Handlung spielte unter Seeleuten, und ein Schiff mußte entladen werden. – Keine große Rolle, aber eine tragende, meinte der Regieassistent zu Werner. Als Lore nun nicht davon abzubringen war, sich diese Aufführung anzuschauen, bat Werner kurzentschlossen einen Kollegen, die Rolle für ihn zu übernehmen. Viel entscheidender als die kurze Einweisung in die Aufgabe war die Frage, ob dem anderen Werners Kostüm passen würde. – Hosen und Ärmel waren etwas kurz, aber irgendwie konnte man sagen, es paßte.

Nun konnte Werner unbesorgt mit Lore in die Vorstellung gehen. – Die Sache mit der Vertretung muß sich wohl bis zu Saebisch herumgesprochen haben. Denn der Intendant nahm Werner bei nächster Gelegenheit zur Seite und sagte ihm etwas wenig Freundliches: Ich habe gehört, Sie haben sich geschämt, einen Sack über die Bühne zu tragen? – Er siezte Werner wieder. – Wissen Sie, keine Rolle ist zu klein, daß man sie ablehnen darf. Aus einem Sack werden zwei, dann kommt ein Wort dazu, irgendwann ein richtiger Text, und daraus wird eine Rolle und schließlich ein Mensch! – Georg Saebisch war enttäuscht. Und Werner Vorndran, der seinem Lehrer gerade sagen wollte, daß er sich ab jetzt Fred Delmare nenne, hatte sich zu schämen. Er hatte eine Lektion fürs

Leben erhalten. Bot man ihm später in seinem Schauspielerberuf eine kleine Rolle, dann mußte er immer an Georg Saebisch aus Bremerhaven denken und nahm die Rolle an.

Bald darauf begann die Zeit der Baubelehrungen in Warnemünde bei Rostock, wo das Schiff für seine Abteilung rohbaufertig im Dock lag. Dadurch hatte er keine Gelegenheit mehr, bei Saebisch Unterricht zu nehmen und einen Sack über die Bühne zu schleppen. – Aber die Wahl seines Künstlernamens, von dem er im Wechsel auf das Jahr 1943 keinen Gebrauch machen konnte, behielt er bei. Schon lange hatte ihn das VORNDRAN gestört. Delmare hieß der Held eines Romans, den er zusammen mit Lore gelesen hatte. Lore hatte der Name beeindruckt. Delmare – das ist Musik! sagte sie. Und so beschloß er – würde er eines Tages auf der Bühne stehen –, seinen albernen Namen VORNDRAN gegen FRED DELMARE einzutauschen.

Als der Krieg zu Ende war, wünschte sich Werner nichts sehnlicher, als wieder zurück nach Hause zu kommen. Wie grausam dieser Krieg war, von dem Werner vor allem die Lazaretts kennengelernt hatte, wußte er, als er feststellen mußte, daß von seinem Klassenjahrgang außer ihm nur noch zwei lebten. Fünfzehn waren sie einst gewesen! – Der Vater, der den zweiten Weltkrieg gesund überstanden hatte, war in Rußland gewesen. Stalingrad blieb ihm erspart, aber sonst nicht viel. – Das Erste, was Werner dem Vater nach der Begrüßung sagte, war der Satz: Und ich gehe ans Theater!

Kein Gedanke, sich als Werkzeugschlosser wenigstens eine Lebensmittelkarte zu besorgen und über die erste Zeit zu kommen. Im September ’45 bereits fuhr er nach Meiningen, um einen der ersten Schauspieler des dortigen Theaters um Unterricht zu bitten. Es fand sich auch einer, doch der hielt in seinem roten Morgenrock, den er immer zu den Proben trug, vor allem Reden über den eigenen Glanz. Das brachte Werner, der sich jetzt Fred nannte, wenn es ums Theater ging, nicht viel. Fred verzichtete auf weitere Stunden und meldete sich am Deutschen Nationaltheater in Weimar bei einem Schauspieler, den er aus Ufa-Filmen kannte. Doch der hatte wenig Zeit, empfahl ihn aber wenigstens einem Kollegen. Und so kam er zu Walter Jupé, der damals in Weimar in seinem ersten Engagement spielte. Jupé hatte in Berlin seine Ausbildung erhalten und war im letzten Kriegsjahr nach Weimar ans Theater gekommen. Weimar sollte nicht seine letzte Station bleiben – Jupé wollte wieder zurück nach Berlin. Das sagte er seinem Privatschüler auch, und damals – das Jahr 1946 begann gerade – mag der junge Fred Delmare den Entschluß gefaßt haben, auch bald nach Berlin zu gehen. Er sollte noch eher dort ankommen als Walter Jupé.

Delmare erhielt also vom sechs Jahre älteren Jupé Unterricht, sooft es für beide möglich war – denn der eine mußte aus Hüttensteinach bei Sonneberg jedesmal mit dem Zug anreisen, und der andere war in Weimar gerade dabei, große Rollen zu bekommen. Jupé setzte seinen Ehrgeiz in die Aufgabe, den jungen Fred Delmare, von dessen Talent er überzeugt war, auf ein Bestehen in der Theaterstadt Berlin vorzubereiten. Und Fred Delmare gab ohnehin alles, was er an Ehrgeiz besaß, für dieses Ziel. Doch für beide war es weder leicht noch ging es schnell. Jupé hatte sich beim Unterricht mit seinem Schüler für klassisches Repertoire entschieden, so wie er es selbst an der Schauspielschule gelernt hatte. Doch das war mit Fred, der seinen Sonneberger Dialekt sprach, nicht zu machen. Als Jupé seinem Schüler am Ende der Stunde sagte, er möge beim nächsten Mal einen Flaschenkorken mitbringen, da fragte er verwundert: Wozu? – Abwarten, sagte Jupé. Bei der nächsten Probe mußte er den Korken zwischen die vorderen Zähne schieben und damit sprechen. Immer wieder versuchte die Zunge, den Korken rauszustoßen. Es dauerte einige Zeit, bis ihm einsichtig wurde, daß der Korken zu deutlichem Artikulieren zwingt, ohne Thüringer Mundart.

Er mußte mühsam lernen, Schillers Text hochdeutsch zu sprechen – sonst hätte Fred Delmare das Fahrgeld für Berlin sparen können. Doch im September '46, die Theatersaison in Berlin hatte gerade begonnen, löste Fred Delmare auf dem Bahnhof Sonneberg ein Fahrkarte nach Berlin. Nur die Hinfahrt, versteht sich. Und er sprach diesen Satz schon ganz anders aus als noch vor einem Jahr. Doch wie richtiges Hochdeutsch klang es noch nicht.

4
ALLEIN IN BERLIN
Seine »Universitäten« (2)

Fred Delmare hatte sich mit zwei Rollen aus Stücken Schillers – dem Mortimer aus »Maria Stuart« und dem Wurm aus »Kabale und Liebe« – vorbereitet, Berlin zu erobern. Alles war geregelt, bei der Berliner Verwandten einer Sonneberger Familie eine kleine Wohnung angemietet, das Abenteuer konnte beginnen. Sinn des Wechsels nach Berlin war nicht die Hoffnung auf ein schnelles Engagement an einem Berliner Theater. Die Fähigkeit zur Selbsteinschätzung des Fünfundzwanzigjährigen war entschieden größer. Delmare wollte in Berlin Unterricht nehmen. Er wollte in der Nähe der Großen dieses Fachs, die allmählich aus allen Himmelsrichtungen wieder im zerstörten Berlin eintrafen, seinen so leidenschaftlich geliebten Beruf erlernen. Die beiden Rollen in seinem Gepäck waren echtes Weimarer Theater und obendrein unverfänglicher Anfang auf den geistigen Trümmern des Kriegs. Schillers Figur des Wurm ist bekanntlich jener Mann, der die Tochter des bürgerlichen Stadtmusikus Miller heiraten will. Weil ihm der Weg zu Luise von Ferdinand versperrt wird, ist er gern bereit, seinem Herrn, dem Gerichtspräsidenten von Walter, bei der Hand zu sein, die unerwünschte Beziehung von dessen Sohn Ferdinand zur Musikus-Tochter Luise zu zerstören. – Der Mortimer aus Schillers großem Königinnen-Drama »Maria Stuart« ist fast das Gegenstück zum Wurm. Auf jeden Fall ist er kein Schurke, aber auch ein verhinderter Liebhaber. Er unternimmt alles, die geliebte Maria aus der Hand Elisabeths zu befreien, und geht für diesen Plan selbst in den Tod. – Diese Rollenwahl hatte Walter Jupé nach klassischer Schauspielschulen-Erfahrung entschieden. Sein Lehrer war gar nicht auf den Gedanken gekommen, ihn womöglich als Komiker einzusetzen. Walter Jupé hatte ihm erste Charaktere der Theaterliteratur zugetraut.

Im Wechsel des Jahrs 46 auf das Jahr 47 waren einige große Berliner Theater nach den schweren Kriegsschäden immer noch nicht bespielbar. Dazu gehörte das Schillertheater, dessen Schauspieler vorübergehend an anderen Bühnen auftraten, die meisten von ihnen am Hebbeltheater in der Berliner Stresemannstraße. Und noch einen zweiten, vielleicht viel näherliegenden Grund gab es für Fred Delmare, das Hebbel-Theater als seine erste Anlaufstelle auszuwählen. Dem Hebbel-Theater war nämlich eine Schauspielschule mit Sitz in der Charlottenburger Bismarckstraße angeschlossen. Zwar wollte er sich dort nicht als Student anmelden, dafür kam er mit seinen 25 Jahren bereits zu spät, aber er hoffte, daß einige der Lehrer an dieser Schule bereit waren, Privatunterricht zu geben. Das war sein Plan. Doch er wählte, um ans Ziel zu kommen, einen Umweg.

Vielleicht fehlte es Fred Delmare im entscheidenden Moment an Mut, um vorzusprechen. Nicht ganz ohne Grund glaubte er, man höre seinen Thüringer Akzent immer noch zu stark heraus. Die Angst, eine Absage zu erhalten, war zumindest Anfang 1947 nicht unberechtigt. Er wußte, welche Konsequenzen damit verbunden waren – er wäre nicht in der Lage, Gründe für eine Berlinerlaubnis vorzubringen. Und die brauchte damals jeder in der Vier-Sektoren-Stadt.

Delmare war realistisch genug, die Aufenthaltserlaubnis als Voraussetzung für alle weiteren Schritte in Berlin zu sehen, und ging – was das Vorspiel anbetrifft – ganz auf Sicherheit.

Er kam noch einmal auf den eigentlich bereits aufgegebenen Wunsch zurück, Buffo zu werden. Alle hatten seine prächtige Tenorstimme gelobt, also mußte sie sein Startkapital werden.

Fred nahm sich ein Telefonbuch vor und suchte nach einem Mann oder einer Frau mit der Berufsbezeichnung Stimmbildner oder Musikpädagoge. Was er suchte, fand er unter N – dort stand FRANZ NOACK-NORDENSEN, STIMMBILDNER UND MUSIKSCHRIFTLEITER. Aus der Bezeichnung Schriftleiter schloß Delmare, daß es sich um einen älteren Herrn handeln müsse, weil er aus der letzten Ära noch den Titel »Schriftleiter« mit sich herumschleppte. Vielleicht war der alte Mann glücklich, wenn sich überhaupt noch jemand bei ihm meldete. Er würde bestimmt – bei entsprechender Bezahlung – ein hoffnungsvolles Talent aus Thüringen, das sich in Berlin ausbilden lassen wollte und dazu eine Aufenthaltsbewilligung von der Polizei brauchte, doch nicht ohne entsprechendes Papier zurückschicken. – So dachte jedenfalls Fred Delmare, als er sich entschied, Noack-Nordensen anzurufen.

Auf der anderen Seite meldete sich zu seiner Überraschung eine Frauenstimme, die durchaus nicht geneigt war, ihn mit dem Stimmbildner und Schriftleiter zu verbinden. Herr Noack-Nordensen hat so viele Schüler, da wird es schwer, Sie aufzunehmen. Der nächste freie Termin ist in zwei Wochen. – Fred schwieg. Die Hitze der Ungeduld stieg in ihm auf. – Na, wollen Sie nun oder wollen Sie nicht? – Und als er außer einem hörbaren Atmen immer noch keinen Laut von sich gab, da entschied die Dame für ihn und sagte: Also nicht. – Doch, ich komme.

Vierzehn Tage später steuerte er die Pfalzburger Straße in Berlin Wilmersdorf an, mußte nach der Nummer 32 nicht lange suchen, denn etwa die Hälfte der Häuser stand nicht mehr. An Noack-Nordensens Wohnungstür war ein großes Messingschild angebracht, auf dem er noch einmal lesen konnte, was er bereits aus dem Telefonbuch wußte: Stimmbildner und Musikschriftleiter. – Zwei Vermutungen bestätigen sich: Noack-Nordensen war in der Tat ein älterer Herr, und milde schien er auch zu sein. Er hatte nicht viel Zeit, sich Delmares Lebensgeschichte anzuhören, sagte nur: Später, erst singen Sie mal, junger Mann. – Er setzte sich ans Klavier, schaute seinen Gast groß an und fragte: Was wollen wir denn singen? – Den Zarewitsch! – Gut!

Besondere Mühe bereitete Fred das Stück nicht, auch die Aufregung hielt sich in Grenzen. Und als er den letzten Ton lange genug gehalten hatte, ohne auch nur im mindesten zu wackeln, strahlte er seinen Begleiter am Klavier an, als erwarte er Beifall. – Noack-Nordensen lächelte milde und sagte: Ganz ordentlich. Was wollen wir denn nun singen? – Groß war Delmares Repertoire nicht, aber zwei Stücke konnte er noch vorschlagen: beide aus der »Fledermaus«. – Als die Tenor-Arien bestanden waren und Noack-Nordensen immer noch milde lächelte, da fürchtete Delmare, der Mann am Klavier wolle weiterspielen. Jetzt hätten sie nur noch »La Paloma« singen können und bald nur noch Volkslieder, und fertig wäre der schönste Stammtisch. Noack-Nordensen bestand aber nicht auf weiteren Talentproben, stattdessen sagte er: Was kann ich für Sie tun?

Ich hätte gern eine Beurteilung. – Der Stimmbildner, der offensichtlich solche Anliegen kannte, setzte sich an den großen runden Wohnzimmertisch, schob die Fransendecke etwas zur Seite und schrieb: »Herr Fred Delmare aus Weimar hat mir heute vorgesungen. Er verfügt über einen entwicklungsfähigen, bereits gut vorgebildeten Tenor und über eine ausgezeichnete Anlage für das Buffofach (Oper).« – Unterschrift: Franz Noack-Nordensen, Mitglied der Genossenschaft Deutscher Bühnenangehöriger. – Dieses Schriftstück reichte er Fred Delmare, der damit aber nicht zufrieden sein konnte. Er dachte an die Hebbel-Theater-Schule, wo er Unterricht nehmen wollte, und daran, daß er sich zwei Lehrer finanziell nicht leisten konnte. Das dachte er, aber er sagte: Ich möchte gern Unterricht bei Ihnen nehmen! – Möglich. – Aber das sollten Sie in dem Brief erwähnen. – Warum? – Wegen der Aufenthaltsgenehmigung. – Noack-Nordensen ahnte, wozu er gebraucht wurde. – Geben Sie her! – Delmare reichte den Briefbogen zurück. Der andere fügte in die Lücke vor seiner Unterschrift noch einen Satz ein und gab das Blatt zurück. – Ich wünsch' Ihnen viel Glück in Berlin! – Der Mann stand auf und setzte sich wieder ans Klavier. Für ihn war die Angelegenheit erledigt. Er wollte nicht länger mit jemandem sprechen, der ihn nicht als Lehrer, sondern nur seinen Namen für ein bestimmtes Schriftstück brauchte.

Im Vorzimmer mußte Fred Delmare bei der Dame, die ihn eingelassen hatte, zwanzig Mark bezahlen. Seine Geldbörse war darauf eingestellt. Er hoffte nur, daß das Schreiben in seiner Hand das Geld auch wert war. – Auf der Straße las er, was Noack-Nordensen hinzugefügt hatte: Herr Delmare beabsichtigt, bei mir weiterzustudieren, und somit ist ihm zur Aufenthaltsgenehmigung zu verhelfen. – Geschafft! Er schickte noch schnell einen dankbaren Blick hinauf zu den Fenstern, dann ging er zu seinem Melderevier und erhielt tatsächlich eine Aufenthaltsgenehmigung für Berlin. Zunächst für ein halbes Jahr.

Jetzt stand der Suche nach einem Schauspiellehrer vom Hebbel-Theater nichts mehr im Wege. Er meldete sich im Frühsommer '47 bei Karl Meixner an. Meixner war nicht nur ein erster Charakterdarsteller im Hebbel-Theater, er leitete außerdem die Hebbel-Theater-Schule. Diesmal mußte Fred nicht so lange auf einen Termin warten – schon übermorgen durfte er kommen. In den beiden verbleibenden Tagen ging er noch einmal die Rollen durch, prüfte seine Textsicherheit, leistete sich noch einmal eine Flasche Wein, um den Korken für Sprechübungen zu benutzen. Am Abend zuvor schlief er schlecht, aber daß er besonders aufgeregt gewesen wäre, kann er nicht sagen. Karl Meixner empfing ihn in seiner Garderobe. – Den Wurm und den Mortimer wollen Sie spielen? fragte Meixner. Wissen Sie, wir machen hier etwas moderneres Theater! – Das war der erste Dämpfer, den er an diesem Tag erhielt. Aber Meixner blieb freundlich und führte den kleinen Mann, der da zu ihm mit seinen Hoffnungen gekommen war, durch schlecht beleuchtete Gänge hinauf zur Probebühne. Die war glücklicherweise gerade frei, denn Zuschauer wollte Delmare auf keinen Fall. Zuerst spielte er den Wurm. Er bemühte sich, daran zu denken, was ihm Jupé mit auf den Weg gegeben hatte: Bewahren Sie sich davor, weiter nichts als einen Schurken im Wurm zu sehen! Es gelang Delmare offensichtlich nicht besonders. Denn Meixner brach ab und sagte nur knapp: Und jetzt den anderen! Als Mortimer, der sich der gefangenen Maria Stuart als Freund zu erkennen gibt und ihr helfen will, machte er wohl mehr Eindruck. Meixner unterbrach diesmal nicht. Er sah sich den jungen Mann, der von Satz zu Satz mehr Intensität entwickelte und dabei immer lauter wurde, aufmerksam an. Am Schluß nickte er. Wo spielt diese Szene? fragte er. Spielt sie nicht im Gefängnis der Maria Stuart, ist Mortimers Vater nicht der Kerkermeister? Kann Mortimer in dieser Situation so laut werden wie Sie? – Mit Fred Delmare war die Leidenschaft durchgegangen. Er hatte die Spielsituation völlig vergessen. – Anfängerfehler, sagte Meixner. Er hatte gesehen, daß der Junge alles geben wollte, um ihn zu überzeugen. Das genügte ihm fürs erste. – Wenn Sie wollen, können Sie von mir Unterricht bekommen. – Fred Delmare war am Ziel: Ein Schauspieler wie Karl Meixner würde ihm in Berlin Unterricht geben!

Er hatte von Karl Meixner noch etwas erbeten: Die Erlaubnis, täglich ins Theater kommen zu dürfen. Er wollte sich leise in den Zuschauersaal setzen und den Proben zusehen. Wenn die Großen probierten, konnte er profitieren. Einige Namen kannte er von den Plakaten: Axel von Ambesser spielte am Hebbel-Theater wie gastweise auch Hans Albers.

Er erlebte Paul Edwin Roth und Rudolf Noelte und die Schauspielerinnen Lu Säuberlich und Roma Bahn. 1948 wurde ein großes Jahr: Jürgen Fehling inszenierte Sartres »Fliegen« und parallel dazu sein Schüler Rudolf Noelte Borcherts »Draußen vor der Tür«. Noch etwas später kam sogar Fritz Kortner nach seiner Rückkehr aus der amerikanischen Emigration ans Hebbel-Theater – für die Titelrolle in Strindbergs »Vater«. – Zeiten brachen für Fred Delmare an, die für jemanden, der Schauspieler werden will, nicht glücklicher hätten verlaufen können. Er befand sich unter Theater-Individualitäten, die alle ihre eigene Auffassung vom Schauspielen hatten. Von jeder konnte er sich abschauen, was ihm wichtig war.

Delmare durfte das Theater betreten, wann immer er wollte. Meixner hatte ihn als persönlichen Assistenten verpflichtet, das verschaffte ihm freien Zugang zum Theater und – was noch wichtiger war – zu den Proben. Nur die Nähe von Jürgen Fehling versetzte Delmare unverändert in Aufregung. Das ging ihm im Hebbel-Theater aber nicht allein so. Fehling wollte damals Intendant des Hebbel-Theaters werden. Die Aliierten lehnten seine Bewerbung ab. Fehling war damals – 1947 – 62 Jahre. Er verbitterte wegen der Ablehnung. Vielleicht entstand daraus auch sein gelegentlich cholerisches Verhalten. Einmal hatte ein Streit während der Arbeit an den »Fliegen« – Fehlings letzter Inszenierung am Hebbel-Theater – dazu geführt, daß er die Probe abbrach. Delmare erlebte die Zuspitzung vom Parkett aus, wo er seinen Stammplatz hatte. Als zwei Tage später die Fortsetzung der Proben stattfinden sollte, verbat sich Fehling jeden Beobachter. Delmare wollte seine Zuschauerrolle in diesem pikanten Moment aber nicht aufgeben und zog sich still in eine hintere Loge zurück, die sonst der Technik vorbehalten war. Die Loge war mit einem Glasfenster zu schließen, und das war in diesem Moment hochgezogen. Beim eiligen Verlassen der Loge stieß er an einen Holzstab, der das Fenster offengehalten hatte – der Stab stürzte um, und das Fenster fiel mit einem Riesenkrach zu. Fehling brüllte mit seinem lauten Organ in die Richtung des Lärms. Erschrocken, wie Delmare war, stieß er bei seiner Flucht zu allem Unglück mit dem Kopf gegen einen Deckenträger. Daß ihm bei seiner Größe etwas im Wege sein könnte, damit hatte er nicht gerechnet. Er rannte durch das Foyer im ersten Rang, verlor dort auch noch einen Schuh und floh aus dem Theater. Erst auf der anderen Seite der Stresemannstraße kam er in einem Lampengeschäft wieder zu sich. Dort wartete er einige Zeit, bis ihm auffiel, daß ihm ein Schuh fehlte. Also schlich er sich zurück in die Loge, um den Schuh zu suchen. Ein Assistent machte unglücklicherweise Fehling darauf aufmerksam, und der rief den verängstigten Delmare zu sich an das Regiepult: Solche Angst haben Sie vor mir? – Ich wollte die Probe sehen! – Sie brauchen keine Angst zu haben. So ein Mensch bin ich nicht. – Das war seine Begegnung mit Jürgen Fehling.

Künstlerisch ertragreicher verliefen seine Unterrichtsstunden mit Karl Meixner. Meixer arbeitete gerade an der Rolle des Turnu in Christian Dietrich Grabbes »Hannibal«, zu dem die Proben begonnen hatten. Das Stück wird nicht zu den großen Texten Grabbes gezählt. Aber es schildert zur Abschreckung eine Menge von Kriegen und anderen Untaten und paßte damit gut in die geistige Landschaft nach dem Krieg. Turnu ist ein Negerhäuptling, der mit Hannibal kollaboriert. Ob es sich Meixner nun leicht machen wollte oder ob er Delmare als Partner sah – jedenfalls gab er seinem Schüler dieselbe Rolle, an der er gerade für die Inszenierung probierte. So mag Meixner in Delmare einen Spiegel gefunden haben. Der gemeinsame Nutzen, den sich beide von diesem doppelten Rollenstudium versprachen, führte dazu, daß sie sehr ernsthaft und vor allem gemeinsam arbeiteten. – Der Beginn der Probe gehörte immer noch dem Training einer sauberen Sprachbehandlung. Meixner besaß eine glasklare Aussprache – bei seinem Schüler hörte man hartnäckig Reste des Thüringer Dialekts. Dialekte wachsen sich in der Tat erst langsam aus. Daran wird nicht fehlender Probenfleiß schuld gewesen sein. Das wußte auch Meixner. Und letztlich kam es ihm auf die Figur an, die ein Schauspieler vor den Augen des Publikums entstehen lassen konnte. Was würdest Du tun, wenn Du diese Person wärst? Diese Frage stellte Meixner als Schauspiellehrer solange, bis sie seinem Schüler in Fleisch und Blut überging. Das war altes Stanislawski-Theater. Es baute auf die Einfühlung des Schauspielers in seine Rolle. Das lernte Delmare von Meixner. Und der war schließlich mit dem Turnu seines Schülers sehr zufrieden.

Eines Abends – kurz vor der Premiere geschah es häufiger, daß die Probenzeit überzogen wurde – lud Delmare, der wieder die gesamte Probe im Parkett zugebracht hatte, seinen Lehrer Meixner zu einem guten Tropfen, wie er sagte, ein. Darin bestand Mangel in diesen Zeiten. Und weil Meixner durchaus kein Alkoholfeind war, nahm er das Angebot an. Fred stellte eine Flasche guten Kognaks auf den Tisch, die ihn auf dem Schwarzen Markt immerhin 170 Mark gekostet hatte. Es wurde schon Morgen, als der Schüler seinen Lehrer ein Stück seines Heimwegs begleiten wollte. In den Backstuben brannte bereits Licht. Vor einer Bäckerei stand ein Geselle und rauchte eine Zigarette. Als die beiden leicht schwankenden Gestalten die Stresemannstraße in Richtung Gropiusbau herunterzogen, sagte er laut in ihre Richtung: Suffköppe! – Delmare, der in solchen Situationen schnell in Rage kommt, riß von einem an die Hauswand gelehnten Fahrrad eine Luftpumpe ab und gab dem Pöbler eins über den Kopf. Der schrie in seinem Schmerz nach der Polizei, und die war zufällig auch gleich zur Stelle. Zur Klärung des Sachverhalts bat man die Herren Meixner und Delmare aufs Revier. Dort hatten die Polizisten es nicht eilig mit ihnen.

Meixner kam – je weiter die Uhr auf zehn vorrückte – in arge Bedrängnis. Um zehn Uhr begann die Probe im Theater. Delmare hatte die rettende Idee: Eine Nierenkolik ist immer eine passende Ausrede. Meixner rief noch vom Revier aus im Theater an und entschuldigte sich von der Probe wegen einer plötzlichen Nierenkolik. – Wie geht es? fragte Delmare mit besorgtem Blick, als Meixner vom Telefon zurückkam. – Ach, sagte der andere, schon besser! – Schließlich konnten die beiden das Revier verlassen.

Fred mußte notgedrungen für seinen Lebensunterhalt und die Bezahlung des Schauspielunterrichts Geld verdienen. Mit seiner kleinen Nebenbeschäftigung auf dem Schwarzen Markt war er unerhört erfolgreich. Er verfügte zumeist über einiges Vermögen und hatte – daher die freundliche Einladung an seinen Lehrer – auch sonst so ziemlich alles, was knapp war. In den Tagen, in denen er sich nicht im Theater aufhielt, betrieb er eine andere Passion – das Schieben. Mal fuhr er in seine thüringische Heimat und besorgte aus Lauscha Glasschmuck, mal erinnerte er sich seiner Kontakte aus Bremerhaven, die ihm früher den besten Fisch für Konteradmiral Clave gebracht hatten. Jetzt schmuggelte er die Ware nach Berlin. Der Koffer prall gefüllt mit Heringen, etwas Zellophan obenauf und eine alte Anzugshose darübergelegt, und alles hätte bei einer Kontrolle ganz harmlos ausgesehen. Als er einmal mit sechs Kilo Kaffee unterwegs war und in eine Razzia geriet, da schob er den Kaffee kurzerhand unter eine Bank. Als die Luft rein war, holte er die heiße Ware wieder ab. Nicht lange hielt er sich mit Zigarettenschieben auf. Er stieg auf größere Fische um. Das größte, was er in dieser Zeit verkaufte, war ein Auto Marke ADLER TRIUMPH. Er hatte ihn aus Hamburg geholt und bereits unterwegs mit gutem Gewinn losgeschlagen. Nur einmal traf ihn das Pech – ausgerechnet als er den Ring seiner Mutter verkaufen wollte. Da gab es jemanden, der war noch gerissener als er. Als

Delmare den Ring vorzeigen wollte, mußte ihn die Hehlerin bereits aus seiner Tasche gestohlen haben. – Einen so großen Verlust hatte er bei seinen Geschäften nie wieder erlitten. Mit seiner Neigung zum Aberglauben sagte er sich: Liegt eben kein Seegen drauf, den Ring der eigenen Mutter zu verkaufen!

Im Jahr '48 – während Fred Delmare für seinen Theaterunterricht abwechselnd eine Probe von »Draußen vor der Tür« unter Rudolf Noelte und eine Probe der »Fliegen« bei Jürgen Fehling besuchte – meldete sich plötzlich ein starker Schmerz in seinen Augen. Delmare suchte einen Arzt auf und wurde sofort ins Berliner St.-Georgen-Krankenhaus eingewiesen. Dort stellte man fest, daß er mehrere Dutzend kleiner Geschwüre auf den Augen hatte. Die Ursache dafür konnte selbst der Spezialist Professor Vogelsang, der sich seiner annahm, nicht finden. Eine Tortur von Behandlungen brachte nur zeitweise Besserung. Irgendwann kamen die Ärzte in ihrer Ratlosigkeit darauf, ihm die Mandeln herauszunehmen und gleichzeitig die Nasenscheidewand zu durchstoßen. Eine wirkliche Besserung brachte auch dieser Versuch nicht. Ärger war es, daß nach diesem Eingriff seine Stimme ihren Tenorglanz verlor. Seitdem klingt sie immer ein bißchen kratzig. Daß sie damit auch interessanter wurde, glaubte er damals nicht.

Man behielt Delmare elf Monate auf der Krankenstation. Nur weil der Patient so drängelte und die Heilung wenig von der Stelle kam, gestattete ihm der Professor Theaterbesuche. Im Theater hatte man ihm mittlerweile die erste kleine Rolle angeboten. Für die Schülerrollen in Wedekinds »Frühlings Erwachen« suchte man viele jugendlich wirkende Darsteller. Dafür erschien dem Regisseur der kleine Delmare, der immer auf den Proben saß, bestens geeignet. Nun dauern die Proben für eine solche Statistenrolle nicht allzu lange, so daß er trotz Krankenhausaufenthaltes in Absprache mit Professor Vogelsang die Rolle zusagen konnte. Zu den Vorstellungen ließ ihn das Theater mit dem Auto abholen. Wenn das einem Eleven mit erster Kleindarstelleraufgabe nicht schmeichelt! Leider konnte er nur zwei Vorstellungen spielen, dann verschlechterte sich das Augenleiden wieder. Für Fred Delmare bedeutete die erzwungene Absage nicht einfach eine Enttäuschung, er glaubte sich vor einer Katastrophe. Immer wieder bedrängte er seinen behandelnden Arzt, wann Besserung zu erwarten sei. Der konsultierte sich mit verschiedenen Spezialisten in Deutschland und deutete seinem Patienten vorsichtig an, daß es auch andere lohnende Berufe gebe als den des Schauspielers, dessen Augen durch das Scheinwerferlicht ohnehin besonderer Belastung ausgesetzt sind. Eines Tages wartete Delmare im Behandlungszimmer auf Vogelsang und entdeckte dabei in einem Schreiben eines anderen Augenarztes, das ihn betraf, die Bezeichnung »skrofulöses Augenleiden«. Er wußte, was das bedeutete. Man hielt seine Krankheit für eine Art Augen-Tbc. Und da man in diesen Jahren nach dem Krieg sehr viel von Tuberkulose-Kranken hörte, die ihre Krankheit nicht überlebten, glaubte er sich am Ende. Nie würde er – wenn er überhaupt dem Tode entging – Schauspieler werden können! Ohne diesen Beruf stellte er sich sein Leben sinnlos und leer vor. Er verließ das Behandlungszimmer, griff in seinem Waschtisch nach der lange bereitgelegten Rasierklinge und öffnete sich mit einem schnellen Schnitt die linke Pulsader. Das Blut spritzte heraus, und er wickelte ein Handtuch über die Wunde. Dann zog er seinen Mantel an und ging so schnell er eben noch gehen konnte von der fünften Etage hinunter in den Garten des Krankenhauses. Er glaubte, hier ungestört seine letzten Minuten verbringen zu können. In der zweiten Etage erlebte er den ersten Schwindelanfall als Folge des erheblichen Blutverlusts, den die Handtuchbandage nicht mehr verhindern konnte. Er schaffte es gerade noch, sich zu einer Bank im hinteren Gartenteil zu schleppen, unweit der Leichenhalle. Die Nähe der Leichenhalle war es, die ihm das Leben rettete. Ein Pfleger, der einen wirklichen Toten auf einem Wagen dorthin zu bringen hatte, fand Spuren von Blut auf dem Kiesweg. Und weil Tote auf dem Weg zur Leichenhalle kaum noch bluten, lief er in einer Ahnung voraus und fand den Mann, der bereits zur Hälfte von der Bank gesunken und ohnmächtig war. Fred Delmare erwachte in seinem Bett und mußte weiterleben. Zu seiner und seines Arztes Überraschung verbesserte sich nicht nur recht bald der Allgemeinzustand des Selbstmordkandidaten, sondern auch das Augenleiden ging auf ein erträgliches Maß zurück. Völlig geheilt war er nicht, aber zwei Monate später konnte er entlassen werden. Gerade als am Hebbel-Theater Weisenborns »Ballade vom Eulenspiegel, vom Federle und von der dicken Pompanne« besetzt wurde. Man wollte gleich nach der Hamburger Uraufführung das Stück in Berlin nachspielen. Delmares Rolle war klein, es blieb das Kleindarstellerfach. Aber er konnte diesmal sogar von der Bühne aus mitarbeiten und erlebte all die Großen aus nächster Nähe.

Auch die beiden glanzvollsten Premieren des Hebbel-Theaters in den ersten Nachkriegsjahren sah er aus nächster Nähe, selbst wenn er an beiden nicht beteiligt war. Sartre kam zur Premiere seiner »Fliegen« aus Paris angereist. Vermutlich machte ihm das Erlebnis der Inszenierung durch Jürgen Fehling wenig Freude, denn Kritiker schrieben damals, daß Fehling das Resistance-Stück bewußt umdeutete, um deutsche Schuld während der Besetzung Frankreichs zu rechtfertigen. – Unumstritten dagegen der Erfolg Noeltes mit Borcherts »Draußen vor der Tür«. Paul Edwin Roth spielte die Rolle des Kriegsheimkehrers Beckmann, der die damals einsetzende Schuld-Abweisung der Täter zu stören versuchte. Beide Stücke wurden am Hebbel-Theater zwei sehr gegensätzliche Versuche, sich zur Nachkriegszeit zu verhalten.

Daß Fred Delmare nach fast zwei Jahren des privaten Unterrichts und der Probenhospitationen ungeduldig wurde, merkte sein Lehrer eines Tages an der Frage: Soll ich ein Tourneetheater gründen? – Es war in der Nachkriegszeit üblich geworden, daß Schauspieler, die wegen fehlender Theater in keinem festen Engagment waren, sich zu kleinen Spieltruppen zusammenschlossen und mit literarisch-musikalischen Programmen über die Dörfer tingelten. Hunger nach etwas Ablenkung gab es überall.

Karl Meixner, der schon lange gesehen hatte, daß sein Schüler vom Theater besessen war, redete ihm zu. Er schlug ihm sogar vor, Karin Hardt auf die Tournee mitzunehmen. Ein großer Name würde das Publikum anlocken. Doch die Hardt wollte Berlin nicht verlassen. Sie wartete auf ihren Mann, der nach dem Krieg als vermißt galt. So wandte sich Fred Delmare an Leny Marenbach, die einst mit Heinz Rühmann zusammengelebt hatte und unter der Trennung dieser Beziehung immer noch sehr litt. Die Marenbach hörte sich an, was man ihr vorzuschlagen hatte – und sagte zu. Die übrige Besetzung entschied Direktor Delmare in seiner Wohnung. Er hatte eine Annonce aufgegeben, die ihm viel Zulauf an Interessenten brachte. Für jeden, den er einzustellen gedachte, mußte er eine Gage erwirtschaften. Und weil er im Nachkriegsberlin nicht nur Schauspielen, sondern auch Rechnen gelernt hatte, entschied er sich nur für eine Tourneepianistin. Die Stelle erhielt Inge Schäfer. Sie hatte die Marenbach und ihn bei Chansons und Couples am Klavier zu begleiten. Der Vierte im Bunde wurde ein Mann für alles – Fahrer, Verhandler mit den Bürgermeistern, Saaleinrichter und Kartenverkäufer. – So starteten sie im frühen Herbst 1949. Und wohin sollte die Reise gehen? Natürlich nach Thüringen. Er wollte in Meiningen, Coburg, Sonneberg und seinem Geburtsort Hüttensteinach gastieren – er wollte allen, die daran gezweifelt und ihn gehänselt und bisweilen auch verhöhnt hatten, zeigen, was aus ihm geworden war: Direktor eines Tourneetheaters. Der Kleine kehrt – wie er es seiner Mutter versprochen hatte – als Held zurück.

Leider gab es einen unliebsamen Zwischenfall. Alles war bestens vorbereitet. Fred hatte von der Deutschen Verwaltung für Volksbildung in der Sowjetischen Besatzungszone eine Auftrittsgenehmigung besorgt. Er mußte dazu an Eides Statt versichern, daß weder er noch seine anderen Mitarbeiter jemals Mitglied der NSDAP gewesen waren. Die Dienststelle betonte in ihrer Bescheinigung, daß sie aus Zeitgründen keine Abnahme des Programms vornehmen konnte. Vorsichtig, wie eine ostdeutsche Dienststelle war, empfahl sie der Thüringer Landesregierung, dies nachzuholen. Die sah sich aber auch überfordert, und so stand dem Tourneestart nichts mehr im Wege.

Fred Delmare begann, seinen Triumph in der Heimat regelrecht zu inszenieren. Als Krönung machte er Leny Marenbach den Vorschlag einer gemeinsamen Verlobung. Die wesentlich größere und im Vergleich zu Fred auch ältere Frau stimmte zu. Sympathisch war man einander. Und damit die sensationelle Nachricht auch unter die Leute in seiner Heimat kommen konnte, gab er eine Anzeige in der Sonneberger Zeitung auf. Darin teilte Herr Fred Delmare, Hebbel-Theater Berlin, derzeit Köppelsdorf-Nord, seine Verlobung »mit der bekannten und beliebten Filmschauspielerin Frau Leny Marenbach« mit. – Die Verlobung konnte man als »Theater auf dem Theater« bezeichnen, eingegangen in der Absicht, das heimatliche Publikum noch ein wenig mehr über Herrn Delmare in Erstaunen zu versetzen, aber etwas wahres Gefühl war auch dabei.

Nur nützte seine ganze Vorbereitung nichts – ausgerechnet die wichtigste Vorstellung in seinem Heimatort mußte ausfallen. Leny Marenbach war nicht aufzufinden. Ihre Unzuverlässigkeit, um die Fred wußte, rührte von ihrer Neigung zum Alkohol her. Nach ihrer Trennung von Heinz Rühmann hatte sie begonnen, den Kummer mit Schnaps von der Seele zu spülen. – Bis unmittelbar vor Beginn der Vorstellung – der Grunersche Saal war bereits bis auf den letzten Platz gefüllt – hatte Fred mit der Absage gewartet. Doch die Marenbach erschien nicht. Was Fred Delmare in dieser Stunde durchmachte, kann niemand beschreiben. Sein Vater saß im Saal, sein Onkel Wilhelm, seine Tanten, seine Schulfreunde – alle, die wissen sollten, wie weit er es gebracht hatte. Und als keine Hoffnung mehr bestand, die Marenbach zu finden, trat ein plötzlich sehr kleiner Fred Delmare vors Publikum und teilte mit, daß wegen Erkrankung von Frau Marenbach die Vorstellung nicht stattfinden kann. Das Publikum brach weder in wildes Gejohle aus noch stürzte das Haus ein – wie Fred Delmare angenommen hatte –, auch der Boden unter seinen Füßen tat sich nicht auf.

Als tags darauf die »Verlobte« im Hotel eintraf und ihrem »Direktor« gestand, daß sie im Zug einen freundlichen Herrn kennengelernt hatte und mit ihm bereits in Lauscha ausgestiegen war, da konnte sich Fred Delmare die Fortsetzung der Geschichte bereits denken. Der »freundliche Herr« hatte Leny Marenbach zum Wein eingeladen, und die Vorstellung war vergessen. Für Fred Delmare gab es nur eins – sie mußte nachgeholt werden, gleich am nächsten Abend. Und das tat man auch. Es wurde ein glanzvoller Auftritt, von dem Beteiligte noch bis heute voller Bewunderung sprechen. Auch wenn sich die Sketche, Balladen und Chansons nicht als Ausweis großer Schauspielkunst erwiesen – das kleine »Fröschle« hatte seine Leute überzeugt. Und als man hinterher noch in MÜNCHS KRUG zusammensaß und sich die Freunde ihres Mitschülers Werner Vorndran erinnerten, da fiel ihnen ein, daß er schon immer angekündigt hatte, einmal zum Theater zu gehen.

Fred Delmare hatte durch seinen langen Krankenhausaufenthalt versäumt, die Berlin-Erlaubnis rechtzeitig verlängern zu lassen. Im Briefkasten in der Sandwerderstr. 36 in Berlin-Wannsee – wohin er inzwischen gezogen war – lag eines Tages die Aufforderung, unverzüglich auf der Meldestelle vorzusprechen. Delmare, den solche amtlichen Schreiben bis heute immer ein wenig erschrecken, wußte, daß er nicht mit leeren Händen zur Polizei gehen konnte. Er brauchte wieder – wie damals, als Noack-Nordensen für seine Zwecke die richtigen Worte fand – Bestätigungen, daß für seine berufliche Betätigung der Aufenthalt in Berlin notwendig war. Gleichzeitig wünschte sich Fred Delmare auch ein Zeugnis für seine Unterrichts- und Hospitationszeit am Theater. Würden andere bemerken, wie weit sie ihn gebracht hat? Würden sie sehen, daß er viel weitergekommen war, als bei seinem Eintreffen in Berlin vor knapp drei Jahren? Zuerst rief er bei der »Tribüne« in Berlin-Charlottenburg an. Die »Tribüne« leitete damals Viktor de Kowa, und der war im Nachkriegs-Berlin ein ganz großer Name – er spielte und inszenierte zwar vorwiegend im Bereich des Boulevardtheaters, aber fast alle Kritiker lobten ihn als einen Schauspieler, der Komisches immer mit genauer Charakterzeichnung zu verbinden wußte. Genau das wollte Delmare auch. – De Kowa nahm sich die Zeit, und so kam es Ende August '49 zu einem Vorspieltermin. Die Tage davor vergingen nicht ohne Lampenfieber, aber es schnürte ihm keinesfalls die Kehle zu. De Kowa empfing ihn freundlich und hatte sich zur Überraschung Delmares auf das Vorspielen eingestellt und gleich mehrere Regisseure hinzugezogen. Delmare zeigte seinen in der Hebbel-Theater-Zeit gewachsenen Mortimer aus »Maria Stuart« und bot außerdem noch den Turnu aus Grabbes »Hannibal«, den er mit Meixner gearbeitet hatte. – Nach dem Vorspiel ließ man Delmare eine Viertelstunde allein, ganz wie bei einer richtigen Prüfung. Dann hörte er aus dem Munde von Viktor de Kowa den Satz: Ausgezeichnetes Talent, das zu den schönsten Hoffnungen berechtigt! Diesen Satz erhielt Fred Delmare mit de Kowas Unterschrift später auch schriftlich. – Der nächste Vorspieltermin fand nur vier Tage später vor Ernst Legal statt. Der knapp 70jährige Legal stand damals als Intendant Max Reinhardts Deutschem Theater, den Kammerspielen und der Deutschen Staatsoper vor. In Berlin gab es zu dieser Zeit kaum einen einflußreicheren Mann. Und auch Ernst Legal war vom Vorspiel Delmares mehr als angetan. Er schrieb ihm folgendes Zeugnis: »Ich halte Herrn Delmare für sehr begabt und für einen leidenschaftlichen Theatermenschen und bin gern bereit, ihm, soweit es im Bereich meiner Möglichkeiten liegt, weiterzuhelfen.« – Auch Karl Meixner, seinen Lehrer am Hebbel-Theater, drängte er, ein schriftliches Urteil abzugeben. Der schrieb unter dem Datum des 5. September '49: »Er ist eine eigenwillige, starke Begabung und vertritt durch seine skurrile Erscheinung ein Rollenfach, das im größeren Theater unentbehrlich ist«. Und noch ein viertes Gutachten organisierte er sich. Franz Reichert, damals Schauspieler am Hebbel-Theater, schrieb: »Ich halte ihn, nachdem er mir vorgesprochen und nachdem ich auch mit ihm selbst gearbeitet habe, für sehr begabt.« – Damit hatte Fred Delmare viel mehr zusammengetragen, als er für die Polizei benötigte. Es ging nicht allein um die Verlängerung seiner Berlinerlaubnis. Sie hatte vielleicht nur den Anstoß zu den verschiedenen Vorspielterminen gegeben – in Wirklichkeit wollte er's jetzt wissen! Was ihm da von vier anerkannten Könnern ihres Fachs bestätigt wurde, glich in der Summe dem Abgangszeugnis eines Schauspielschülers nach dreijähriger Ausbildung. Fred Delmare wußte, daß damit seine »Universitäten« beendet waren.

Daß etwas zu Ende gegangen war, wußte er um so mehr, als ihm Viktor de Kowa noch etwas mit auf den Weg gegeben hatte: Delmare, Sie haben großes Talent. Jetzt müssen Sie sich ausspielen! Am besten nach vielen Seiten hin! Suchen Sie sich ein Theater, wo Sie das können! – Fred Delmare sah die Sache durchaus richtig, wenn er sich eingestand, daß ihm in Berlin dazu keiner eine Möglichkeit geben würde. Da drängten sich viel zu viele Schauspieler um die wenigen großen Rollen. Und eines – das hatte er sich geschworen – wollte er nicht: den Großen der Bühne ihre Stichworte geben. »Die Pferde sind gesattelt« – diesen Satz wollte nicht er sprechen, diesen Satz sollte man zu ihm sagen. Für ihn, dachte der Schauspieler, sollten die Pferde gesattelt sein.

Daß er schließlich im Oktober 1950 in Leipzig vorsprach, hatte dann einen ganz anderen Grund. Im Krankenhaus in Berlin hatte er Ende '49 immer noch ein Bett. Sein Nachbar im Krankenzimmer erhielt allwöchentlich von seiner Frau Besuch. Erst sagte man sich Guten Tag! und dann – nach einigen Sonntagen – kam man miteinander ins Gespräch. Die Frau stammte aus dem sächsischen Leipzig. Sie erkundigte sich nach Delmares Augenleiden. Als sie erfuhr, daß bisher alle Ärzte keine Ursache gefunden haben, da sagte sie in ihrem freundlichen sächsischen Dialekt: Nu, haben Sie denn noch nischt von uns'rer Augenglinik gehört?

Ein erstklassiger Bewerbungsbrief

Ein Griff und die Sucherei beginnt. – Axel präsentiert mir stolz drei Kartons, jeder von der Größe einer Umzugskiste. Darin ist mein Leben, sagt er, in Fotos, Zeitungsauschnitten, Programmheften, Briefen, Fotoalben, Plakaten! Nahezu fünfzig Berufsjahre von der ersten Statistenrolle am Hebbel-Theater 1948 bis heute, verteilt auf drei Kisten.

Wie gut alles geordnet ist, merke ich daran, daß er beim Öffnen selbst vom Inhalt überrascht ist. Das erste, was er findet, ist eine Aufstellung aller Film- und Fernsehrollen. Sie endet mit der Nummer 158. Welch eine Zahl! Einhundertachtundfünfzig Mal stand er in immer anderen Rollen vor der Kamera! Später stelle ich beim genauen Recherchieren in den Archiven fest, daß es fast 100 Rollen mehr sind. Große Rollen, wichtige Rollen, über die zu schreiben sein wird, aber auch viele, viele kleine Rollen: Beifahrer, Kohlenausträger, Möbelträger, Verkäufer, Käufer, Postboten, Passanten, Tischler, andere Arbeiter, Brigademitglieder, Rentner, Opas. – Figuren, die drei, vier, fünf Einstellungen leben durch einen guten Schauspieler, dem drei, vier, fünf Einstellungen genügen, sie leben zu lassen.

Die unerwartet, ja fast unvorstellbar große Zahl bringt mich dazu, eine These zu wagen: Weil die kleinen Leute im Leben nur die kleinen Rollen spielen, stehen sie meist auch im Film am Rande. Der Film braucht sie, um etwas über das soziale Umfeld der Helden zu erzählen oder den Helden zum Helden zu machen. Getreu dem Theatergrundsatz: Den König spielen immer die anderen. – Die These krankt daran, daß sie nicht erklärt, wer die kleinen Leute sind. – Ein Zeitungsauschnitt von kaum vier mal sechs Zentimeter Größe, den ich unter Axels Erinnerungsstücken entdecke, und ein Brief bringen mich der Antwort näher.

Unter der Überschrift »Heiterer Balladenabend« schrieb am 28.11.1949 die Sonneberger Zeitung folgendes:

»Am Sonntag konnte diese Veranstaltung, die seit Tagen das Gesprächsthema unseres Ortes bildete und wiederholt angekündigt und verschoben wurde, endlich stattfinden. Der Grunersche Saal war bis auf den letzten Platz besetzt, und die Nachfrage nach Karten konnte nicht restlos befriedigt werden. Es mag viel Neugierde bei dem Publikum einer solchen Veranstaltung vorgelegen haben, denn ein Künstler aus unserem Heimatort zeichnete für die Vorstellung verantwortlich. Fred Delmare verpflichtete dazu noch die beliebte und bekannte Filmschauspielerin Marenbach, die nun mit gleicher Spannung erwartet wurde. Der Abend selbst brachte den Künstlern viel Beifall, ein Zeichen dafür, daß die Zuhörer mit dem Gebotenen recht zufrieden waren. Vor allen Dingen gefiel die Vortragskunst und die fesche Erscheinung von Leny Marenbach, die sich rasch die Gunst des Publikums sicherte. Unser Fred Delmare ist ein Nachwuchsschauspieler, dem beste Qualitäten vorausgesagt wurden. Er gefiel besonders in der Ballade *Eulenspiegel* und in den beiden Chansons aus *Bezauberndes Fräulein.* Frau Lucie Bauer-Sonneberg bot beste Klaviermusik und erspielte sich stürmischen Beifall.«

Dies ist nicht nur ein Zeitungstext, sondern eine Urkunde. Sie bestätigt Herrn Axel Delmare, daß er 1945 seinen Geburtsort Hüttensteinach verlassen und 1949 als Künstler und Direktor eines Tournee-Theaters (was die Zeitung so genau leider nicht erwähnt) wieder betreten hat. Die Künstlerschaft, die er 1949 für sich selbst erst ansatzweise beweisen kann, belegt die leibhaftige Gegenwart der UFA-Filmschauspielerin Leny Marenbach. – Der Autor dieses 30-Zeilen-Artikels hielt sich ganz sicher an die Wahrheit, wenn er betont, daß der Auftritt »seit Tagen das Gesprächsthema des Ortes« bildete. Außerdem nennt er Fred Delmare »einen Künstler« und zugleich »unseren Fred«. – Etwas anders gereiht lauten die Hauptworte des Beitrags: Aus unserem

Fred ist ein Künstler geworden, und das bildete seit Tagen das Gesprächsthema des Ortes! – Glücklicher konnte man Fred Delmare, der seiner Mutter versprochen hatte, ein Held zu werden, nicht machen. Was ist nicht später Schmeichelhaftes über ihn geschrieben worden: Er habe Medizin studiert, gar in Wien! So ist es noch 1995 seiner Kurzbiographie zu entnehmen, die in dem Buch »Vor der Kamera – fünfzig Schauspieler in Babelsberg« veröffentlich ist. – Nicht das nie stattgefundene Medizinstudium, nicht die nie besuchte Universität von Wien – am meisten hat ihm dieser kleine Zeitungsartikel geschmeichelt. Er fühlte sich nämlich als der kleine Mann aus Hüttensteinach, der seiner kleinen Welt seine Größe beweisen wollte. Und er blieb schon deshalb einer der Ihren, weil er immer wieder in seine Heimat fuhr, um zu sehen, ob sie seine Größe auch wahrnahmen.

Die Filmkritikerin Margit Voss schreibt in ihrem Beitrag über Fred Delmare für das genannte Buch »Vor der Kamera«: Er mußte jene ihm fehlenden zwanzig Zentimeter, die andere an die Meßlatte legten, durch doppelten Fleiß, Einsatz und Disziplin wettmachen. – Er »mußte«? Er wollte! Ihm wurde der Wille ein Muß! Inzwischen hält Axel seinen eigenen Willen für gefährlich: Er kann manchmal größer werden als mir gut tut, sagt er. – Er weiß, daß sein Wille ihn zur Überforderung treibt. Aber er brachte ihn auch voran.

Wie empfahl er sich für den zweiten Karriereschritt, den er in Leipzig am Theater ging? Mit einem Brief, den er am 18. September 1950 in der Charlottenburger Riehlstraße 3 in Berlin an den Leipziger Generalintendanten Max Burghardt schrieb. – Ein wundersamer Brief, der derzeit auf meinem Teppich – wo sämtlicher Inhalt seiner drei Kartons ausgebreitet ist – einen Ehrenplatz hat:

Sehr geehrter Herr Generalintendant! Verzeihen Sie bitte, wenn ich mit meinem Schreiben Ihre Zeit für mich in Anspruch nehme. Anregung dazu gaben mir das Ministerium der Deutschen Verwaltung für Volksbildung und Herr Alexander Selo. Ich sende Ihnen hiermit die folgenden Unterlagen und Kritiken zu, die für Verhandlungen zwischen Ihnen und mir nötig sind. Gestärkt wurde mein Wunsch nach diesem Abschluß dadurch, daß mich auch Gastregieverhandlungen mit dem Landestheater Meiningen und dem Nationaltheater Weimar in die DDR führen, so daß ich erfreut wäre, auch von Ihnen eine positive Nachricht zu erhalten. Von 1947 bis zum Anfang des Jahres war ich am Hebbel-Theater in Berlin verpflichtet und gastierte daneben mit einigen unserer bekanntesten Filmschauspielerinnen in der DDR sowie Westdeutschland und der Schweiz. – Größe: 1,68; Alter: 26 Jahre; Fach: Jugendlicher Komiker und jugendlicher Charakterspieler – Sollten Sie irgendwelche Rückfragen zwecks Auskunft über meine Persönlichkeit und meine künstlerischen Leistungen für nötig halten, so fordern Sie bitte meine Zeugnisse an, die ich Ihnen umgehend zuschicken werde. – In ausgezeichneter Hochachtung! Ihr dankbarer ...

Ein Kabinett-Stück, dieser Brief. Man sollte ihn aufnehmen in Ratgeber-Bücher für das Bewerbungs-Training! Formulierung für Formulierung auf ihre Wirkung berechnet. Raffiniert und doch sympathisch.

Zunächst wird auf Kontakte zum Ministerium hingewiesen, dann die Absicht mitgeteilt, auch noch mit anderen Partnern Verhandlungen zu führen, zwischendurch wird eingeflochten, daß man ja eigentlich aus dem Westen komme, schließlich wird aus einer einzigen Tournee eine ganze Serie gemacht und aus einer Leny Marenbach werden »einige unserer bekanntesten Filmschauspielerinnen« und als Krönung werden zu den 1,60 Meter tatsächlicher Körpergröße glatt acht Zentimeter draufgelegt. – An dem Brief stimmt alles, sofern man seine Zwecke bedenkt. Aber unüberhörbar ist – scheint mir –, daß sein Briefschreiber auf Zehenspitzen steht. Ein kleiner Mann will hoch hinaus. – Der Brief tat seine Wirkung. Max Burghardt ließ bereits am nächsten Tag an Fred Delmare einen Vorspieltermin übermitteln.

Wer also sind die »kleinen Leute«? Ich widerrufe meine These und sage: Es gibt sie nicht. Aus der Nähe sind sie alle groß. – Und Axel ist ihr Urbild. Deshalb kann er sie so unnachahmlich spielen.

Aufschlußreich für mich ist, daß er sich nicht daran erinnern kann, diesen Brief geschrieben zu haben. Er hält sich solcher Berechnung gar nicht für fähig. Ich muß ihm den maschinegeschriebenen Brief, der seine Unterschrift trägt, zeigen. Er hat Skrupel, ihn veröffentlicht zu sehen. – Aber, sage ich, Deine Theaterbesessenheit hat Dich so schreiben lassen. Du hast damals alles auf Leipzig gesetzt: Schauspieler sein oder sterben, war es nicht Deine Devise?

5
FÜR MICH HEISST DU AXEL!
Theaterzeit in Leipzig (1)

So hatte Fred Delmare also zwei Adressen in Leipzig, die Grund seiner Reise wurden: die Universitätsaugenklinik und das Theater. Und an beides wurde er schon allein dadurch erinnert, daß er im Zug von Berlin nach Leipzig den Text für die Rolle des Mortimer nur mit einem Auge lesen konnte – das andere trug eine Augenklappe. Wenn es Schmerzen gab, sollte er das Auge mit einer Klappe schonen. Das hatte ihm Vogelsang vom St.-Georgen-Krankenhaus mit auf den Weg zu seinem Kollegen Fellhagen gegeben und einen verschlossenen braunen Briefumschlag dazu. Er enthielt vermutlich die Krankengeschichte und einen Begleitbrief für den »verehrten Kollegen«, worin Vogelsang mitteilte, daß sein Patient auf eine nahezu unheimliche Weise vom Wunsch, Schauspieler zu werden, besessen sei. Immerhin sei es in einem Moment, da die Krankheit unheilbar schien, zu einem Suizidversuch seines Patienten gekommen – das wolle er ihm zur Warnung und zur Vorbereitung auf den Neuzugang besser mitteilen.

Fred Delmare kam sich auf dem Bahnhof in Leipzig ziemlich verlassen vor. Er war noch niemals in Leipzig gewesen und staunte nicht schlecht über den riesigen Kopfbahnhof mit seinen 28 Bahnsteigen, der im Jahre 1950 von seinen Kriegsschäden bereits genesen war. Er hörte die Lautsprecherdurchsagen, schmunzelte über das breite Sächsisch, das da gesprochen wurde und sich unter den runden Stahlträgern der Glashallen zu einem kaum verständlichen Wortbrei mischte. Er konnte sich kaum noch erinnern, daß er vor seiner Berliner Zeit nicht besser gesprochen hatte.

Auf dem Bahnhof suchte er nach einem Plakat des Theaters, konnte aber keines entdecken. – Wird hier in Leipzig wohl nicht so wichtig sein wie in Berlin , das Theater, dachte er bei sich und merkte, wie sich allmählich eine ziemliche Spannung in ihm ausbereitete. Würden sie ihn engagieren? Wohin sollte er gehen, wenn man ihn ablehnte? Die Spielzeit hatte bereits begonnen – es war der 25. September 1950 –, die Stellen für Schauspieler waren womöglich alle besetzt. Die Spannung äußerte sich in Appetitlosigkeit und einer merkwürdigen Schwere der Arme und Beine. Außerdem fror er leicht, wie immer, wenn etwas vor ihm liegt, das ihm Unbehagen bereitet.

Es war kurz vor 11 Uhr am Vormittag. In gut drei Stunden sollte das Vorspiel stattfinden. Fred Delmare beschloß, sich bereits im Theater zu melden – daß er eingetroffen sei aus Berlin. Er liebte diese Disziplin, besonders bei Verabredungen und überhaupt in Dingen, die mit Pünktlichkeit verbunden waren. Zum Theater hatte er nur einen Fußweg von einer Viertelstunde. Im Gegensatz zum Bahnhof war das Stadtzentrum noch immer sehr zerstört. Den Schutt hatten sie abgeräumt, die Lücken waren geblieben. Manchmal schaute er auf Ruinen – rauchgeschwärzte Fensterrahmen, zersplittertes Glas. Den Eindruck, daß trotzdem Leben in dieser Stadt war, vermittelten vor allem Transparente und Spruchtafeln. So etwas kannte er aus der Westberliner Stresemannstraße nicht.

Im Theater meldete er sich beim Pförtner. Wen wolle er sprechen? Na, den Generalintendanten Max Burghardt! Doch der war noch gar nicht im Haus. So mußte er bei der Sekretärin, Frau Bernhardt, die Nachricht hinterlassen, daß er, Fred Delmare aus Berlin, heute für 14 Uhr zum Vorspiel eingeladen, soeben in Leipzig eingetroffen sei. – Sehr schön, sagte Frau Bernhard, ich werd's dem Chef sagen, wenn er kommt. Um 14 Uhr auf der Hauptbühne.

Es blieb noch Zeit, ein Täßchen Kaffee zu trinken – für ihren Kaffee waren die Sachsen ja wohl berühmt. Und außerdem galt es, noch eine Vorbereitung zu treffen. Fred Delmare hatte so gut wie kein Gepäck mitgebracht – das stand alles noch in Berlin im Korridor seiner Wirtinnenwohnung –, nur einen Schuhkarton führte er mit sich. Darin befand sich ein Paar Schuhe, das erste, was er sich hatte anfertigen lassen, für immerhin 240 Mark! Es waren Spezialschuhe, Schuhe für Leute, die 1,60 Meter groß waren, aber sich brieflich acht Zentimeter mehr gegeben hatten. Nicht allein durch einen hohen Absatz kam die Täuschung zustande, das wäre zu plump gewesen und hätte seine Eitelkeit verraten – unter dem Fersenleder war ein Keil eingearbeitet, der den Hacken des Fußes wenigstens um Zentimeter anhob. Den Rest machte dann der Absatz. Diese Schuhe waren erst kurz vor der Reise nach Leipzig fertig geworden. Er hatte sie beim Abholen nur einmal kurz probiert – heute war Premiere. Er spürte, daß er keinen besonders sicheren Stand hatte, aber wie sich damit zu bewegen sei, wäre schon noch zu lernen, dachte er.

Gegen halb zwei stand er bereits wieder vor dem Pförtner. Auch diesmal war Intendant Burghardt wegen einer Beratung nicht zu sprechen und ließ ihn aber durch Frau Bernhardt grüßen und ihm mitteilen, daß er sich die Garderobe von Herrn Flörchinger zur Vorbereitung aufschließen lassen solle. Delmare tat nichts anderes, als seine Hände einige Zeit unter kaltes Wasser zu halten, und er nahm seine Augenklappe ab, weil sonst aus Mortimer unweigerlich ein Pirat geworden wäre. – Kurz nach zwei Uhr wurde er dann aus der Garderobe abgeholt und zur Bühne geführt. – Auf der großen Bühne des Schauspielhauses herrschte Arbeitslicht. Weil keine Scheinwerfer blendeten, konnte er den breiten Zuschauersaal immerhin wahrnehmen. In der dritten oder vierten Reihe saßen vier Herren. Einer von Ihnen, es war der

Intendant Max Burghardt, stellte erst die anderen, dann sich vor. Er hatte zwei Regisseure mitgebracht: den damaligen Oberspielleiter Fritz Wendel und Wolfgang Böttcher. Sie sollten Burghardt die Entscheidung erleichtern. Der Intendant inszenierte zwar auch hin und wieder, aber – weil er bis vor kurzem noch im Ministerium am Schreibtisch gesessen hatte – fand er es besser, sich in künstlerischen Dingen nicht über seine Regisseure hinwegzusetzen. Sie müßten später vor allem etwas mit dem Kleinen anfangen.

Delmare trat zurück in die Gasse, atmete kurz durch und begann. – Sein Monolog lief gut. Er spürte, wie die Sätze saßen. Aber bei der Stelle, da Mortimer fürchtet, man könne ihn bei seinem Gespräch mit Maria Stuart belauschen, lief er etwas hastig in den hinteren Teil der Bühne. Das Gelände dort kannte er nicht, sah nicht den Bühnenbohrer, der von einem Kulissenteil am Abend zuvor vergessen worden war, blieb mit seinem rechten Schuh hängen und – weil er ohnehin nicht den besten Halt in seinen Schuhen hatte – verlor ihn. Nun hätte ein anderer Schauspieler wohl abgebrochen, wäre an die Rampe getreten und hätte gesagt: Bis hier, erst einmal! Aber Delmare kam in seiner Leidenschaft gar nicht auf diesen Gedanken. Er spielte weiter. Wieder vorn an der Bühne sah er, daß die vier Herren im Parkett unruhig geworden waren. Zwei hatten ihr Taschentuch in der Hand und hielten es vor den Mund. – Wie auf einen Schlag war er aus dem Text. Für einen Moment hatte er geglaubt, sein Spiel hätte die Regisseure zu Tränen gerührt, doch dann war ihm klar – sie lachten. Sie finden das wohl komisch, meine Herren! sagte Delmare. – Burghardt brach das Vorspiel ab: Kommen Sie zu uns, Herr Delmare! Wir konnten nicht anders! – Sie hatten über die hohe Rampenkante der Bühne nicht sehen können, daß ihm ein Schuh fehlte – sie sahen ihn nur humpelnd über die Bühne springen, und diese Bewegung stand zu dem ergreifenden Liebesgeständnis gegenüber Maria Stuart doch in einem gewissen Gegensatz. Burghardt fragte Delmare besorgt: Haben Sie sich im Krieg die Füße erfroren? – Ich hab' meinen Schuh verloren! – Der Ton seiner Antwort ließ erkennen, daß ihn das Gelächter der unernsten Regisseure gekränkt, ja beleidigt hatte. – Burghardt wollte den Zorn des kleinen Mannes nicht noch größer werden lassen und sagte schnell: Sie sind engagiert! Sie sind ein Komiker! – Delmare hörte beide Sätze. Aber die Freude über den einen wog die erneute Kränkung durch den anderen nicht auf. Er sagte nichts, aber sein Gesicht war Antwort genug. Spielt den Mortimer vor und wird als Komiker engagiert – so hatte er sich die Aufnahme in Leipzig nicht vorgestellt! Was in ihm vorging, konnte Burghardt sich denken. Noch einmal bemühte er sich, den Zorn des neuengagierten Kollegen zu mäßigen: Sie wechseln natürlich ins Charakterfach! Da gehören Sie hin! – Delmare humpelte noch einmal, aber jetzt so unauffällig wie möglich, zur hinteren Bühne und suchte seinen Schuh. Er hatte es also geschafft.

Mit Wirkung vom 1. November 1950 wurde Fred Delmare Schauspieler und Regieassistent am Leipziger Theater – erste Gage 650 Mark, mehr als ein Anfängergeld. Seine erste Inszenierung wurde George Bernard Shaws »Die heilige Johanna«. Für eine Rolle war er spät ins Ensemble gekommen. Sechs Wochen vor der Premiere hingen die Besetzungszettel schon lange aus. Er wurde erst einmal in die Statisterie eingegliedert. – Die Regie führte Fritz Wendel. Ihm war Delmare als Regieassistent zugeteilt. Als der Neue am ersten Tag zu ihm kam, da fragte Wendel ihn nach seinem Namen. Fred Delmare! – Fred heißt Du, wiederholte Wendel, als habe er schlecht verstanden. – Hast Du schon mal in den Spiegel geschaut? Als Fred stelle ich mir einen anderen vor: groß, blond, für erste Rollen in der Operette. Für mich heißt Du Axel! – Und fortan nannte Fritz Wendel seinen Regieassistenten bei jeder Gelegenheit Axel. – In diesem Moment hatte er seinen dritten Vornamen bekommen – nach Werner, dem Namen, den seine Mutter für ihn ausgesucht hatte, und Fred, den er für sich selbst ausgesucht hatte, nun Axel. Und so riefen ihn bald alle. – Uneingeweihte Dramaturgen brachten beide Namen durcheinander. Einmal hieß er Fred Delmare im Programmheft, dann wieder Axel. Bis sich unter Freunden AXEL durchsetzte und im Programmheft FRED, dauerte das Verwirrspiel noch einige Zeit. Irgendwann kam sogar die Vermutung auf, es gebe zwei Delmares (wahrscheinlich Brüder!), einen Fred und einen Axel. – Ja, sagte Fred, Axel ist in Berlin beim Film. – Ja, sagte Axel, Fred ist in Leipzig am Theater!

Weil zum Zeitpunkt seines Engagements die nächsten Inszenierungen bereits besetzt waren, blieb für ihn vorerst keine Rolle. Doch das sollte sich ohne sein Zutun ändern. Die Rolle des Mönchs Martin Ladvenu war mit dem Schauspieler Kühle besetzt. Der Mönch hat in Shaws Stück zwei große Szenen: Er drängt Johanna, vor dem Gericht von Rouen nichts über die göttlichen Stimmen zu sagen, die sie in ihrem Kampf geführt haben. Ladvenu meint es gut mit ihr. Er will nicht, daß sie wegen Ketzerei auf dem Scheiterhaufen stirbt. Gegen Ende des Stückes ist es dann Ladvenu, der König Karl die Kunde vom postumen Freispruch Johannas bringt. Wendel war mit Kühle nicht zufrieden. Immer noch einmal ließ er den Schauspieler probieren. – Kühle bringt es nicht, Axel, lern' Du den Text! flüsterte er seinem Regieassistenten zu. – Für Delmare entstand eine heikle Situation, denn Wendel nahm Kühle die Rolle nicht weg, hieß Fred nur, sich auf eine Übernahme vorzubereiten. Aber was gab der Anfänger nicht alles darum, endlich in Leipzig auf der Bühne zu stehen. Er lernte den Text in einer Nacht und hielt sich in Bereitschaft.

Nicht nur mit Kühle hatte Wendel seine Probleme, auch die Besetzung des Herzogs überzeugte ihn nicht. Diese Rolle probierte der Schauspieler Rühle. Wendel schaute schon gar nicht mehr zu, wenn Rühle versuchte, ein neues Angebot zu machen. Der Regisseur sagte nur zu denen, die auf der Probe neben ihm saßen: Sehen Sie auch, daß er ein beschissener Schauspieler ist! – Der Beleidigte nahm den Rest seines Stolzes zusammen und verließ die Probe. Offensichtlich hatte er sich bei Schauspieldirektor Johannes Arpe über die Behandlung beschwert. Denn Wendel wurde nach der Probe zu Arpe bestellt. Als Wendels Assistent durfte Fred ihn begleiten. Arpe war vierzehn Tage vor der Premiere an einer gütlichen Einigung interessiert. Wendel stieß aus seiner Pfeife hastig Wolke um Wolke aus und ließ so sein Mißbehagen an der Situation erkennen. Arpe fragte Wendel, was er denn zu Rühle gesagt hat. Er tat dies in der Hoffnung, sein Oberspielleiter, dessen Neigung zur Cholerik ihm bekannt war, würde die ganze Sache mit Abstand etwas maßvoller betrachten. – Ich habe gesagt, daß er ein beschissener Schauspieler ist! – Arpe mußte für den Beleidigten Partei ergreifen. – Fritz, das kannst du nicht sagen. Dafür erwarte ich Deine Entschuldigung! – Wendel wollte und konnte nicht klein beigeben. Er entschloß sich zu einer Theaterlösung, warf sich vor Rühle auf die Knie, nahm die Pfeife aus dem Mund und biß in den vor ihm liegenden Teppich und sagte dabei – so gut es der Teppich im Mund zuließ: Herr Rühle, ich entschuldige mich bei Ihnen. – Alles atmete auf. Aber Wendel war noch nicht fertig: Sie sind ein beschissener Schauspieler! – Wendel wiederholte das ganze ein paar Mal und schlug dazu auch noch mit dem Kopf auf den Boden auf. Immer wieder entschuldigte er sich und schloß den Satz an: Sie sind ein beschissener Schauspieler! – Arpe mußte lachen und wußte, daß hier nichts mehr zu schlichten war. Der Schauspieler Rühle verließ bei nächstbester Gelegenheit das Ensemble.

Fred erhielt auf einer der folgenden Proben die Rolle des Ladvenu übertragen. Ihm gelang auf Anhieb, was Wendel bei

Kühle vermißt hatte. Der Regisseur zeigte sich von der ersten Probe an mit Delmare sehr zufrieden.

Am Tag der Premiere – es war der 10. Dezember 1950 – spürte Fred eine große Aufregung, und sie wuchs von Stunde zu Stunde. Für Schauspieler gibt es zwei Arten von Aufregung: Eine, die treibt und anstachelt, und eine, die hemmt. Delmare besaß noch nicht allzu viele Erfahrungen mit seiner Aufregung, fürchtete aber das schlimmste. Den Kollegen, die ihm vor der Vorstellung in der Kantine begegneten, fiel auf, daß er sehr gereizt war. – Wieso darf ich mich nicht ärgern, möchtest Du im Programmheft unter falschem Namen erscheinen! – Tatsächlich hatte Wendel ihn als AXEL DELMARE ins Programmheft setzen lassen, als wäre Axel sein neuer Taufname! Doch anstatt ihn zu bedauern, spotteten die Kollegen nur über ihn. Denen wollte er es schon zeigen! Energisch muß er seine erste Rolle in Leipzig gespielt haben – und das war gut so. Die Kraft seines Spiels fand auf der Premierenfeier viele anerkennende Worte – mehr als einer so kleinen Rolle eigentlich zustehen. Die Zeitung schrieb zwei Tage später, daß einer unbedingt genannt werden muß: Axel Delmare als Bruder Martin Ladvenu!

Der Einstand fiel also durchaus nicht ins Komikerfach. Intendant Max Burghardt hatte ihm diese »Prüfung« erspart. Als dann in der nächsten Spielzeit Carlo Goldonis Klassiker der Commedia dell'Arte auf den Spielplan sollte, wußte man keine bessere Besetzung als Fred Delmare. Der kleine quirlige Schauspieler, der ein bißchen aussah wie der junge Paul Kemp, schien den Regisseuren Fritz Wendel und Wolfang Böttcher ideal für die Rolle des Dieners Truffaldino. Seine erste Hauptrolle, und sie brachte ihm nach knapp zwei Jahren Zugehörigkeit zum Ensemble den Durchbruch in Leipzig.

Truffaldino begleitet als Diener einen Herrn nach Venedig. Doch dieser »Herr« ist ein Fräulein – Beatrice. Sie sucht in

Männerkleidern nach ihrem Geliebten Florindo. Truffaldino, der nicht ahnt, daß er in den Diensten einer Dame steht, nimmt eine zweite Dienerstelle an: bei einem jungen Herrn, der in demselben Gasthof abgestiegen ist wie Beatrice. Dieser Herr ist der von Beatrice gesuchte Florindo. Beide wissen nichts voneinander. Verbunden sind sie nur durch Truffaldino, der seine Aufgabe, zwei Herren zu bedienen, mit akrobatischem Geschick zu bewältigen hat. – Als Fred sich auf dem Besetzungszettel – der im Leipziger Theater seit eh und je gegenüber der Pförtnerloge ausgehängt ist – als Truffaldino wiederfand, hatte er nicht einmal für Sekunden das Gefühl, ins Komikerfach abgeschoben zu werden. Auf diese Rolle freute er sich. Er hatte in Berlin lange genug in der Haut eines kleinen Mannes gesteckt, der viele Nebenjobs annehmen mußte, um seinen Schauspielunterricht bezahlen zu können. Truffaldinos Schicksal – wenngleich es mehr als 200 Jahre zurückliegt – war ihm sehr nahe. Er kannte das Gefühl, von einer Aufgabe zur anderen zu hetzen, um es den Herren recht zu machen, ob sie nun amerikanische Zigaretten wollten oder echte Perser. Zum ersten Mal spielte er einen seiner »Kleinen Leute« – einen Diener zweier Herren. Und was für ein Diener er wurde! Das Publikum brach in Lachen aus, wenn er von Beatrice zu Florindo lief und wieder zurück zu Beatrice, und immer alles mit Unschuldsmiene: starten, rennen, abbremsen, sich sammeln und unschuldig lächeln! Keine Herrschaft durfte von seinem zweiten Arbeitsverhältnis wissen. Die Sache war kein Spaß. Und so spielte er sie auch – mit Gespür für die Tragikomik.

Als er endlich den doppelten Lohn in Gestalt eines köstlichen Puddings genießen will, da hat der Diener zweier Herren natürlich keine Ruhe für den Genuß. Die Zwangslage, in der sich Truffaldino befindet, hat Goldoni ganz in diese Szene gelegt. Delmare gab seinen Pudding nicht aus der Hand – rannte mal auf die eine Bühnenseite, wo man nach ihm rief, dann auf die andere, wo man ihn ebenfalls verlangte. Zwischendurch ein hastiger Löffel – mehr blieb nicht.

So kurz nach dem Ende des Kriegs war der allabendliche Pudding, den im Theater die Requisite zu stellen hat, noch immer ein Problem. An Schlagsahne war nicht zu denken. Eine Imitation aus Pappmaché kam nicht in Frage. Noch alle Truffaldino-Darsteller hatten mit dem Löffel an den Pudding zu schlagen und sich zu erschrecken, wenn das plötzliche Wackeln aussah, als würde der Pudding leben. Nur so ließ sich spielen, daß der Diener noch niemals in seinem Leben eine solche Köstlichkeit gesehen, geschweige denn gegessen hatte. – Als man in Leipzig bei den Proben an die Pudding-Szene kam, hatte der Requisiteur eine Idee. Jeden Abend eine neue Speise – wer wollte von seiner Lebensmittelkarte die Zuckermarken geben? Darauf war keiner bereit, sich einzulassen. Also nahm er einen Luftballon, führte die Öffnung durch ein Loch im Teller und brachte ein Ventil an. Der Darsteller konnte beim Tragen des Tellers jederzeit heimlich Luft ablassen – und sein Pudding konnte wackeln, schwabbeln und schließlich kleiner werden. – Der Schauspieler fand die Idee seines Requisiteurs gar nicht gut. Die Zuschauer sollten sehen, wie schwer Truffaldino der Genuß gemacht wird. Und das ging nur mit einem echten Pudding. Weil ihm keiner seinen Pudding gönnen wollte, sprach er den Konditormeister Lothar Wagner auf der Leipziger Könneritzstraße an und fragte ihn, ob er nicht helfen könne. Der versprach, zu jeder Vorstellung eine Eiercreme zu schlagen, die aussehen würde wie Sahne. Und so wurde es gemacht. Auf den Luftballon kam die Wagnersche Eiercreme, und so hatte Delmare Abend für Abend ein kleines Extraessen! Drei, vier Löffel – dann Luft ablassen, noch einmal zwei Löffel, wieder Luft ablassen – das Publikum tobte vor Lachen, und Delmare wischte sich verschmitzt den cremeverschmierten Mund.

Tag für Tag kaufte er je ein Exemplar der Leipziger Zeitungen und suchte nach Rezensionen. Als seine Freundin Mona (später wurde sie seine zweite Frau) am Frühstückstisch plötzlich ausrief: Hast Du schon gelesen? Heute ist die Kritik vom »Diener zweier Herren« erschienen! Die schreiben, daß Du gut warst! – da tat Axel ganz überrascht und sagte: So? – Natürlich hatte er die Rezension schon gesehen. Aber er ließ sie sich gern noch einmal von Mona vorlesen: »Fred Delmare, ein junger Schauspieler, ist ein prächtiger Diener. Auf seinem Buckel trägt sich alles aus – seine Kommentare entlarven deutlich die Umwelt, die ihn bedrängt. Der Getretene bleibt der Überlegene – ihm dröhnt am Schluß der Beifall der zuschauenden Menge zu. Es ist ein quicklebendiger, schlauer, sympathischer Bursche, der da oben agiert. Diener seinesgleichen sollen dereinst mit die Welt verändern.«

Die Inszenierung hatte sich als Erfolg in Leipzig herumgesprochen. Das Publikum kam, um Delmare als Truffaldino zu erleben. Als man schließlich auf die 90. Vorstellung zuging, war ihm der Appetit auf Eiercreme allmählich vergangen. Aber er tat, was die Rolle verlangte. Und das Publikum dankte es ihm. Einmal erhob sich während des Schlußbeifalls sogar ein Mann in der ersten Reihe, kam auf die Schauspieler zu und gab Delmare die Hand: Danke! Großartig, was ihr macht! – Wer war das? fragte Fred, als sich der rote Samtvorhang wieder geschlossen hatte. – Der Uhlich! – Ich kenne keinen Uhlich! – Der Bürgermeister!

Der Leipziger Oberbürgermeister hatte ihm die Hand gegeben – das machte ihn für die nächsten Tage gut zwei Zentimeter größer. Aber es war nicht nur die schauspielerische Leistung, für die das Stadtoberhaupt danken wollte – es gab einen anderen Grund. Das Theater hatte sich etwas besonderes einfallen lassen. Truffaldino, der arme und gehetzte Diener, ging regelmäßig, nachdem er nicht vergaß, den Luftballon samt Ventil herauszuziehen, mit seinem abgegessenen Puddingteller durchs Publikum und sammelte Geld – nicht für sich, sondern für Kinder, die ihre Eltern im Krieg verloren hatten. Offensichtlich überzeugte er die Zuschauer. Sie gaben dem sympathischen, kleinen Mann gern etwas Geld. Sie hätten ihm wohl auch erlaubt, einen Teil davon für sich zu behalten, so sehr hatte sie Truffaldinos Schicksal gerührt – aber das Geld war für Leipziger Waisenkinder bestimmt.

Mit dem Schauspieler aus Berlin hatte das Leipziger Theater einen guten Griff getan. Nicht nur in seinen Rollen, auch als Kollegen schätzte man ihn. Fred Delmare war den anderen von Herzen zugetan, seine Eitelkeit war entschieden kleiner als seine Besessenheit vom Theater, und ein gepflegtes Bier trank er auch gern.

6
DER BRAUNE ANZUG
Theaterzeit in Leipzig (2)

Die Inszenierung »Diener zweier Herren« stand zwei Jahre auf dem Spielplan. Mit einer so exponierten Rolle, die Delmare noch dazu glänzend bewältigte, spielt sich ein Neuer schnell in die Herzen des Publikums. Und auch im Theater hätte der Truffaldino Folgen haben müssen. In der ersten Spielzeit an einem neuen Haus bestimmt sich für einen Schauspieler recht schnell sein Platz – findet er sich bei jenen wieder, die immer mit den kleinen Rollen betraut werden, oder steht er für Hauptrollen zur Debatte? Merkwürdigerweise sah man Fred Delmare von Anfang an in keiner Gruppe. Im »Egmont« gab man ihm die Rolle des Ersten Mannes aus dem Volke, im »Hamlet« den zweiten Totengräber. In dem im März '53 aufgeführten Lustspiel »Menschen unserer Straße« spielte er wieder eine der kleinsten Rollen, den Friseurlehrling Belo. Aber der Theaterkritiker erwähnte ihn bereits an vierter Stelle und notierte: Welch unwahrscheinliche Wirkungen Delmare aus den zwei kleinen Worten seiner Lehrlingsrolle – nämlich: Chef, zahlen! – herauszuholen versteht.

Burghardt war mit seinem Engagement zufrieden. Kein Wunder, daß er Delmares Anfrage im Herbst '52 auf eine Erhöhung seiner Grundgage schon im darauffolgenden Januar positiv entschied und Axel statt bisher 650 nunmehr 750 Mark zubilligte. – Außerdem hatte man Großes mit ihm vor.

Leipzig sollte die Uraufführung von Hedda Zinners Stück »Der Teufelskreis« herausbringen. In der Stadt, die seit 1871 Sitz des Reichsgerichts war, hatte 1934 der Prozeß gegen den bulgarischen Kommunisten Georgi Dimitrow und den angeblichen Brandstifter Marinus van der Lubbe stattgefunden. So erschien Leipzig ein passender Ort für die Uraufführung im Herbst 1953. Und niemand anderes kam für die Rolle des kleinen Holländers in Frage als Fred Delmare. Van der Lubbe hatten die Nazis vor der Weltöffentlichkeit als den von Kommunisten beauftragten Brandstifter hingestellt. Damit suchten sie ihre bereits am Tag danach erlassene Reichtstagsbrandverordnung zu rechtfertigen, die vor allem Gewaltmaßnahmen gegen Andersdenkende vorsah – von den Kommunisten bis zu den Sozialdemokraten und Gewerkschaftern. Hatten die Sozialdemokraten bis zu diesem Zeitpunkt der Machtübernahme durch die Nazis noch auf deren Willen zu Demokratie gebaut, so sahen sie jetzt, wie skrupellos die Nazis den Weg zur Dikatur gingen. Aus dieser historischen Fehleinschätzung der deutschen Sozialdemokratie, die an der Einheitsfront mit den Kommunisten nicht interessiert war und glaubte, mit den Nazis allein fertigzuwerden, leitete Hedda Zinner ihren Appell zur politischen Gemeinsamkeit von Sozialdemokraten und Kommunisten ab, wie sie 1947 in der Zwangsvereinigung zur SED auf Betreiben der Kommunisten vollzogen worden war. Nach den Ereignissen des 17. Juni 1953, die mitten in die Entstehung des Theaterstückes fielen, wird dieser Aufruf zur gemeinsamen Abwehr der Feinde der DDR noch einmal aktuell. Plötzlich wird das Stück ein Politikum. Jetzt soll die Uraufführung in Berlin stattfinden. Leipzig darf die zweite Inszenierung vorbereiten. Aber plötzlich wird fraglich, ob Delmare den van der Lubbe überhaupt spielen darf. Am 17. Juni 1953, dem Tag der Massenproteste gegen die DDR-Führung, war etwas geschehen, was ihn in Schwierigkeiten gebracht hatte.

An diesem Tag hatte sich Delmare früh auf den Weg ins Leipziger Funkhaus in der Springerstraße gemacht. Er hatte noch ein Honorar zu bekommen. Am nächsten Tag wollte er seinen Vater besuchen, der inzwischen nach Coburg geheiratet hatte – jene Krankenschwester, die beim Tod von Freds Mutter dabeigewesen war. Für die Reise brauchte er das Geld. Unterwegs sah er am Leipziger Westplatz einen Demonstrationszug. Auch Leute vom Theater erkannte er. Die Schauspielerin Linde Sommer und Kammersänger Schwenkreis winkten ihn in den Zug, doch Delmare rief ihr zu: Ich muß erst mein Honorar vom Rundfunk holen! – Im Rundfunk war man an diesem Tag auf alles eingestellt, nur nicht auf Honorarauszahlungen. Doch der zornige Mann setzte sich durch. Als er eben das Haus wieder verlassen wollte, erreichten die Demonstranten das Funkhaus. Er wurde Zeuge, wie eine Demonstrantin mit einem Schraubenschlüssel sämtliche Bilder von Politikern, die im Foyer aufgehängt waren, zerschlug. Stalin, Ulbricht, Grotewohl – alle gingen in Scherben. Bis auf eines, das hing entweder zu hoch oder man hielt den Herrn nicht für einen der Schuldigen: es war ein Bild des russischen Außenministers Molotow. Weil man mit der Bilderstürmerei beschäftigt war – für jedes zerschlagene Bild gabs Beifall –, entwischte Delmare schnell ins Freie. Mittlerweile war es Mittag geworden. Die Theaterkantine war voll von Schauspielern und Technikern, die aufgeregt miteinander diskutierten. Die Demonstranten, hörte er, seien vor das Redaktionsgebäude der Volkszeitung im Peterssteinweg gezogen.

Fred Delmare zählte sich niemals in seinem Leben zu den Mutigen. Außerdem sah er keinen Grund, sich den Demonstranten anzuschließen. Die Behörden bewilligten ihm völlig überraschend kurz vor dem 17. Juni zwei Fässer russisches Heizöl, was er fast schon als Privileg deuten mußte. Burghardt entschied die Gagenerhöhung zu seinen Gunsten. Beim Rundfunk zahlten sie ihm das Honorar aus. – Wogegen hätte er protestieren sollen? Außerdem lebte er gern im Einverständnis mit seiner jeweiligen Obrigkeit, und gegen Max

Burghardt war auch nichts zu sagen. Also entschied er für sich, in dieser aufgeregten Stunde besser nach Hause zu gehen.

Allerdings führte der kürzeste Weg in den Leipziger Stadtteil Schleußig, wo er wohnte, vom Theater aus an Gericht und Volkszeitung vorbei. Schon von weitem sah er die große Menschenmenge. Die Leute standen so dicht, daß er sich hineinzwängen mußte. Im Rücken der Volkszeitung befand sich das Gerichtsgebäude. Die Demonstranten wollten hinein, vielleicht nach Akten politischer Prozesse suchen, die in diesen Monaten an der Tagesordnung waren. – Delmare, für den der Demonstrationszug nur ein Durchgang sein sollte, sah sich plötzlich eingekeilt. Vor allem behinderte sein Weitergehen ein Junge, der mit seinem Fahrrad unmittelbar hinter ihm stand. Bei jedem Schieben der Menge kam das Rad immer dichter auf ihn zu. Und plötzlich spürte er das Hinterrad an seinem Hosenbein. Delmare besaß zu dieser Zeit nur zwei Anzüge – einen grauen und einen braunen. Reifenabdrücke auf dem Grauen hätten ihn möglicherweise weniger in Rage gebracht als auf dem Braunen, den er heute trug. – Kannst Du nicht andere mit deinem Rad anfahren als mich! Sind doch genug Leute da! schrie er in seinem Zorn zu dem Jungen. In der Umgebung lachte man. Als er sich bückte, um mit einem Taschentuch das Hosenbein zu reinigen, fielen Schüsse. Höchstens drei Meter von ihm entfernt, schrie ein Junge auf. Er war am Bein getroffen. Auf der anderen Seite, etwas weiter von ihm entfernt, brach eine Frau zusammen. Auch sie getroffen. Ohnehin schon von dem Fahrrad gereizt, vielleicht auch in dieser Enge von Platzangst gepackt, schrie er in Richtung Eingang des Gerichts, von wo aus die Polizisten geschossen hatten: Jetzt schießen die Schweine! Man hat nicht mal was, um sich zu wehren! – Weil sich andere um die beiden Verletzten kümmerten, war plötzlich eine Gasse entstanden. Er nutzte die Gelegenheit und verließ die Menschenmenge. Schon eine halbe Stunde später war er zu Hause. Es mochten nach seinem Eintreffen vielleicht zwei Stunden vergangen sein, da bemerkte er beim Blick aus dem Fenster einen Mann, der um sein Grundstück herumlief. Ein ziviler Polizist? Was mochte er wollen? Delmare rief bei seinem Freund Max Schwimmer, dem Maler, an. Max, da ist einer? – Hast du was gemacht? – Ich? Nein! – Dann bleib ruhig! – Delmare versuchte es, schaute aber immer wieder aus dem Fenster. In Abständen sah er den Mann ums Haus ziehen. Delmare ging von Fenster zu Fenster und begleitete mit Blicken seinen Bewacher, denn daß es ein Bewacher sein mußte, war ihm klar. Welchen Grund gab es dafür? Er konnte sich das Ganze nicht erklären. Als das Telefon in die Stille hinein klingelte, erschreckte er sich noch mehr. Die Sekretärin des Intendanten meldete sich: Herr Delmare, Sie möchten morgen früh um sieben Uhr zum Chef kommen! – Aber, Bernhardinchen, wir sind doch per Du? – Entschuldige, Axel, ich hab kaum noch Nerven, hier geht alles drunter und drüber! – Axel wußte nicht, ob das die richtige Erklärung des plötzlichen offiziellen Tons von Bernhardinchen war. Er wußte nicht, was der Mann da draußen zu bedeuten hatte. Er hatte Angst. In der Nacht schlief er so gut wie gar nicht. Den Bewacher hatten sie offensichtlich abgezogen, aber das nahm ihm seine Unruhe auch nicht.

Als er am nächsten Morgen zum Büro des Intendanten ging, kamen ihm die Schauspielerin Linde Sommer und Kammersänger Schwenkreis entgegen. – Was wollen die von uns, fragte Delmare. – Beide machten eine Geste, die aufmunternd wirken sollte, aber doch eher hilflos aussah. Im Büro des Intendanten wurde er von neun Leuten, die ihm größtenteils unbekannt waren, erwartet. Niemand stellte sie vor. Burghardt wies ihm einen Stuhl an, der – das sah ein Schauspieler sofort – nur der Platz für den Angeklagten sein konnte. Jetzt saß er in der Mitte und hatte die anderen gegenüber.

Der Intendant eröffnete das Gespräch mit einem Satz, den man in der DDR bei solchen Gelegenheiten unzählige Male hörte. Wäre alles ein Schachspiel, könnte man ihn sogar die klassische Leiter-Eröffnung nennen: Ich hatte geglaubt, in Fred Delamre einen zuverlässigen Menschen in meinem Kollektiv zu haben. Jetzt sehe ich mich getäuscht!

Damit war die Verhandlung – denn um eine solche und nicht um ein Schachspiel handelte es sich offensichtlich – eröffnet. Einer der Fremden war anscheinend ein Polizeioffizier in Zivil. Er führte das Gespräch wie ein Vernehmer: Erzählen Sie uns, was Sie gestern gemacht haben! – Mein Honorar vom Funk abgeholt, antwortete Delmare wahrheitsgemäß in der Rolle des Angeklagten. – An einem solchen Tag! – Kopfschüttelnd hatte sein Vernehmer die Antwort aufgenommen. In Fred stieg der Zorn hoch: Es ist Geld, das mir zusteht! – Was geschah vor dem Gericht? wollte der andere weiter wissen. Delmare sah keinen Grund, nicht bei der Wahrheit zu bleiben, und berichtete von der Szene mit dem Jungen und dem Fahrrad vor dem Gericht. – Was haben Sie getan, als die Schüsse fielen? – Jetzt überlegte er doch kurz. Würde es Zeugen geben? Er konnte keines der Gesichter von gestern in diesem Raum wiedererkennen. Aber wozu nicht bei der Wahrheit bleiben. Er hatte nichts Unrechtes getan, allein darauf kam es an. Also wiederholte er wahrheitsgemäß, was er gestern vor dem Gericht gerufen hatte: Jetzt schießen die Schweine! Man hat nicht mal was, um sich zu wehren! – Warum haben Sie das gesagt? – Einer der beiden Männer in der Uniform der sowjetischen Armee hatte diese Frage eingeworfen. – Weil man nicht blind in eine Menge schießt! – Delmare war ziemlich laut geworden. Ich sehe das so: Wenn ich zu meiner Sache stehe, dann muß ich mich auch wehren. Aber ich kann nicht blind in eine Menge schießen, in der Frauen und Kinder sind! – Gut, sagte der Vernehmer, es gibt Zeugen. – Zeuge Redelberger, bitte! – Durch die Tür trat

Karl-Heinz Redelberger, der Inspizient des Theaters. – Zeuge Redelberger, was hat Delmare wirklich gemacht? – Redelberger schaute seinen Kollegen herausfordernd an, dann sagte er: Herr Delmare erschien mit einer Gruppe junger Leute. – Zwischenfrage: War er der Anführer der Gruppe? – Redelberger: Herr Delmare löste sich aus der Gruppe und hob mit verschmitztem Lächeln einen Stein auf. – Nehmen Sie mir den Mann weg! – Delmare konnte sich nicht länger zurückhalten und rief zornig dazwischen. Redelberger mußte seinen Griff nach der Hose falsch gedeutet haben. – Ich habe mir mit diesem braunkarierten Taschentuch versucht, die Hose von den Spuren des Fahrrads zu putzen! – Dann überzeugen wir uns doch an Ort und Stelle! – Zum ersten Mal hatte ein anderer gesprochen. Es war der Kollege Büstel von der Gewerkschaft Kunst. – Der Vernehmer überlegte und fragte dann Schauspieldirektor Arpe, ob er telefonieren kann. Arpe machte ein Geste und verwies auf das Telefon bei seiner Sekretärin. Kurz darauf kehrte der Polizist zurück und forderte den Schauspieler und den Gewerkschafter auf, ihn zu begleiten. Als Delmare an einem der sowjetischen Offiziere vorbei kam, riß er sein Hemd aus der Hose und zeigte seine große Narbe, die kurz unterhalb des Nabels quer über den Bauch verläuft: Das hätte mich auch treffen können? – Wo war das? fragte der Russe erschrocken und deutete auf die Narbe. – Nicht in Ihrem Land, sagte Delmare. Ihr Land kenne ich gar nicht.

Gegenüber dem Theater wartete ein Auto. Sie fuhren in Richtung Peterssteinweg und bogen in die Dimitroff-Straße ein. Dort befindet sich nicht nur das Gericht, sondern auch das Leipziger Untersuchungsgefängnis. Wenn sie nun gar keinen Lokaltermin mit ihm vorhatten, sondern ihn einsperren wollten? In Fred stieg Angst auf. Er beruhigte sich erst wieder, als sie vor dem Gericht stoppten und ihn anwiesen, im Auto zu bleiben. – Danach ging es sofort wieder zurück ins

Theater. Die Männer, die sein Gericht bildeten, standen rauchend vor der Tür. Man setzte fort. Zunächst sprach Kollege Büstel von der Gewerkschaft über das Ergebnis des Lokaltermins: Wieviel Meter werden derzeit bei der Olympiade im Weitwurf erzielt? – Er gab gleich selbst die Antwort: Mit dem Speer vielleicht siebzig, achtzig Meter. Delmare hätte aber von seiner Position aus gut 200 Meter werfen müssen, um die Polizisten vor dem Gericht zu treffen! Und außerdem liegen dort keine Steine! – Plötzlich herrschte betretenes Schweigen im Raum. Nach einer Pause, bei der sich der Vernehmer hilfesuchend im Raum umgeschaut hatte, sagte er: Sie werden mangels Beweisen freigesprochen. Sie können gehen!

Also war das doch eine Gerichtsverhandlung gewesen. Weil er nichts getan hatte, wollte er hören: Unschuldig! Alles nur ein Irrtum des Zeugen Redelberger! Aber stattdessen hieß es: mangels Beweisen!

Delmare machte sich nach diesem Erlebnis große Sorgen über seine Zukunft am Leipziger Theater. Er fragte sich, ob sie ihn so mißtrauisch behandelt hatten, weil er von einem West-Berliner Theater nach Leipzig gekommen war. Aber inzwischen wußten sie doch, daß er aus Thüringen stammte, aus dem kleinen Hüttensteinach. – Er hatte sich in seinem Bewerbungsbrief zum West-Berliner gemacht und war es doch höchstens laut Melde-Bestätigung.

Eine Woche später hatte er eine kleine Rolle in einem Stück über Julius Fucik. Er spielte ausgerechnet einen politischen Häftling. Nach der Erfahrung vom 17. Juni war er gut in das Milieu eingeführt worden. Ob er aber gut oder schlecht war in der Rolle – niemand sagte es ihm. In der Zeitung vergaß man ihn zu erwähnen.

Die Premiere von Hedda Zinners »Teufelskreis« verzögerte sich, weil Berlin nicht mit der Uraufführung herauskommen konnte. Die Genossin Zinner war damit beschäftigt, die Ereignisse des 17. Juni für ihren Appell zur Einheitsfront einzuarbeiten. Als nächste Premiere kündigte Burghardt Bechers »Winterschlacht« an, wofür Leipzig nach der Prager Uraufführung vom Ministerium die DDR-Erstaufführungsrechte erhalten hatte.

Fred Delmare fand sich auf dem Besetzungszettel am unteren Ende wieder – mit der Rolle des Dolmetschers. So wie er es aus seiner Zeit am Hebbel-Theater gewohnt war, besuchte er in den unbeschäftigten Zeiten wenigstens die Proben. Max Burghardt und der Schauspieler Frithjof Ruede führten Regie. Burghardt überließ die Proben Ruede. Als sie für die Rolle des Stabskochs nacheinander drei Schauspieler ausprobierten und mit keinem zufrieden waren, da wünschte sich Delmare von seinem Platz im Parkett aus die Rolle für sich. Aber niemand flüsterte ihm ins Ohr: Axel, lern Du den Text! Er war in Ungnade gefallen, und so behandelten sie ihn auch. – Doch dann muß die Angst vor einer schlechten Aufführung bei den Regisseuren größer gewesen sein als die Distanz zu ihm. Regisseur Ruede sprach ihn überraschend in einer Probenpause an: Könnten Sie die Rolle des Oberkofler übernehmen? – Tja, sagte Delmare nachdenklich. – Ich spiele gerade als Gast zwei Vorstellungen in Potsdam. Heute abend habe ich Vorstellung. Morgen kann ich erst den Oberkofler probieren! – Er spielte für einen erkrankten Potsdamer Kollegen in der Inszenierung »Panzerzug 14 – 69«, die auch in Leipzig auf dem Spielplan stand. Die Aushilfe fiel ihm gar nicht leicht, denn in Potsdam hatte man das Stück anders inszeniert. Noch auf der Rückfahrt in der Nacht nach Leipzig begann er, den Text für den Oberkofler zu lernen.

Den Anlaß zu diesem Sinneswandel in der Leipziger Theaterleitung soll Helene Weigel gegeben haben. Sie besuchte Proben, weil das Stück bald auch nach Berlin nachgespielt werden sollte, und sah die drei Oberkofler-Darsteller der Reihe nach scheitern. Entweder erlebte sie auch Delmare bei Proben für seine kleine Rolle des Dolmetschers oder sie sah sein Gesicht in der Kantine, jedenfalls soll sie zu Burghardt gesagt haben: Der Kleine, das ist euer Oberkofler!

Becher kam zur Premiere nach Leipzig. Die Aufregung um die Premiere und Bechers Besuch, der damals auch das Amt des Kulturministers innehatte, spürte man noch auf der Premierenfeier. Die Theaterleitung hatte sich eine Sitzordnung überlegt, und Delmare bekam seinen Platz zwischen Becher und Intendant Burghardt. Irgendwann am Abend sagte Becher zu Delmare: Sie waren mein bester Oberkofler! – Intendant Burghardt hörte den Satz auch.

Die Rolle des Oberkofler wurde damals immer gern mit der des Schweijk verglichen. Von hier aus kam die Rolle Delmare sehr entgegen. Oberkoflers Spiel mit dem Irrsinn hätte Gelegenheit zu Komik gegeben. Doch so einfach wollte man es sich in der Leipziger Inszenierung nicht machen. Für die Darstellung ging es um die Frage, wie ein solcher Mann zugleich eine kleine Gruppe Widerständiger um sich bilden konnte? Also mußten Spott und Schrulligkeit Tarnung sein. – Mit dieser Sicht auf die Figur, die Regisseur Ruede dem »Zuspätgekommenen« in der Kantine beim Bier plausibel zu machen versuchte, konnte Delmare viel anfangen. Das war seins. Den Ernst hinter der Komik zu suchen und darzustellen, war für ihn das Wichtigste. Eigentlich setzte er in dieser Rolle das fort, was er in einem so ganz anderen Stück wie »Diener zweier Herren« begonnen hatte – seinen Weg als komischer Charakterspieler. Ein Fach, das es nicht gab, denn entweder war man Komiker oder Charakterspieler. In dieser Zeit gingen die Theater ohnehin von den Facheinteilungen der Schauspieler bei ihren Verträgen ab. Fred Delmare tat dies praktisch – immer mit einem inneren Blick auf Paul Kemp.

Die wirkliche Leistung Delmares ging damals am Leipziger Theater unter. Dort schaute man immer noch auf ihn wie durch eine Milchglasscheibe. Die »Tägliche Rundschau«, der Vorläufer der Tageszeitung »Neues Deutschland«, wußte wohl nichts von den Differenzen, die man in Leipzig mit dem Oberkofler-Darsteller austrug, und schrieb ausführlich über ihn. In dem fast seitengroßen Zeitungsausschnitt, den die Dramaturgie am Brett ausgehängt hatte, konnten die Kollegen folgendes über ihn lesen: »Ein jüngerer Schauspieler fiel auf: Fred Delmare als Stabskoch Oberkofler. Seiner durchdachten Darstellung gelang es, diese schwierige Rolle überzeugend zu bewältigen, und niemals verfiel er in die naheliegende Gefahr, in seichte Gags abzurutschen.«

Seine größte Sorge war nun, ob man ihn – wie versprochenen – mit der Rolle des van der Lubbe in Hedda Zinners Stück »Der Teufelskreis« besetzen würde. Doch die Theaterleitung hielt ihr Wort – Delmare stand auf dem Besetzungszettel. Regisseur war Erich-Alexander Winds. Sie hatten erst wenige Proben hinter sich, als Schauspieldirektor Hannes Arpe die Idee einkam, eine kleine Abordnung aus Studiengründen in die Berliner Uraufführung zu schicken. Arthur Jopp, der mit dem Dimitroff besetzt war, gehörte dazu, und Fred Delmare. Man fuhr mit dem Zug nach Berlin. In Berlin spielte Edwin Marian den van der Lubbe. Marian war bis vor kurzem noch in Leipzig im Engagement gewesen. In dieser Zeit hatte es mindestens einmal einen schweren Streit zwischen Fred und Marian gegeben. Marian behandelte ihn auf den Proben grob, trat ihm auf die Füße, schubste ihn und kannte kein Wort der Entschuldigung. Fred wußte nicht, was er Marian getan haben sollte.

Als es wieder bei einer Probe zu Unfreundlichkeiten kam, wehrte sich Fred. Darüber beschwerte sich Marian im Intendantenzimmer, und es kam zu einer Aussprache. Arpe mußte Delmare einen Verweis aussprechen, obwohl er den gelegentlich rüden Stil Marians auch kannte. – Mit dieser Vorgeschichte erschien die Absicht Freds, Edwin Marian zu seinem van der Lubbe zu gratulieren, bereits als große Tat. Doch Marian übersah die hingehaltene Hand, übersah den kleinen

Delmare, schloß seine Garderobe ab und verschwand in Richtung Theaterkantine.

Auch wenn er seine Glückwünsche nicht loswerden konnte, das Spiel Marians hatte ihm imponiert. Aber immer dann, wenn er glaubt, ein anderer habe eine bestimmte Rolle bereits besser gespielt, ist ihm der Weg zur eigenen Kreativität versperrt – ihm kommt nichts anderes in den Sinn als das Vorbild. Und er selbst ist dann nicht mehr als die schlechte Kopie.

Je mehr er sah, daß er die Rolle nicht bewältigen würde, je mehr verkrampfte er. Er ist nie ein Schauspieler geworden, der lange probieren kann. Wenn es beim ersten oder zweiten Mal nicht sitzt, dann verliert er Vertrauen zu sich und schafft gar nichts mehr. Beim Regisseur fand er nicht wie sonst den aufmunternden Klang in der Stimme, der sagen wollte: Axel, das schaffst du schon! – Um so weniger die Proben klappten, um so mehr fürchtete er, daß sie ihm die Rolle abnehmen werden. Dabei hatte der Schauspieler gehofft, eine gute Darstellung des van der Lubbe würde die Rehabilitierung nach den mysteriösen Verdächtigungen vom 17. Juni bringen.

Durch einen Zufall sollte eine Probe mit dem Dimitroff-Darsteller und ihm ausfallen. Der andere hatte sich krank gemeldet. Delmare bat den Regisseur, mit ihm allein zu probieren – vielleicht würde es dann klappen. Doch der Winds wollte keine Einzelprobe. – Gut, sagte Axel, wenn Du es Dir überlegst. Ich bin bei Max Schwimmer auf der Geburtstagsfeier. Hier ist die Telefonnummer. Ich komme, wenn du anrufst! – Als Fred schon gar nicht mehr damit gerecht hatte, kam der Anruf. Er hatte zu diesem Zeitpunkt zwar nicht viel, aber doch schon zwei Wodka getrunken. Winds schlug vor, das zehnte Bild zu probieren, an dem sie bisher immer gescheitert waren. Fred setzte sich auf seinen Stuhl, sank zusammen, so wie er es auf Fotos vom richtigen van der Lubbe gesehen und wie es Marian auch getan hatte. In dieser

Haltung ließ er das Verhör über sich ergehen. Als er plötzlich aufstehen sollte, hatte sich sein Finger in einer Bühnenschiene – dort wo die Drehbühne in den Boden eingelassen ist – verklemmt. Ein Schmerz durchfuhr seinen Körper, als er sich erhob. Delmare nahm ihn kaum wahr. Er spielte weiter, benommen wie er war. Plötzlich kam alles aus dem Bauch – die Schwäche, der hilflose Protest, die Angst vor dem Staatsanwalt, der Zusammenbruch. – Plötzlich hörte er nur, wie Regisseur Winds sagte: Jetzt ist er tot! – Der Knoten war geplatzt.

Jetzt konnten sie ihm die Rolle nicht mehr wegnehmen. Er wurde ein guter van der Lubbe, wie ihm die Kritik bestätigte: »Fred Delmare meistert die schwierige Aufgabe, einen geistig und körperlich völlig zerrütteten Menschen ernsthaft und anklagend darzustellen, in einer naturalistischen Studie von außerordentlichem Format, mit erschütternder Wirkung. Seine Rolle enthält in den entscheidenden Gerichtsszenen nur wenige Sätze, aber die sind unvergeßlich.« – Was wollte er mehr. Selbst das Wort von der naturalistischen Studie stimmte, denn er warf sich in den Schmerz dieser Figur, als wäre es sein eigener. Und das war er ja wohl auch, solange man ihn im Theater so gleichgültig behandelte.

7
LEIPZIGER ALLERLEI
Theaterzeit in Leipzig (3)

Kurz nach der Eröffnung der Spielzeit 1954/55 wechselte überraschend die Theaterleitung. Generalintendant Max Burghardt hatte den Auftrag erhalten, die Leitung der Staatsoper in Berlin zu übernehmen. Er verließ Leipzig zusammen mit dem Schauspieldirektor Erich-Alexander Winds. Dafür rutschte auf den Leipziger Intendantenposten der Hamburger Johannes Arpe, der über Erfurt in die Messestadt gekommen war. Arpe ein war überaus freundlicher Mann. Er brachte es in seiner Güte fertig, eine Hauptrolle gleich drei Schauspielern zu versprechen. Mit ihm hörte auch die frostige Behandlung von Fred Delmare auf. Die großen Rollen als Oberkofler und van der Lubbe waren Aushängeschilder des Theaters. – Delmare roch den atmosphärischen Wechsel und meldete sich bald nach seinem Antritt bei Arpe und bat um eine Gagenerhöhung. Arpe hatte wohl in seinen ersten Amtstagen keine anderen Gespräche geführt und schaffte es ganz gegen seine sonstige Art, Nein zu sagen. – Axel, du stehst bereits ziemlich weit oben! – Er meinte damit die Gehaltsliste. Fred mußte sich mit dieser Auskunft zufriedengeben. Daß sich das Klima ihm gegenüber tatsächlich entschieden verbessert hatte, merkte Fred daran, als man ihm den Posten des Gewerkschaftskassierers antrug. Vor dem Umgang mit den kleinen Beitragsmarken hatte er zwar eine Heidenangst, aber er ließ sich überreden. Und es wurde zu seinem Vorteil. Denn als Gewerkschaftskassierer hatte er Einblick in die tatsächlichen Gagenverhältnisse, weil entsprechend der Gage der Gewerkschaftsbeitrag zu entrichten war. Kaum lagen zum ersten Mal die grünen Karteikarten auf seinem Tisch, da begann er sie nach der jeweiligen Gehaltshöhe zu sortieren. Was er geahnt hatte, bestätigte sich – er befand sich mit seinem Gehalt von 750 Mark durchaus nicht in der Spitzengruppe der Leipziger Schauspieler. – Umgehend ließ er sich bei Johannes Arpe melden.

Hannes, Du hast mich enttäuscht! – Bei diesem Eintritt ins Zimmer hatte er bereits halb gewonnen. – Ich bin hintere Mitte! – Arpe wußte nicht gleich, worum es ging, und sagte vorsichtshalber: Du bist uns wichtig, Axel. Ich habe Dich in meinem »Tell« besetzt! – Aber nicht länger für 750 Mark. Die andern sind bei tausend und mehr. So nicht, Hannes! – Hannes Arpe war die Überraschung ins Gesicht geschrieben: Woher weißt Du das? – Ihr dürft mich nicht zum Gewerkschaftskassierer machen, wenn Ihr mich für dumm verkaufen wollt. – Arpe hatte verstanden. Und um in Frieden mit seinem Schauspieler ins neue Jahr gehen zu können, legte er ihm am Silvestertag des Jahres 1954 einen Vertrag vor, der 1000 Mark vorsah. – Das ist doch ein Wort! mit diesem Satz nahm Delmare das zweiseitige Dokument entgegen. Aber es beruhigte ihn nicht wirklich. Und weil Arpe durch ein kleines Betrugsmanöver in seiner Schuld stand, drängte Delmare zum Spielzeitende erneut und erhielt anstandslos zum 1. August 1956 eine nochmalige Erhöhung auf 1.100 Mark bewilligt.

Große Rollen spielte Delmare in der Zeit, in der Johannes Arpe als Generalintendant in Leipzig fungierte, nicht. Das mag nicht auf den Intendanten zurückgegangen sein – es fehlten die richtigen Rollen für ihn und vielleicht auch das nötige Quentchen Glück bei der Besetzung. Die schönste Arbeit ergab sich ganz am Schluß der Arpe-Zeit, als er in Shakespeares »Komödie der Irrungen« eine Doppelrolle spielen konnte – die Zwillingsbrüder Dromio von Ephesus und Dromio von Syrakus. Und das unter dem Regisseur Fritz Wendel, den er von allen, die in jener Zeit in Leipzig inszenierten, am meisten schätzte. – Beide Dromios sind Diener ihrer Herren, die bei einem Schiffsuntergang getrennt wurden und sich nun mit Hilfe ihrer Diener suchen. Wendel wußte, warum er Delmare die Rolle gab. Sie probten lange an der Szene, in der Antilophos aus Syrakus seinen Diener bittet, einen Beutel mit Gold im Gasthof zu deponieren, und dann in schönster Verwechslung den anderen Diener, der natürlich von nichts weiß, nach dem Gold fragt. Das konnte man im leichten Komödienspiel bestens verschenken. Aber Delmare ging es um etwas anderes. Jemand, der seinen Herrn nicht enttäuschen will, kommt in den Verdacht der Untreue. Einen schlimmeren Vorwurf kann man Dromio nicht machen. Das wollte Delmare zeigen. Regisseur Wendel geriet der Spielaufwand für diese Charakterzeichnung schließlich zu breit, und er drängte auf Tempo. – Solche technischen Angaben wie »Tempo« oder »Bruch« – wie sie im Theater üblich sind –, helfen Delmare nicht. In der nächsten Probe spielte Delmare zwar schneller, verlor aber dabei den Charakter aus den Augen. Wie gut Regisseur Wendel und sein Darsteller aufeinander eingespielt waren, zeigte sich dann daran, als Wendel ihm die Situation übersetzte: Stell dir vor, Axel, Dromio muß schnellstens zu seiner Freundin, weil er sie im Verdacht hat, daß sie sich mit einem anderen trifft. In diesem Moment höchster innerer Unruhe gerät er selbst in einen Verdacht. Alles klar? – Delmare fand sich in der Situation zurecht, konnte sich daraus für das Spiel motivieren und war auf Anhieb glänzend. In den meisten Inszenierungen werden die beiden Zwillingspärchen nicht als Doppelrolle gespielt. Delmare hatte in vielen Stücken, die der italienischen Commedia dell'Arte nahestehen, mit Akrobatik und Tempo Artistisches geleistet. Das reichte hier aber allein nicht aus. Er mußte als Dromio von Syrakus links abgehen und so als Dromio von Ephesus rechts wieder auftreten, daß der Zuschauer glaubte, es wären zwei Figuren. Während des Laufs auf der Hinterbühne mußte er sich äußerlich verwandeln – ein anderes Stirnband, ein anderer Umhang – und auch den Charakter ändern: war der eine flink im Denken, so der andere etwas langsam und stur. – Es wurde eine große Premiere für den Regisseur Wedel und für Delmare.

Nicht nur in der Kunst des Spiels, auch in der Kunst des Verhandelns, das hatte sich bereits mehrfach erwiesen, gewann Delmare an Geschick. Als zu Beginn der Spielzeit 1958/59 Karl Kayser neuer Generalintendant wurde, wartete er erst Kaysers Antritts-Inszenierung »Neuland unterm Pflug« und den Erfolg seiner eigenen Rolle darin ab und schrieb dann sechs Tage nach der Premiere an den Verwaltungsdirektor einen Kündigungsbrief mit folgendem Wortlaut: »Sehr geehrter Herr Kunze, entschuldigen Sie bitte, wenn ich Sie mit meinen Zeilen belästige. Ich habe nun Zeit gehabt, darüber nachzudenken und teile Ihnen daraufhin mit, daß ich für dieselbe Gage im nächsten Jahr nicht bleiben kann. Bitte verstehen Sie meine Situation, so wie ich die Ihre verstehe. Es tut mir leid, gerade jetzt so handeln zu müssen, wo ich das Gefühl habe, seit vielen Jahren endlich wieder einmal richtig künstlerisch arbeiten zu können.« – Kayser ließ seinen Delmare nicht ziehen und gab ihm nicht nur eine höhere Gage, sondern auch den gewünschten Einzelvertrag, der vor allem für die Altersversorgung von Vorteil war.

Zu Karl Kayser, der 1958 aus Weimar kam, hatte Fred von Anfang an ein gutes Verhältnis. Und das konnten nicht alle im Theater sagen. Denn sie hatten den neuen »General« mit einer Unterschriftenaktion, die sich gegen seine Berufung aussprach, empfangen. Kayser machte solch ein Unterschriftenpapier nur kampflustig. Sie sollten nur kommen! Und als Delmare ihm mit seiner Gagenforderung als einer der ersten ins Netz ging, nutzte er die Gelegenheit, den Fisch zappeln zu lassen. – Er bot Delmare in seinem Intendantenbüro Platz an und fragte sofort: Haben Sie auch gegen mich unterschrieben? – Ich auch. – Und warum? – Zu dieser Frage verwies Delmare auf seine Kündigung. – Ich arbeite gern, man hats gesehen, aber ich brauche auch die Bedingungen! – Und die erhielt er.

Delmares Verhältnis zu Karl Kayser besserte sich zusehends. Dafür gab es mehrere Gründe: Sie waren Nachbarn, wohnten in derselben Straße, und – was vielleicht entscheidender war – sie kamen beide aus einfachen Verhältnissen ohne künstlerische Vorbelastung und hatten sich als Autodidakten in ihren Theaterberuf hineingearbeitet. Außerdem schätzten sie ein offenes Wort.

Delmares Theaterlaufbahn in Leipzig verlief in den nächsten Jahren in den gewohnten Gleisen der kleineren Rollen, die er zu Charakteren machte. Er spielte den Hasen Weißohr in Jewgenijs Schwarz' »Rotkäppchen« und den Zeitungsverkäufer Köbes im »Hauptmann von Köln«, den zweiten Mörder in Shakespeares »Richard III.« und den zweiten Maschinisten in Arbusows »Irkutsker Geschichte«. Dazwischen die eine oder andere größere Rolle. Unmerklich verlagerte sich sein Ehrgeiz hinüber zu Film und Fernsehen. Und als Helene Weigel ihn 1960 ins Berliner Ensemble bestellte, da schlug ihm das Herz durchaus nicht schneller. – Er hatte die Lage vorher mit seinem Freund Martin Flörchinger besprochen, der inzwischen von Leipzig ans BE gewechselt war. – Paß auf, was du machst! sagte der Bayer Flörchinger zu ihm. – Die proben hier so lange an einem Stück, daß Dir inzwischen alle Filmverträge platzen! – Damit konnte er seine Absage aber nicht begründen, also antwortete er ausweichend: Ich habe in Leipzig gerade meinen neuen Vertrag unterschrieben. – Ach, sagte die Weigel, die ihn wirklich gern haben wollte, das läßt sich regeln. – Aber der Kayser wirds zu verhindern wissen. – Ach, versuchte es die Weigel noch einmal, das läßt sich regeln. – Delmares feste Meinung geriet zwar ein wenig ins Wanken, aber sie fiel nicht um. Nicht nur die Sorge um seine

Filmkarriere ließ ihn das Angebot ausschlagen, er sah sich auch nicht als Brecht-Schauspieler. Seine Begabung kam aus dem Bauch, war getreu Stanislawski, dem Brechtschen Antipoden, vor allem Folge psychologischer Einfühlung in eine Rolle. Das beherrschte er, das war sein Kapital. Und so war er erfreut, als Kayser – dem er seinen Ausflug zur Weigel gleich gestand – sagte: Die bekommt dich nicht!

Beinah hätte ihn aber das Theater von Baden-Baden bekommen. Im August 1961 besuchte Delmare mit seiner Frau Mona und Sohn Tino einen Bekannten, mit dem man sich immer zur Leipziger Messe getroffen hatte. Die Gegeneinladung nach Badenweiler war lange ausgesprochen – aber erst im August '61 kam Familie Delmare dazu, sie wahrzunehmen. Für den Bekannten, einen Unternehmer mit florierender Firma, spielte Geld keine allzugroße Rolle, und so bestimmte er, daß Delmares in einem Nobel-Hotel von Badenweiler unterzubringen waren. Fred versetzte das vornehme Fünf-Sterne-Ambiente ein wenig in Unruhe, denn er hätte mit seinem knappen DM-Bestand den Aufenthalt in diesem Hause nie bezahlen können. Aber dafür wollte ja der Bekannte aufkommen und tat es später auch. Schon am zweiten Tag erhielt Delmare von der Rezeption einen Anruf, der den Besuch eines Herrn ankündigte, der ihn zu sprechen wünsche. Der Mann stellte sich als Verwaltungsdirektor des Theaters im benachbarten Baden-Baden vor. – Herr Delmare, wir können Sie engagieren! – Das war sein großer Auftrittssatz. Fred hatte sich Jahre zuvor brieflich an zwei deutschen Theatern beworben: am Schloßpark-Theater, das damals zum West-Berliner Schillertheater gehörte und von Boleslaw Barlog geleitet wurde, weil er gern mit Barlog gearbeitet hätte, und am Theater von Baden-Baden. Die auf den ersten Blick wenig begreifliche Entscheidung für Baden-Baden ging vor allem auf eine Empfehlung seines Schauspieler-Kollegen Hans-Joachim Recknitz zurück. Recknitz war, bevor er nach Leipzig kam, im Engagement in Baden-Baden gewesen und wußte über das Theater dort Gutes zu erzählen. Außerdem kam die Bühne damals mit vielen ihrer Inszenierungen ins Fernsehen, was für Fred einen zusätzlichen Anreiz bedeutete. Im übrigen heben erfolgreiche Bewerbungen, auch wenn sie schließlich nicht zum Theaterwechsel führen, immer den Wert im eigenen Haus. – Von beiden Bühnen erhielt Delmare Absagen, weil die Theater für ihn über keine vakanten Stellen verfügten. Dies schien sich in Baden-Baden aber geändert zu haben, oder man wollte sich mit dem Van-der-Lubbe-Darsteller, der inzwischen in der DDR auch Kunstpreisträger geworden war, schmücken. So betrat der Verwaltungsdirektor sein Hotelzimmer mit dem Angebot: Jetzt können wir Sie engagieren! – Delmare staunte nicht schlecht und fragte zunächst: Mein Besuch ist privat. Woher wissen Sie, daß ich hier bin? – Die Zeitung hat es gemeldet. – Gäste dieses Hotels, stellte sich heraus, sind offensichtlich ein lokales Ereignis, und so kam die Nachricht von seinem Besuchs über die Zeitung zum Theater. – Seine Familie war bei ihm, was für einen Wechsel von Ost nach West günstig gewesen wäre. Auch Mona hatte ihre Brüder im Westen. Doch dann besann er sich – und seine Frau stand zu ihm – auf seine Grundsätze: Er hatte in Leipzig gerade seinen Vertrag um drei Jahre verlängert. Ein Wegbleiben würde nicht nur die neuen Projekte in Gefahr bringen, auch sein Ruf wäre aufgegeben. – Nein, sagte er, vielleicht in drei Jahren, wenn mein Vertrag ausläuft. – In ein paar Tagen gehts nicht mehr. – Der Mann spielte auf die erwartete Mauer an. Delmare konnte sich eine Grenze, die keiner mehr passieren kann, nicht vorstellen. – Ach, das geht doch schon in Berlin nicht, eine Mauer. Wollen sie die U-Bahnstrecken totlegen, die Kanalisation schließen, die Kleingärten wegmauern? – Warten Sie's ab. – Der Mann verabschiedete sich höflich. Am nächsten Morgen, es war ein Sonntag, hörte Delmare aus dem Radio, daß man dabei war, in Berlin eine Mauer zu errichten. An der Grenze empfingen die DDR-Beamten jeden Rückkehrer mit größter Höflichkeit, die sie bald danach wieder verlernen sollten. Deutschland teilte mit dem 13. August 1961 eine Mauer. Fred nahm an der traditionellen Ensemblezusammenkunft zu Spielzeitbeginn mit einiger Unsicherheit teil. Die schwand jedoch, als er anhören mußte, wie man in dieser Theater-Versammlung zwei Kollegen öffentlich schmähte, die von einer Westreise nicht zurückgekehrt waren.

In Leipzig wurde die Spielzeit des Jahres 62/63 mit der Uraufführung eines Arbeiterstückes eröffnet. Karl Kayser inszenierte Horst Kleineidams »Millionenschmidt«. Zu diesem Zeitpunkt hatte Delmare bereits von der DEFA den Anruf bekommen, daß Frank Beyer eine Filmfassung des Apitz-Romans »Nackt unter Wölfen« drehen wird – mit ihm als Darsteller des Pippig. Delmare ging die Theateraufgabe trotzdem mit einiger Erwartung an. Kleineidam galt als sozialistische Entdeckung. War er doch richtiger Arbeiter, der – so ging immerhin das Gerücht – einige Szenen des Stücks auf Resten von aufgerissenen Zementsäcken notiert hatte. Das imponierte Fred. Was die Qualität des Stücks anging, schwankte er in seiner Meinung. Auf der einen Seite fand er die Arbeiter, vor allem die Brigademitglieder, gut getroffen, auf der anderen Seite war ihm die Absicht zu offenkundig. Einem selbstherrlichen Maurerbrigadier sollen die Flügel gestutzt werden. Am Ende warten Brigade und Frau auf den geläuterten Mann – so einfach macht es das Leben nicht. Delmare benutzte dazu gern den Spruch: Man erkennt die Absicht und ist verstimmt.

Er bekam die Figur des Maurers Bielek, der erst seinem Brigadier hinterherläuft und später mächtig gegen ihn zu Felde zieht. Wenn man das bierernst nimmt, sind die Figuren noch unglaubwürdiger. Delmare und die anderen Schauspieler trieben bereits auf den Proben ihren Spaß. Kayser verbat sich das und verlangte mehr Probendiszplin. Für ihn als Intendanten und Regisseur stand einiges auf dem Spiel, denn Ulbricht hatte sich zur Premiere angesagt. Immer noch hing er an seinem »Bitterfelder Weg«, der der kapriziösen Berufskunst die linientreue Laienkunst voranstellen wollte. Bis jetzt waren Erfolge aber ausgeblieben.

Als die Schauspieler auf der Probe wieder ihren Spaß machten und Delmare zu einer Kratz-Geste seines Kollegen Günter Grabbert meinte: Jetzt kratzt sich unser Parteisekretär wie ein Schimpanse! brachen die Umherstehenden in Gelächter aus. Kayser, verärgert über die Störung, verlangte von Delmare eine Erklärung. Das empfand Fred als Zumutung, geriet in Hitze und mußte auch gleich noch eine Anspielung auf eine kurz zuvor abgebrochene Inszenierung loswerden: Chef, warum haben Sie »Spuk in Haus Frankenhöhe« nicht selbst übernommen und den Kollegen Schmidt mit der Regie scheitern lassen? – Mahlzeit! sagte Kayser daraufhin nur noch und verließ die Probe.

Eine Stunde später ließ ihn Intendant Kayser zu Hause anrufen und forderte ihn auf, umgehend im Theater zu erscheinen. – Chef, das geht nicht, ich habe in Halle eine Talkshow. – Damit war das Gespräch beendet. Als er kurz danach im Dienstwagen des Theaters saß, fuhr der Fahrer nicht nach Halle, wo man auf ihn wartete, sondern in die Oper zum Intendantenbüro. Delmare fürchtete eine unangenehme Aussprache wegen des Probenzwischenfalls, den er verursacht hatte. Aber Kayser ging auf seinen Schauspieler freundlich zu und fragte nur: Alles in Ordnung? – Anschließend wurde Fred nach Halle gefahren.

Am nächsten Tag erwarteten die Schauspieler auf der Probe voller Spannung die Fortsetzung des Streits zwischen Delmare und Kayser. Aber beide gingen miteinander um, als wäre nichts gewesen. Im Gegenteil – die Proben lockerten sich, und Kayser verlangte von den Darstellern mehr Komisches. Hinter vorgehaltener Hand sprach man davon, daß der Alte jetzt dabei ist, mit Kleineidams »Millionenschmidt« sozialistisches Ohnsorg-Theater zu machen.

Das Publikum nahm die Uraufführung recht amüsiert und mit viel Beifall auf. Walter Ulbricht schien zufrieden. An der anschließenden Premierenfeier nahm er mit seiner Frau Lotte teil. Die Platzverteilung sorgte dafür, daß Delmare in Ulbrichts Nähe saß. Ulbricht sprach Delmare an: Wie Sie mit dem Eimer über die Bühne laufen, waren Sie für mich ein richtiger Maurer. Glauben Sie mir, ich war auch auf dem Bau. Ich kenne mich aus. – Walter Ulbricht besuchte einige Premieren am Leipziger Theater. Im Januar 1962 nahm er an der DDR-Erstaufführung des Schauspiels »Der Vierte« von Konstanin Simonow teil. Das Stück erzählt von einem amerikanischen Journalisten, der eine große Geschichte aufspürt. Die USA planen einen Spionageflug gegen die Sowjetunion. Er hat Zweifel, darüber zu schreiben, denn die Veröffentlichung wird ihn die Karriere kosten. In Rückblenden erinnert sich der Mann an Situationen aus seinem Leben, in denen er Verrat begangen hat. Simonow führt diese Szenen so, daß der Held diesmal standhaft bleiben wird und den Artikel schreibt. – Auch nach dieser Premiere saß Ulbricht mit den Schauspielern zusammen. Zur Überraschung Delmares und seiner Kollegen nannte der Parteichef das vierte Bild als besonders schwierig. Delmare imponierte diese fachmännische Sicht, denn in der Tat hatte es bei den Proben die größte Mühe bereitet. – Die dritte Begegnung mit Ulbricht im Leipziger Theater hatte Delmare indirekt. Er wollte wie immer am Pförtner vorbei ins Theater stürmen, doch ein ihm unbekannter Mann hielt ihn auf: Ausweis! – Hab ich vergessen! – Dann kommen Sie nicht rein! – Und der Mann machte ernst. Er gehörte zu den Sicherheitsleuten, die wegen des Theater-Besuchs von Ulbricht die Regie am Eingang übernommen hatten. Nahezu bis zur letzten Minute wurde Delmare aufgehalten. – Ohne mich kann das Stück nicht anfangen! sagte er. Doch das rührte den Sicherheitsbeamten nicht. Delmare brachte die Situation an den Rand der Verzweiflung. Erst nachdem der Pförtner jedes Wort des Schauspieler bestätigt hatte, ließ man ihn passieren. An diesem Tag begann der Trommler etwas später sein Spiel vor dem Vorhang – der Trommler war Delmare, und er hatte recht gehabt – ohne ihn konnte die Vorstellung nicht beginnen.

Bei dieser Gelegenheit hatte er sich noch im Griff gehabt, bei einer anderen, die auch mit Simonows »Der Vierte« zusammenhängt, nicht mehr. Das Leipziger Theater – wie sicher auch andere Theater – warb um seine Zuschauer mit dem nicht besonders originellen Slogan: Du hast ein Anrecht auf ein Anrecht! Die Kehrseite solcher Werbeaktionen war hin und wieder ein gänzlich uninteressiertes Publikum. Wenn es sich noch dazu um Schulklassen handelte, dann machte sich das Desinteresse in allerlei Formen der Unruhe bemerkbar. Nun gehörte die Inszenierung des »Vierten« – übrigens die einzige, die Intendant Karl Kayser für die Kammerspiele gemacht hatte – schon wegen des intimeren Raumes zu den leisen. Max Bernhardt, der die Hauptrolle spielte und den komplizierten Wandlungsprozeß des Journalisten über lange Textpassagen zu bewältigen hatte, litt unter den Störungen einer Schülergruppe, die in der ersten und zweiten Reihe saß. Er schaute immer verzweifelter drein, wenn er hinter die Bühne kam. Delmare trieben die Not seines Kollegen und die Ungezogenheit der Schüler in heftigen Zorn. – Axel, kannst nix machen! Die sind heut so! – Warts ab, sagte Delmare. Bei seinem nächsten Auftritt ging er ganz vorn an die Rampe. Statt mit seinem Text zu beginnen, ging er – in der Haltung seiner Figur, versteht sich – vorn an der Rampe auf und ab und fixierte die jungen Leute in der ersten und zweiten Reihe. Ihm kam dieser Gang endlos vor, aber er dauerte wohl nur eine Minute, dann setzte er in den Text ein. Aber lange wirkten seine finsteren Blicke nicht. Deshalb gab es für ihn nur eines – gleich nach der Vorstellung wollte er die jungen Leute zur Rede stellen. Er rannte in seiner Erregung zum Zuschauerausgang. Hätte ihn nicht eine Schließerin aufgehalten, er hätte nicht für sich einstehen können. – Natürlich hatte die Sache ein Nachspiel. Die Theaterleitung machte die Schulklasse über ihre Abonnentenliste ausfindig, und man drohte dem Direktor und den Lehrern. Die wendeten die Sache ins Freundliche und baten die Schauspieler zu einem Künstlergespäch in die Schule. Delmare nahm daran teil und – es begann eine lange Freundschaft zwischen den Theaterleuten und den Schülern. Je mehr die nämlich vom Theater erfuhren, je mehr wuchs ihr Verständnis für die Künstler und je weniger Grund hatten sie zur Langeweile. Vermutlich nur deshalb hatten sie gestört.

8
DIENER ZWEIER HERREN
Leipziger Theaterzeit (4)

Immer stärker wurde Fred Delmare bewußt, daß er schon lange die Rolle des Dieners zweier Herren spielte. Damit war nicht jenes Goldoni-Stück gemeint, das ihn beim Leipziger Publikum populär gemacht hatte, sondern der Umstand, daß er seine Kraft zwischen dem Filmgeschäft und dem Theater teilte. Hätte Karl Kayser ihm nicht halb aus Freundschaft, halb aus dem Kalkül, daß prominente Schauspieler mehr Zuschauer ins Theater locken, immer wieder Sonderrechte eingeräumt, hätte er schon eher um seinen Abschied vom Theater gebeten. Aber auch Delmare mußte für jeden Drehtag einen Urlaubsschein einreichen und – er mußte an Vorstellungstagen den Drehort um 14 Uhr verlassen, um pünktlich im Theater zu sein. Schien gerade am Drehort die seit Tagen erflehte Sonne, dann versuchten Regisseur und Aufnahmeleiter, Freds Abfahrtszeit immer weiter aufzuschieben. Er hatte dafür genauso Verständnis wie für das Theater, bei dem er unter Vertrag war. So wurde er Diener zweier Herren.

Glücklicherweise war die Verkehrsdichte in den 60er Jahren in der DDR bescheiden. Trotzdem war es nur eine Frage der Zeit, daß ihn das Unglück treffen mußte. 1966, an einem Novembertag, traf es ihn. Zusammen mit seinem Kollegen Günter Grabbert hatte er in Berlin gedreht. Pünktlich traten sie die Rückfahrt an, doch der Aufnahmeleiter bat, ob man nicht auf dem Weg nach Leipzig den Kameramann in Potsdam absetzen kann. Die Sonne schien, der Umweg war nicht allzu groß. – Warum nicht, sagte Fred, der bereits dabei war, es sich hinten im Auto bequem zu machen. – Wer Hausschuhe und ein Schlafkissen dabei hat, der muß ja im Auto geboren sein! scherzte der Kameramann. Er sah sich als Dank fürs Mitnehmen zur Unterhaltung verpflichtet. Fred brummte noch zur Antwort: Nee, nicht im Auto geboren! dann schlief er schon. – Als er erwachte, war der Kameramann bereits ausgestiegen, also waren sie schon hinter Potsdam, aber der Fahrer fehlte auch. – Günter, was ist los! – Nebel. Und Armee. – Die können uns gleich erschießen, wenn wir die Vorstellung nicht schaffen, sagte Delmare und sprang aus dem Auto. Fahrer, besonders jene, die es beruflich tun, sind eher bereit, an die Sicherheit zu denken, als Mitfahrer, denen die Zeit wegläuft. – Los, weiter! schrie Delmare den Fahrer an. – Ich seh nichts! – Ich besorg dir Fackeln! – Er hatte bei der Armeekolonne Fackeln gesehen und ging zu den Soldaten. Wäre denen Delmares Gesicht nicht durch den Nebel hindurch bekannt gewesen, sie hätten dem aufgeregten kleinen Mann nichts gegeben. Mit den Fackeln kamen sie wenigstens ein Stück voran. – Wie aber die Militärkolonne überholen? Das war streng verboten, und der Fahrer hatte beschlossen, sich auch an dieses Verbot zu halten. Günter Grabbert, der Mitreisende, der genauso um halb acht in Leipzig auf der Bühne stehen mußte, trug seine Spannung nicht so sichtbar aus wie Fred. – Du, flüsterte Delmare, halt den Fahrer fest. Ich setz mich ans Steuer! – Grabbert hielt dies für einen Scherz und sah gerade noch, wie Delmare – immer noch in Hausschuhen – im Scheinwerferlicht mit Offizieren verhandelte. Dann kam er eilig zum Auto zurück: Wir dürfen vorbei! – Doch in diesem Moment sagte der Fahrer: Wir schaffen's trotzdem nicht mehr. Es ist halb sieben. Ich bin nie in einer Stunde in Leipzig.

Sie trafen erst um neun Uhr an den Kammerspielen ein. Fred sprach eine Frau, die gerade das Theater verlassen wollte, noch aus dem Auto heraus an: Wir sind da, es kann losgehen! – Ja, sagte die alte Dame, aber ich bin die Letzte. Die andern sind schon lange weg. – Sie meinte das Publikum.

In solchen Situationen konnte Generalintendant Kayser nicht anders: Er mußte Härte zeigen. Er ließ die Buchhaltung den Schaden durch die ausgefallene Vorstellung errechnen und teilte Grabbert und Delmare brieflich mit, daß sie mit insgesamt 4000 Mark für den Ausfall zu haften hätten. Und damit sie nicht lange mit sich zu Rate gingen, ob sie das Bußgeld für rechtens hielten, ließ er jedem der beiden 2000 Mark – verteilt auf vier Monatsgagen – vom Gehalt abziehen. Diese himmelschreiende Ungerechtigkeit, wie Delmare fand, mußte aus der Welt. An seinen Chef konnte er sich dabei nicht halten, wohl aber an die DEFA. Die hatte schuld! Ohne den Umweg über Potsdam wäre man pünktlich gewesen! Briefe gingen hin und Briefe gingen her. Er ruhte nicht eher, bis die DEFA die Leipziger Rechnung im Januar des darauffolgenden Jahres übernahm. Er und sein Kollege Grabbert bekamen ihr Geld zurück.

Den Gedanken, daß es noch einmal gutgegangen sei, den hatte Fred Delmare nicht. Gehörte er früher tatsächlich zu den Mitfahrern, auf den die Chauffeure untereinander Wetten abschlossen, ob er erst an der zweiten oder bereits an der ersten Kreuzung in ihrem Auto in tiefen Schlaf fiel, so konnte er jetzt überhaupt nicht mehr schlafen. Die Angst, wieder eine Vorstellung zu verpassen, versorgte alle Nerven mit Adrenalin.

Er meldete sich allerdings nicht zuerst bei seinem Leipziger »General« zum Gespräch an, sondern sicherheitshalber beim Fernsehen und dann bei der DEFA-Leitung. Zuerst mußte geklärt werden, ob man bereit war, ihn in ihre Schauspielerensembles zu übernehmen. Kurz darauf boten ihm unabhängig voneinander Fernsehen und DEFA feste Verträge an. Mit diesen Zusagen im Rücken meldete er sich bei Karl Kayser. – Chef, ich will gehen! – Kayser überraschte das Gespräch weniger, als Delmare glaubte. Den Intendanten hatte bereits die Absage des Schauspielers, im »Sommernachtstraum« den

Puck zu spielen, gekränkt. Fred hatte ihm damals zu seiner Absage erklärt, daß Kayser beim Puck zuviel »schönen Text« gestrichen habe. In Wahrheit waren die Striche ein Vorwand. Delmare sorgte sich um seine zeitliche Unabhängigkeit für Filmprojekte. Außerdem wollte er weder Streit mit Kayser noch den Chef, der so große Stücke auf ihn hielt, enttäuschen.

Delmare brannte von seinem ersten Tag an im Theater vor Ehrgeiz. Seine Energie machte es ja gerade, daß er noch in der kleinsten Nebenrolle zum Mittelpunkt des Bühnenraums wurde. Aber es ging in Leipzig nicht voran. Die Regisseure kannte er. Sein Fritz Wendel war nicht mehr da. Manche der Neuen schätzte er nicht. Auf seinen Vorschlag, doch die Filmregisseure Uli Thein oder Frank Beyer gastweise nach Leipzig zu holen, hatte Kayser nur geantwortet: Wir reichen dir wohl nicht? und die Sache vergessen. Delmare spürte genau, daß ihm in Leipzig nichts Neues mehr abverlangt wurde. Daß dabei allmählich sein Ehrgeiz zu Film und Fernsehen hinüberwanderte und er mit Leipzig innerlich abschloß, stimmte freilich auch. Er hatte vor der Kamera Blut geleckt. Auch wußte er, daß ihn der Film populärer machen konnte als das Theater. – Kayser versuchte noch einen Einwand: Axel, Du wirst Dein Publikum brauchen! – Damit hatte er recht. Ein komödiantischer Darsteller wie Delmare brauchte die Reaktionen der Zuschauer, um mehr zu geben als auf der besten Probe. Doch bei allem Abwägen der Gründe erschien Delmare dieser nicht der wichtigste. Er blieb bei seiner Forderung.

Und so kam es, daß der Leipziger Generalintendant Karl Kayser einen seiner Lieblingsschauspieler zum Ende der Spielzeit 1969/70 freigab, aber nicht ohne ihm das Versprechen abzunehmen, dem Leipziger Theater als Gast zur Verfügung zu stehen.

Hinzugerechnet seine Rolle als Frosch in der Operette »Die

Fledermaus« spielte er bis in das Jahr 1977 hinein am Leipziger Theater sechs Rollen als Gast. Dabei wurden der Calvino in Hans Magnus Enzensbergers »Das Verhör von Habana« und der Caliban in Shakespeares »Sturm« letzte Beweise seiner großen Theaterbegabung.

Enzensberger hatte in der Phase seiner Kubaverehrung ein Stück über die amerikanische Invasion 1961 auf Kuba verfaßt, in dem er die Konterrevolutionäre sprechen ließ und somit auf indirekte Weise der kubanischen Revolution ein Denkmal setzen wollte. Das Stück trägt dokumentarischen Charakter und basiert auf den wirklichen Verhörprotokollen. Die Rolle, die Kayser Delmare antrug, hatte so gar nichts mit seinen bisherigen Aufgaben zu tun. Um den Calvino spielen zu können, mußte er gewissermaßen von der Seite des Pippig aus »Nackt unter Wölfen« auf die Seite der SS-Folterer wechseln. Sein Gefühl sperrte sich lange Zeit gegen die Rolle des Calvino, sein schauspielerischer Instinkt aber witterte etwas Neues, und das reizte ihn. – Kayser hatte ihm ein Buch in die Hand gedrückt, das Calvino in seiner Bestialität schilderte. – Delmare zeichnete Clavino mit harten, knappen Strichen als skurpellosen Mörder. Die menschliche Dimension, die er unbedingt der Figur geben wollte, zog er aus Calvinos Irrtum, als Dank für seine treue Befehlsausführung im letzten Moment freigekauft zu werden.

Einem kubanischen Berater, der Regisseur und Schauspielern zur Verfügung stand, mußte Kayser angesichts der Verwandlung Delmares in einen Mörder versichern, daß der Schauspieler an diesem Theater schon viele komödiantische Rollen gespielt hat. Der Kubaner wollte es nicht glauben.

Fünf Jahre später holte Leipzig ihn für die Rolle des Caliban in Shakespeares »Sturm« vom Film zurück. Caliban ist eine besondere Rolle in der Shakespeare-Literatur – ein Wesen, halb Mensch, halb Tier. Delmare gelang es, seinen Caliban in der Balance aus Täter und Opfer zu zeigen. Caliban, der gegen seinen Herrn Prospero einen Mordplan faßt, wurde in Delmares Spiel zur leidenden Kreatur. Keine einzige ausgestellte Geste, kein bewußtes Setzen von Wirkungen – lobte die Kritik –, sondern die tief gefühlte Darstellung eines zerrissenen Wesens, das im Leiden gefährlich ist.

Auch mit dieser Rolle wurde Delmare etwas abverlangt, was bisher noch nicht zum Bestand seiner schauspielerischen Mittel gehört hatte. – Trotzdem nahm er kurz danach seinen endgültigen Abschied vom Theater. Der ausschlaggebende Grund waren wieder einmal Schwierigkeiten, zwei Aufgaben zu koordinieren.

Leipziger Epilog I

Der Mann, der gegenüber Kollegen des Leipziger Theaters hart und nicht ohne sein Gefühl für Macht handeln konnte, schrieb an Delmare am 18. Juni 1976 zum endgültigen Aus ihres gemeinsamen Arbeitens folgenden Brief:

Mein lieber Freund Fred Delmare!

Du bist ein lieber Kerl. Du weiß, ich schätze Dich sehr, als Schauspieler und auch so; ich bin gern mit Dir zusammen und arbeite auch gern mit Dir.

Aber wir sind beide zu leichtfertig, wenn es darum geht, daß Du in einer Produktion von mir arbeiten sollst. Dann mache ich immer einen grundsätzlichen Fehler: ich spreche mit Dir nicht exakt und konkret ab, inwieweit Du überhaupt zu den Proben zur Verfügung stehen kannst. Daraus entstehen unliebsame Situationen für mich, die sich störend auswirken auf die neue Produktion und auf die Einhaltung der auch für mich notwendigen Termine.

Selbstverständlich weiß ich, daß Du zuerst der DEFA zur Verfügung stehen mußt und nicht dem Theater. Auf der anderen Seite kann ich nicht meine Proben nach der DEFA einrichten, weil ja auch mein Terminkalender an andere Verpflichtungen gebunden ist als nur an die des Theaters. Beispielsweise kann ich nicht immer, wenn Du frei bist, abends oder sonntags oder auch am Tage probieren, weil ich – wie nächste Woche – z. B. zweimal nach Berlin muß als Abgeordneter der Volkskammer und in einer anderen Funktion ebenfalls unterwegs bin und ein Tag Probe für mich ausfällt. Das heißt mit anderen Worten und einfach formuliert:

Wir sind zwei Königskinder,
die hatten einander so lieb,
sie konnten zusammen nicht kommen,
das Wasser war viel zu tief ...

Das heißt, bevor Du ins Wasser plumpst: Wollen wir ehrlich sein und uns weiterhin gut verstehen – aber diese Rolle kannst Du hier in der Produktion jetzt nicht spielen, und ich werde mich anderweitig umsehen und die Rolle mit einem Kollegen aus unserem Hause besetzen.

Ich weiß, daß Du allen gerecht werden willst, Film, Fernsehen und dem Theater, im besonderen mir.

Das schätze ich hoch ein.

Aber, mein Lieber, es geht nicht immer. Diesmal brach's zusammen.

Sei vernüftig, lieber Axel, heule nicht, springe lieber einmal ins Wasser.

Sei herzlich gegrüßt von Haus zu Haus, Dein K.K.

Leipziger Epilog II

Hans Michael Richter, ein Jahr jünger als Fred Delmare und heute Pensionist, war mit Unterbrechungen in den 50er Jahren nahezu 40 Jahre Dramaturg und Chefdramaturg am Leipziger Theater. Ich treffe mich mit ihm. (Gespräche mit HM sind äußerst anregend, aber auch wegen der Neigung HMs zum ausschweifenden Erzählen lang. So ist das folgende nur ein Extrakt!)

Bevor wir überhaupt auf das Theater und Fred Delmare zu sprechen kommen, gibt es eine Autogeschichte. Autos spielten in der DDR als Rarität immer eine große Rolle und erst recht für Fred Delmare. (Ich überlege kurz, ob ich nicht Fred Delmares Leben an Hand seiner Autos erzählen sollte. – Vielleicht als Persiflierung seines Schauspielerlebens im Abspann dieses Buches!) Für HM ging es jedoch – wie er mir erzählt – zunächst um kein Auto, sondern um eine Garage (nicht minder kostbar in der DDR, weil sie die Lebenszeit eines raren und teuren Autos entscheidend verlängen konnte). Jedenfalls besorgte Delmare HM überraschend eine Garage. Dies geschah völlig uneigennützig: Ich kann Ihnen da eine Garage besorgen! Sie wollten doch eine.

Danach geht HMs Erinnerung auf das Theater zu. Seltsamerweise hängt die erste Erinnerung mit einem Krach zusammen (wieso seltsamerweise, denke ich). HM und Delmare gerieten aneinander, als die Theaterleitung Spielplanentscheidungen traf, die HM nicht billigte und dies auch laut und deutlich sagte. – Das geht uns doch gar nichts an, konterte Delmare und versuchte, sich vor die Theaterleitung zu stellen. – Wieso? Ich bin der Dramaturg und muß mit den Stücken zurechtkommen. – In HMs Erinnerung schien Delmare bemüht, mit den jeweiligen Obrigkeiten im Theater gut auszukommen. Er galt nie als ausgesprochener Opponent. Seine Energie entlud sich auf der Bühne. – Auf der Bühne war er auch am Rande immer da, im Sinne von: vorhanden, anwesend, wahrnehmbar. Und nicht nur einfach anwesend, sondern er konnte seine Spannung übergangslos und explosionsartig abgeben. Damit machte er kleinste Rollen groß. Er war immer wahrnehmbar, ohne daß er es darauf angelegt hätte, aufzufallen. Das Auffallen ist eine sehr beliebte Untugend mancher Schauspieler, denen ihre Rolle zu klein erscheint. – Im Anschluß zitiert HM Stanislawski: Es gibt keine kleinen Rollen. Es gibt nur kleine Schauspieler.

Mich interessiert: Was war bei Delmare anders als bei anderen?

Auf seinen Truffaldino im »Diener zweier Herren« gabs beim Publikum und im Theater ein Riesen-Echo. – Nun denken Sie nicht, daß sich damit etwas für die nächste Rolle bei ihm geändert hätte. Er fing jede neue Rolle immer wieder bei Null an (was nicht bedeuten soll, daß ER bei Null anfing!). Andere werden nach einer bestimmten Menge von erfolgreichen Rollen zu Darstellungsbeamten. – Auch nach den ersten Filmrollen, die ihm schnellen Erfolg brachten, spielte er bei uns im Theater kleine Rollen. Mit dem Ziel, sie groß zu machen.

Was war anders bei Delmare als bei anderen?

Es gibt zwei Grundtypen von Schauspielern. – Die Kopf- und die Bauchschauspieler? unterbreche ich. – Nein, nein. Es gibt zwei Grundtypen von Schauspielern: die, die mit sich selbst Theater spielen, mit ihrer Person, ihrer Psyche, und die Verwandler. Delmare spielte vor allem mit sich selbst Theater.

Jetzt übernehme ich Axels Mißtrauen. HM soll mir helfen, etwas zu überprüfen: Ich habe Delmare mehrfach danach gefragt, mit welchen Rollen er am Theater nicht zurechtgekommen ist. Ich habe alle Zeitungskritiken daraufhin durchgesehen. Kollegen, die in einigen Produktionen mit ihm gearbeitet haben, gefragt. – Ist er wirklich nie an einer seiner 80 Rollen gescheitert, war er nie schlecht? – HM überlegt lange. Dann sagt er: Ich kann mich nicht an ein Scheitern erinnern. Er war in dem, was die einzelne Inszenierung wollte und konnte, immer gut, immer markant, immer eine Lichtfigur.

Von sich aus kehrt HM noch einmal zum Stichwort »intensiv« zurück: Kayser, unser Intendant, war nach China geschickt worden, 1959, um chinesische Stücke mitzubringen. Freundschaftsbeweise. Wie spielten ein schreckliches Stück: »Der rote Sturm«. Ich erinnere mich: Grabbert steht am Marterpfahl und hatte unendlich viel Text zu deklamieren. Um ihn herum andere Schauspieler mit Maschinenpistolen aus Pappmaché. Ich weiß noch, Delmare schoß und schoß mit größter Intensität, und Grabbert deklamierte und deklamierte mit größter Intensität ... Übrigens: Statt Lob erhielten wir für die Inszenierung strengsten Tadel. – China stand inzwischen nicht mehr auf der Freundschaftsseite.

Danke, HM, für das Gespräch! (Und die Erlaubnis, es zu extrahieren.)

Am Tag nach unserem Gespräch rief mich Hans Michael Richter noch einmal an: Nur zur Abrundung. Mitte der 70er Jahre hatte ich das Angebot, mir einen DACIA (rumänischer Lizenzbau des Renault R12) zuzulegen. – Der paßt aber nicht in die Garage. – Ich sagte es Delmare, der damals auch einen DACIA (rot!) fuhr. Er bot mir sofort an, mich von der Oper abzuholen und mit mir zur Garage zu fahren: Der geht rein, verlassen Sie sich drauf! – Im Manfred-von-Brauchitsch-Stil schoß er in die Garage – und tatsächlich: Er paßte, auf den Zentimeter! – Ich habe mir dann den DACIA gekauft, was ich ohne Delmares Vorführung nicht getan hätte.

9
DREIMAL HOLLYWOOD UND ZURÜCK
Der Durchbruch – van der Lubbe und Pippig

Im Frühjahr das Jahres 1955 baten zwei Herren, die sich als DEFA-Mitarbeiter vorstellten, Fred Delmare in den Hof hinter dem Gebäude der damaligen Leipziger Kammerspiele. Man machte einige Fotos von ihm. – Wozu sind diese Aufnahmen? fragte er. Die Antwort war ein Achselzucken. – Wir fahren zu allen Theatern und fotografieren Gesichter. Vielleicht wird eine Rolle daraus, vielleicht nicht. – Damit waren die Herren wieder verschwunden.

1953 hatte die DEFA sieben Spielfilme produziert, im Jahr darauf bereits elf und für das laufende Jahr '55 waren 14 in Vorbereitung. Dafür besaß man in Babelsberg einfach nicht genügend Schauspieler, vor allem für die mittleren und kleinen Rollen. Das flächendeckende Casting bei allen Theatern der DDR rief den Protest der Intendanten hervor, denn sie wollten ihre besten Schauspieler nicht an die DEFA verlieren. Aber Delmare kam in letzter Minute noch in die Babelsberger Schauspieler-Kartei. Lange sollte er nichts davon hören, obgleich er es nicht vergessen hatte. Aber dann kam im Mai ein Brief von der DEFA mit der Mitteilung, daß er für den Film »52 Wochen sind ein Jahr« mit der Rolle des Bauernjungen Fips besetzt sei.

Mit diesem Brief in der Hand hatte er im Theater zwei Wege zu gehen – der eine führte ihn zum Intendanten Johannes Arpe und galt seinem Urlaubswunsch. Arpe konnte ihn schlecht abschlagen, denn er drehte selbst Filme. Übrigens erkundigte sich später die DEFA bei Arpe, welche Gagenhöhe für den Anfänger Delmare angemessen sei. – 180 Mark pro Drehtag, sagte Arpe. – Als Delmare erfuhr, daß diese klägliche Gage von seinem Theaterchef festgesetzt worden war, sagte er dem eines Tages: 180 Mark hast Du mir zugebilligt. Und Du bekommst 500 am Tag, wie ich weiß. Hannes, es wird der Tag kommen, da habe ich mehr als Du! – Der Ärger über seine niedrige Anfangseinstufung, an der Arpe Schuld trug, führte ihn – aus der Sicht des Jahres '55 – zu dieser Selbstüberschätzung, denn daß er später tatsächlich an Arpe vorbeiziehen sollte, konnte er nicht ahnen.

Der zweite Weg führte ihn in die Dramaturgie. Dort mußte man neben der ohnehin schon großen Arbeitslast auch noch ein kleines Beiblatt zum Programmheft zusammenstellen – die Theaternachrichten. In der Ausgabe 5. bis 11. Juni '55 erschien dort eine kleine Meldung: »Fred Delmare wurde von der DEFA für den in Vorbereitung befindlichen Lustspielfilm *52 Wochen sind ein Jahr* für die Rolle des Fips verpflichtet.«

Als er später einmal mit Regisseur Richard Groschopp an einer Gesprächsrunde über die frühen Jahre der DEFA teilnahm und sagte, daß er an seinen ersten Film so gut wie keine Erinnerung mehr habe, da nahm ihm Groschopp dies übel. – Ich weiß nur noch, daß ich immer mit einem Fußball durchs Dorf laufen mußte! – Schade, sagte Groschopp, ein bißchen mehr Erinnerung hat der Film schon verdient.

»52 Wochen sind ein Jahr« war ein Roman Jurij Brezans, der die Veränderungen auf dem Lande behandelte. Brezan erzählte von einem sorbischen Landarbeiter, der zwischen die Fronten gerät: die eine Seite will ihn für seinen LPG-Beitritt mit dem Angebot ködern, die Stelle eines Lehrlingsausbilders zu übernehmen – die andere Seite wirft ihm vor, sie um ihr Erbteil zu bringen. Für das Hinundher war der Fußball, mit dem Fips durch das Dorf lief, ein filmisches Symbol. Für Regisseur Groschopp waren die Fußball-Szenen ein wichtiges filmisches Erzählmittel, die dazu auch noch etwas von der Atmosphäre im Dorf einfingen.

So propagandistisch die Anlage des Themas auch gewesen sein mag, der Film gefiel an höchster Stelle wegen seiner idyllischen Zwischentöne nicht sehr. Und diesen Erfolg verkleinerte Delmare, der sich nur noch an einen Fußball erinnern konnte.

Die zweite kleine Rolle ließ nicht lange auf sich warten. Für den zweiten Thälmann-Film, den Kurt Maetzig drehte, brauchte man ein Riesenaufgebot an Darstellern. Delmare wurde besetzt und lernte bei den Dreharbeiten Günther Simon kennen, der den Thälmann spielte. Freds Rolle war so klein, daß er nicht lange im Studio gebraucht wurde, und er tat, was er schon in seiner Hebbel-Theater-Zeit gern gemacht hatte: Er schaute den anderen zu. Als Theaterschauspieler mußte er für den Film neue Mittel erlernen. Vor allem die Technik des »Unterspielens«. Der mimische und gestische Einsatz ist für einen Theaterschauspieler viel größer als im Film, wo die Kamera dicht ans Gesicht heranfahren kann und jede Regung registriert. Am Spiel von Günther Simon ließ sich dies gut studieren.

Als Delmare hörte, daß im benachbarten Studio auch Dreharbeiten liefen, wollte er sie sich ansehen. Wie damals, als er im Wechsel Proben von Noelte und Fehling besucht hatte und dabei unterschiedliche Methoden kennenlernte. Leider übersah er die rote Lampe vor der eisernen Studiotür. Als er kaum die Halle betreten hatte, schrie ihm eine Stimme entgegen: Welcher Idiot ignoriert da unsere Arbeit! – Delmare sah vor sich nur eine große Kulissenwand, durch deren Stoffbespannung grelles Scheinwerferlicht fiel. Er konnte nicht sehen, wer ihn da als Idioten bezeichnet hatte. Er verzichtete darauf, das zu klären, und verließ schnellstens das Studio.

Später ergab sich in einer Drehpause die Gelegenheit, Günther Simon die Geschichte zu erzählen. Der sagte nur: Ach, der Hellberg inszeniert wieder mit Blitz und Donner! – In seiner kurzen Theaterlaufbahn hatte Simon auch einmal unter Martin Hellberg in Schwerin gespielt, und als Hellberg 1952 seinen Film »Das verurteilte Dorf« besetzte, erinnerte er sich Simons, der inzwischen nach Dresden ans Theater gegangen war. Hellberg war es, der Simon für den Film entdeckt hatte.

Delmares Entdeckung stand trotz der zwei kleinen Filmrollen immer noch aus. Doch überraschend ergab sich eine Gelegenheit. Ein Produktionsleiter der DEFA rief bei ihm an: Wir haben gehört, daß Sie in Leipzig den van der Lubbe spielen. Kommen Sie zu Probeaufnahmen! – Der freundlichste Teil des Anrufes bezog sich auf die Mitteilung, daß er die erste Klasse des Zuges benutzen konnte.

Er machte sich keine allzugroßen Hoffnungen auf die Rolle, wußte er doch, daß Edwin Marian sie an der Berliner Volksbühne spielte. Er hatte sich selbst davon überzeugen können, daß Marian ein idealer van der Lubbe war. So fuhr er ziemlich unsicher in die Babelsberger Studios. Dort warteten fünf auf eine Rolle. Außer Marian und ihm waren ein Kollege aus Rostock, einer aus Karl-Marx-Stadt und noch ein weiterer angereist. Daß er sich das Format für diese Rolle zumindest gegenüber Edwin Marian nicht zutraute, wurde ihm schon bewußt, als die Requisite die Kostüme ausgab. Nichts paßte, nicht einmal die Stiefel. Auf der Wiese vor dem Studio, wo er sich die Wartezeit vertrieb, fütterte er erst einmal die Stiefel mit Zeitungspapier aus und kürzte sich Hose und Jacke durch Umkrempeln. Als Zweiter wurde Fred ins Studio geholt. Mit der Sicherheit der Theaterolle und dem ziemlich deutlichen Gefühl, den Berliner Kollegen nicht ausstechen zu können, kam er mit den Probeaufnahmen ohne besondere Aufregung gut zurecht. Regisseur Carl Balhaus besprach die Einstellung kurz mit ihm, und dann wurde sie komplikationslos aufgenommen. Danach erhielt er vom Kameramann einen anerkennenden Blick – Regisseur Balhaus zeigte sich bedeckt und bat ihn nur, zu warten. – Am

Abend hatte er die Rolle. Die Entscheidung war für den Leipziger gefallen. Sollte ihn jemand in seinem leeren 1. Klasse-Abteil auf der Rückfahrt nach Leipzig beobachtet haben, er hätte den kleinen Mann für verrückt erklärt. Delmare stakste durchs Abteil, reckte immer wieder die Arme und sprach fast ohne Unterbrechung mit sich selbst. Alles aus Freude.

Zu Hause bereitete er die Rolle ein zweites Mal vor. Hörte sich wieder Bandaufnahmen vom Original-Prozeß an und studierte van der Lubbes holländischen Dialekt. Für die Filmaufnahmen ging es ihm vor allem um die Entwicklung im Charakter der Figur, die immer unterschätzt wurde. Van der Lubbe tritt in den ersten Einstellungen des Films vor sein Idol, den SS-Führer Graf Hellberg, und ist glücklich, für den Auftrag ausgewählt zu werden. Das zeigte er schon beim Betreten des Gestapo-Büros durch ein Strahlen seines jungen Gesichts: Graf Hellberg, Sie! Er tritt ganz nah an Hellberg heran, so daß er umso mehr zu dem Größeren aufschauen muß. Nase- und Stirnlinie liegen bei einer Profileinstellung fast in der Waagerechten. Demütig deutet er beim Verlassen seiner Auftraggeber eine kleine Verbeugung an. – Wie ein glücklicher Gymnasiast, dem man ein glänzendes Abitur bescheinigt hat, verläßt er das Büro. – Je stärker er die Jugend und die Verführbarkeit des begeisterten van der Lubbe betonte, je größer wurde die Fallhöhe für die Figur, wenn der Zuschauer sie im Gerichtssaal als gebrochenen Mann wiedersieht. – Mit rundem Rücken, verkrampften Händen und niedergeschlagenem Blick sitzt er auf der Anklagebank – kein Mensch mehr, nur noch Kreatur. – Balhaus war mit der Filmbegabung Delmares sehr zufrieden. Nur einmal sagte er zu ihm: Du mußt Deine Rolle nicht durchziehen! Spar Dir die Kraft! – Er hatte Delmare in den Drehpausen wieder als van der Lubbe gesehen. Für einen Theaterschauspieler war es wichtig, die Rolle zu halten. Im Film war dies unnötig. Es reichte vor Beginn der Einstellung, wieder die Spannung aufzubauen. Aber damit kam er noch nicht zurecht, fürchtete sich vor einer Unterbrechung, weil er unsicher war, die Figur später genauso wieder zu treffen.

Als seine letzte Einstellung gedreht werden sollte, gab es unerwartet doch noch Schwierigkeiten. Van der Lubbe bricht unter den scharfen Fragen von Staatsanwalt, Richter und Dimitroff zusammen. Bei der ersten Wiederholung dieser Einstellung unterbrach Kameramann Hans Hauptmann: Axel, würdest Du Dich mal entscheiden, wohin Du fällst. Ich verliere Dich dauernd aus dem Bild! – Delmare spielte solche Szenen ohne Technik. Er überließ es ganz dem Gefühl des augenblicklichen Spiels, wie er den Zusammenbruch ansetzte. Das machte sein Spiel überzeugend und war im Theater auf großer Bühne auch kein Problem. Im Film mußte bei der Nahaufnahme aber alles vorbestimmt sein, sonst fiel er dem Kameramann tatsächlich aus dem Bild. – Der Ton, in dem der Kameramann mit ihm geredet hatte, war überaus vorsichtig, sonst wäre er möglicherweise für eine Wiederholung blockiert gewesen. Aber es klappte sofort. Für ihn war der Film abgedreht. Sein erster großer Film!

Den Zuschauern kam die Figur des van der Lubbe nahe, weil Delmare sie als unschuldiges Opfer betont hatte. Man empfand Mitleid mit dem kleinen Mann, den die Nazis zum Reichstagsbrandstifter gemacht hatten und anschließend mit Drogen dazu brachten, seine Auftraggeber nicht zu verraten. Van der Lubbe war ein Verführter geworden, dem seine Naivität das Leben kostete. – All das hatte Delmare der Rolle geben wollen, und Publikum und Kritik bestätigten, es gesehen zu haben.

Nach diesem glänzenden Debüt wünschte er sich schnell die nächste Rolle. Natürlich dachte Fred nach dem Erfolg des »Teufelskreis« an eine Filmkarriere. Und dazu wäre es gut gewesen, wenn ihn das Publikum möglichst bald in einer anderen Rolle erleben konnte. Aber es kam kein Angebot.

Erst eineinhalb Jahre nach dem »Teufelskreis« meldete sich Charly Balhaus wieder bei ihm. Die Frau des Leipziger Theaterwissenschaftlers Armin-Gerd Kuckhoff hatte ein Drehbuch geschrieben, das die DEFA schnell realisiert sehen wollte. Man war mit Filmen wie »Vergeßt mir meine Traudel nicht« und »Sheriff Teddy« in die Schußlinie der Parteikritik geraten. Kurt Maetzig hatte in »Vergeßt mir meine Traudel nicht« kritisch-realistische Töne bei der Zeichnung des DDR-Alltags gefunden. In diesem Film wird ein Mädchen, das aus dem Heim entlaufen ist, von einem verliebten Volkspolizisten nicht zurückgeschickt. Genau das Gegenteil erzählte Jutta Kuckhoff in »Ein Mädchen von 16 1/2«. Dort bricht ein Mädchen aus dem Jugendwerkhof aus, flüchtet nach West-Berlin, trifft dort aber nur auf zwielichtige Freunde, die sie auf den Strich schicken wollen, und kehrt reumütig in ihren Werkhof zurück.

Regisseur Balhaus, der Kameramann und die Hauptdarsteller, zu denen Fred gehörte, trafen sich in Jutta Kuckhoffs Leipziger Wohnung zur Leseprobe. Außer den Beteiligten saßen etwa 14 Katzen mit am Tisch. Im Gespräch über das Szenarium ergaben sich drei Varianten der Reaktion. Der Kameramann nannte es schöngefärbt, Regisseur Balhaus zeigte im Rücken der Verfasserin durch Mimik und Handbewegung an, daß er sowieso die peinlichsten Dialoge weglassen werde, und Darsteller Delmare schwieg. Er tat dies meist in solchen Situationen, fühlte sich als Schauspieler nicht berufen, anderes zu tun, als seine Rolle zu spielen.

Wohl weil niemand – außer dem Regisseur Balhaus – von der Güte des Buches besonders überzeugt war, wurden die Dreharbeiten ein reines Vergnügen. Als Drehort hatte man ein Internat in Wickersdorf bei Saalfeld ausgesucht. 300 Mädchenaugen blickten Delmare bei seinen Filmaufnahmen zu. Leider litten die Außenaufnahmen zu allem Unglück unter anhaltend schlechtem Wetter, und so ergab sich viel freie Zeit. Die wußten die Schauspieler Klaus Martens, Rolf Rippberger und Fred Delmare auf ihre Weise zu nutzen. Wenn das Drehbuch schon schwach war, wollte man wenigstens den Spaß am Rande nicht zu kurz kommen lassen. Den Ton hatte Martens eingeführt, der auf die freundlich gemeinte Begrüßungsfrage des Kollegen Wolfgang Stumpf: Welche Rolle spielen Sie? mit einem entsetzlichen Stottern antwortete. Stumpf lief sofort zu Balhaus und fragte besorgt: Wen hast Du denn da engagiert?

Anderntags trieb Martens, Rippberger und Delmare wieder eine Wette ins nahe Saalfeld. Delmare sollte einen Spastiker spielen und in einem Schuhgeschäft ein Paar Schuhe kaufen. Schafft er es, gehören ihm zwei Flaschen Sekt. Delmare zappelte auch in den Laden und wurde auf das freundlichste bedient. Die Filmkollegen, die die Szene beobachteten, konnten nicht ernst bleiben. – Die Verkäuferin warf sie kurzerhand mit dem Satz hinaus: Sie sollten sich für Ihr Lachen schämen, meine Herren, der Mann ist krank.

Delmare spielte in »Ein Mädchen von 16 1/2« einen Mitzögling des Werkhofs, dem das Geld zum Kauf eines Fernsehapparats anvertraut wird. Es erhob sich die spannende Frage: Kommt Walter mit dem Fernsehgerät zurück, oder türmt er mit all dem Geld? – Er kam zurück. Aber das natürliche Spiel Delmares nahm dem Film von seinem pädagogischen Pathos.

Die Filmkritiker lobten den Darsteller des Walter, aber mehr noch lobten sie Makarenko. So schrieb ein Journalist nach der Filmpremiere: »Der Film erinnert in vielem an den sowjetischen Pädagogen Makarenko, wenn er dazu rät, nicht zu hart mit den Zöglingen umzugehen, ständig mit und unter ihnen zu sein, auch bei der Arbeit. So hat man dem kleinen Walter (von Fred Delmare treffend gestaltet) die letzte Rate für den Fersehapparat ausgehändigt und ihm bedingungslos vertraut. Fast die gleiche Szene schildert Makarenko in seinem *Weg ins Leben.*« Der Film hätte der DEFA bei ihrer Rückkehr zur SED-Linie Freude machen müssen, aber er erhielt trotzdem Tadel. Regisseur Balhaus hatte tatsächlich die peinlichsten Dialoge weggelassen und dem Film bei aller Schönfärberei noch ein Stück Realismus erhalten.

Was man damals aus Sicht der Partei von der DEFA erwartete, formulierte Alexander Abusch im Juli 1958 auf der Zweiten Filmkonferenz der SED so:

»... die einprägsame, packende, parteiliche Darstellung positiver Gestalten unserer Arbeiterklasse, ... die Gestalt des sozialistischen Kämpfers in seinen Schicksalen, Leiden und Freuden, Niederlagen und Siegen, in seinem geschichtlich notwendigen Aufstieg gegen die zum Untergang verurteilten Mächte der alten kapitalistischen Gesellschaft.«

Im selben Jahr veröffentlichte Bruno Apitz seinen autobiographischen Roman »Nackt unter Wölfen«, der schnell viele begeisterte Leser fand und in den Kanon der Schullektüre aufgenommen wurde. Apitz, der davor und danach nichts Vergleichbares mehr schrieb, schilderte in »Nackt unter Wölfen« die Rettung des kleinen Polenjungen Stephan im Konzentrationslager Buchenwald. Nachdem zunächst das illegale Lagerkomitee aus Sorge um die Vorbereitung des Aufstands entschieden hatte, den Jungen in einen Transport ins Vernichtungslager zu geben, fanden sich viele Helfer, das Kind vor den Augen der Lageraufseher zu verstecken. – Apitz war mit der Rettungsaktion eine glaubwürdige und spannende Geschichte gelungen, deren beabsichtigte antifaschistische Tendenz in keiner Weise aufgesetzt erschien. Schon ein Jahr nach dem Erscheinen des Romans war er eine halbe Million Mal verkauft. Was lag näher, als ihn zu verfilmen. Zunächst kam der Deutsche Fernsehfunk auf diesen Gedanken. Das Projekt war trotz aller ideologischer Wertigkeit durchaus nicht risikolos, denn für das erzählte Geschehen mußten überzeugende Bilder gefunden werden. Den Stoff bekam der

.FRÜHE FOTOS
Frühestes Foto – 1923

Während der Ausbildungszeit am Hebbel-Theater – 1949

Erste Autogramm-Postkarte – nach seiner Rolle des Marinus van der Lubbe im »Teufelskreis«, 1956

Autogrammfoto 1969

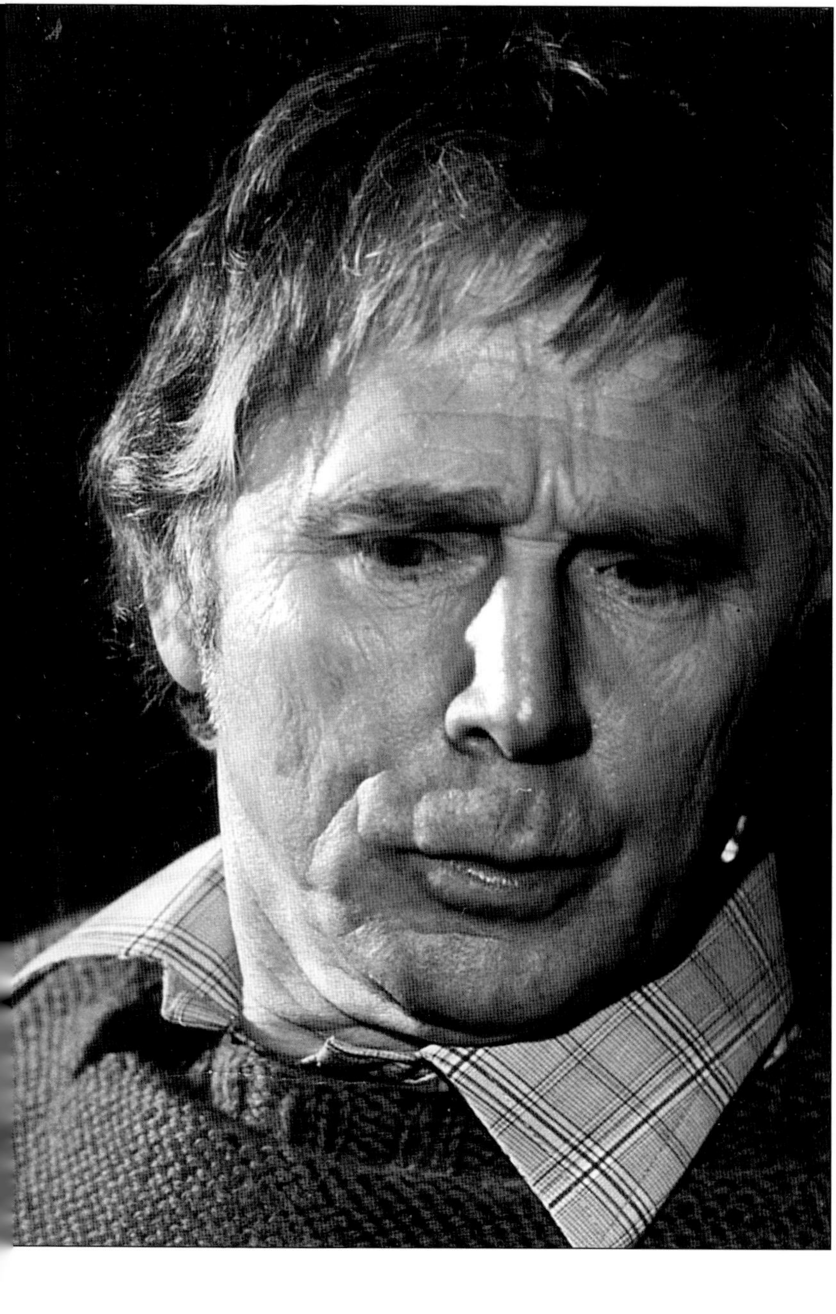

1975

1991

Autogrammfoto 1995

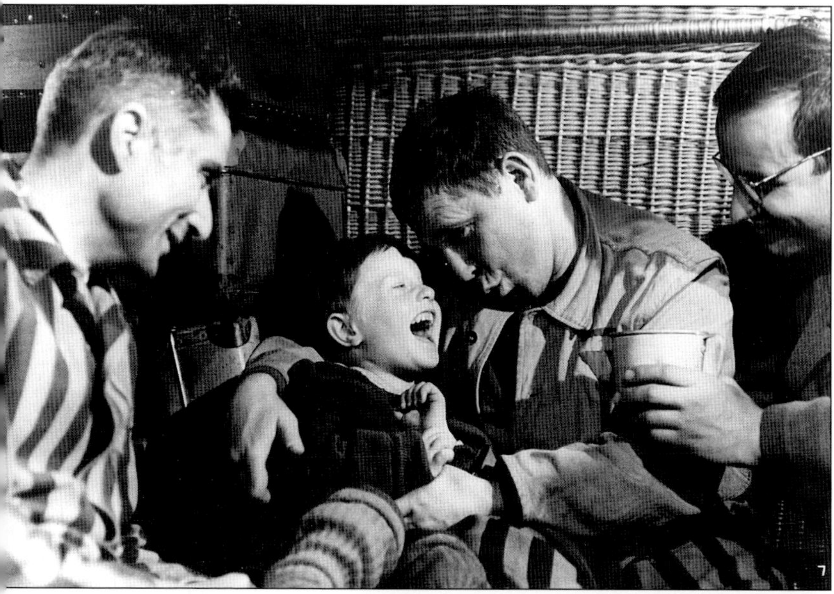

FILMROLLEN
Links: Ich überlebte meinen Tod (1962 / CSSR), Regie: Vojtech Jasny
Oben: Nackt unter Wölfen (1963 / DEFA), Regie: Frank Beyer
Unten: Schwarzer Samt (1964 / DEFA), Regie: Heinz Thiel
Nächste Seite: Das Lied vom Trompeter (1964 / DEFA) Regie: Konrad Petzold
Das verlorene Gesicht (1964/65 / CSSR) Regie: Pavel Hobl

Vorige Seite: Der Dieb und sein Richter (1966/DDR-Fernsehen), Regie: O. Hol
Oben: Weiße Wölfe (1969/DEFA) Regie: Konrad Petzold
mit Horst Schulze, Helmut Schreiber und Klaus-Peter Thile
Unten: Ulzana (1974/DEFA) Regie: Gottfried Kolditz
Fünf auf einem Pferd, einer auf einem Esel

Oben: Hiev Up (1974/DEFA/DDR-Fernsehen)
Regie: Joachim Hasler, mit Madeleine Lierck

Unten: Die Leute von Züderow (1983/DDR-Fernsehen)
Regie: Martin Eckermann, mit Erik S. Klein

KINDERFILME
Oben: Schneewittchen (1961/DEFA)
Regie: Gottfried Kolditz
Unten: Das blaue Licht (1976/DEFA)
Regie: Iris Gusner

Oben: Die Regentrude (1976/DDR-Fernsehen)
Regie: Ursula Schmenger
Unten: Mein Vater Alfons (1981/DEFA)
Regie: Hans Kratzert

GROSSE PARTNER
Oben: Ein Mädchen von 16 1/2 (1958/DEFA)
mit Gerhard Bienert
Unten: Nackt unter Wölfen (1963/DEFA)
mit Armin Mueller-Stahl

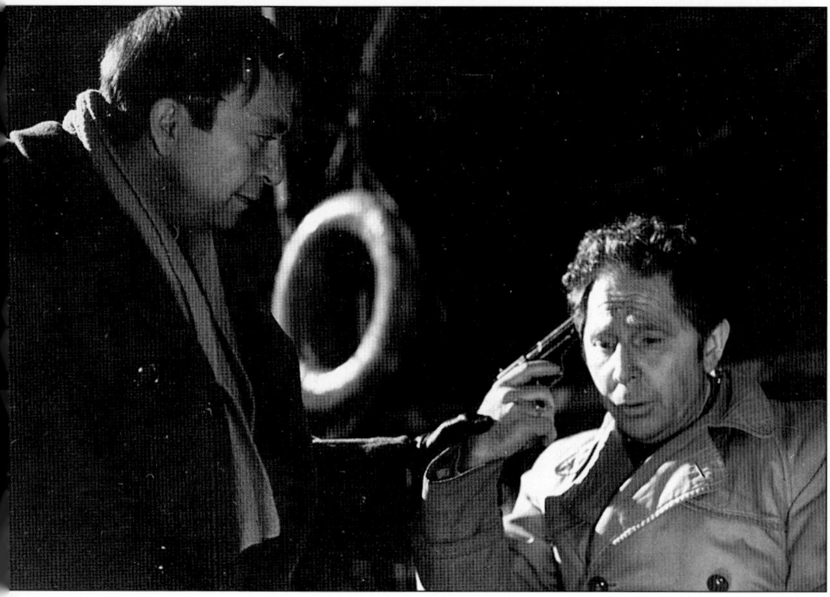

Oben: Das verlorene Gesicht (1964/65/CSSR)
mit Jana Brechowa
Unten: Jeder stirbt für sich allein (1970/DDR-Fernsehen)
mit Wolfgang Kieling

Oben: Reife Kirschen (1972/DEFA)
mit Günther Simon
Unten: Liebesfallen (1977/DEFA)
mit Marianne Wünscher

Oben: Die Brautwerbung
(1978/Hochschule für Film und Fernsehen)
mit Erika Pelikowsky
Unten: Die Brautwerbung mit Helga Göring

Oben: Geschichten um den Scooter (1990/ZDF)
mit Walter Plathe, Marijam Agischewa, Claudia Rieschel)
Unten: Matulla und Busch (1995/ORB/SFB/MDR)
mit Erwin Geschonneck

KLEINE LEUTE

Wie füttert man einen Esel? (1974/DEFA)
Beifahrer

Diese Doppelseite:
Der erste Urlaubstag (1974/DDR-Fernsehen)
Bauer

Oben: Bankett für Achille (1975/DEFA),
Arbeiter »Kanarienvogel«
Unten: Mitternachtsspitzen (1989/DDR-Fernsehen),
Schweinemeister

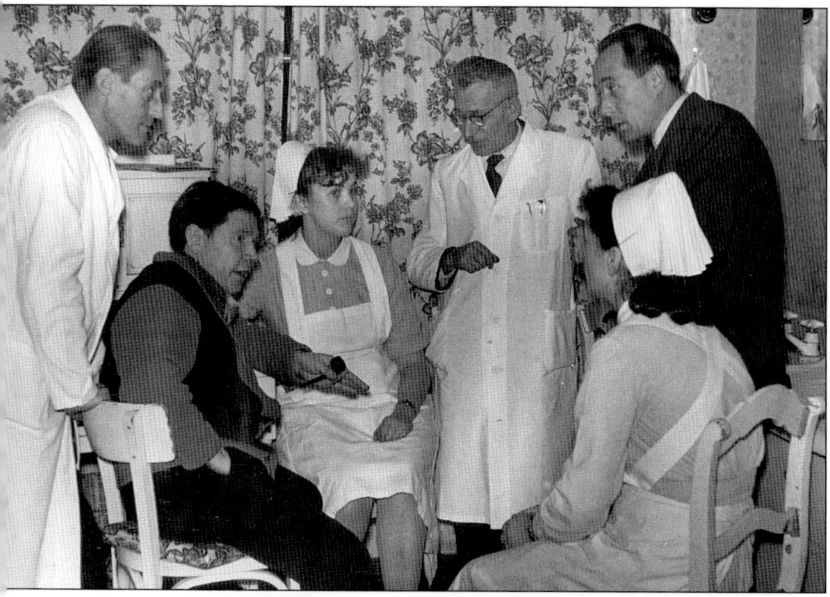

AM RANDE DER FILMARBEIT

Mit Nici und Jette bei den Dreharbeiten zu »Die Leute von Züderow« (1983)

Oben: In der Manege bei der »Nacht der Prominenten« im Zirkus Aeros.

Unten: 1990 – mit Regisseur Klaus Gendries am Rande der Dreharbeiten zur ZDF-Serie »Geschichten um den Scooter«.

Oben: März 1992 – mit der Schauspielerin Käthe Koch und dem Produzenten der »Lindenstraße« Hans W. Geißendörfer zur Motivbesichtigung in Borna

Unten: August 1994 – Gruppenbild des Teams von »Katrin & Wladimir« (ZDF, Regie: Jens Becker). Rechts neben Fred Delmare Marianne Sägebrecht

Oben: Nach Abschluß der Dreharbeiten – das Team der Serie »Königstein« (MDR-Produktion) mit Peter Sodann und Henning Schmidt-Schaller (1996)

Unten: Mit Filmpartner Dietmar Schönherr nach den Dreharbeiten zu »Königstein« (1996)

PRIVATFOTOS

Oben: 1985 – mit Sohn Nici
Unten: 1996 – mit Enkel Joe,
dem Sohn seiner Tochter Jette

1995 – als Mitglied des Leipziger Bierconvents

Oben: Mai 1992 – mit Ehefrau Renate
in seinem Haus in Taucha bei Leipzig
Unten: 1995 – die Arbeitsplätze bei »Matulla und Busch«
Rechts: August 1995 mit seinen beiden
Yorkshire-Terriern Büffel und Ellie

Regisseur Georg Leopold. Die Premiere sollte zur 15. Wiederkehr des Jahrestags der Befreiung von Buchenwald stattfinden – im April 1960.

Die Rolle des Pippig erhielt Fred Delmare. Er erfuhr auf doppeltem Wege davon. Einmal durch einen Anruf des Fernsehens und einmal von einem ihm unbekannten Mann. Er drehte gerade in Berlin Außenaufnahmen zu dem Film »Einer von uns«. Günther Simon spielte darin den Arbeitersportler Werner Seelenbilder – im Film heißt er Richard Bertram –, der bei den Olympischen Spielen 1936 eine Bronzemedaille gewonnen hatte. Fred Delmare war nur mit einer kleinen Rolle besetzt.

Unweit des Drehorts fuhr ein älterer Mann sein Auto in eine Garage und schaute den Filmaufnahmen zu. Plötzlich wandte er sich an Delmare: Na, Leipziger, Du bist also mein Pippig! – Der ihn angesprochen hatte, war Bruno Apitz. Der freundliche Ton des ersten Satzes hatte gleich eine Verbindung zwischen ihnen hergestellt. Als Leopold mit den Proben und ersten Aufzeichnungen begann, hatte er den Darstellern nicht viel über ihre Rollen zu sagen. Für Fred, der bis zum Kriegsende nichts von Vernichtungslagern gewußt hatte, spielte die Buchenwaldgeschichte in einer verschlossenen Welt. Besichtigungen des Konzentrationslagers unweit von Weimar, in dem der Roman handelte, hatten zwar eine erste Annäherung an das Thema gebracht, aber durchaus noch nicht das emotionale Vorstellungsvermögen hergestellt, auf das er für seine Arbeit so angewiesen war. Am Rande von Dreharbeiten in Prag besuchte er das Konzentrationslager Theresienstadt und sah eine Folterzelle, die nur die Größe eines aufrecht stehenden Menschen besaß. Darin wurden Häftlinge eingesperrt. Sie mußten auf Zehenspitzen stehen, weil in den Boden Eisenspitzen eingelassen waren. Wenn die Kraft nachließ, bohrten sie die Dornen in die Fußsohle. Dieses Detail hatte ihm viel über die Grausamkeit erzählt, zu der

Menschen anderen gegenüber fähig sind. Als Regisseur Leopold dem, was er wußte, nichts Neues hinzufügen konnte, erinnerte sich Delmare der Begegnung mit Apitz und entschloß sich, ihn in seiner Wohnung unweit des Alexanderplatzes zu besuchen. Seinem Kollegen Manfred Borges, der den Höfel spielte, ging es ähnlich, und so gingen sie gemeinsam zu Apitz.

In der Wohnung fielen ihnen Holzmasken und andere Schnitzereien auf. – Die haben mir vielleicht das Leben gerettet, sagte Apitz. – Ich konnte gar nicht genug davon machen. Die SS wollte immer mehr. – Apitz hatte im Krematorium zu arbeiten. Delmare und Borges erfuhren, was das bedeutete. Als Fred später zusammen mit Bruno – schon beim zweiten Besuch bot der Schriftsteller das Du an – zu den Außenaufnahmen nach Weimar fuhr, da hieß es, ihr Hotel wäre das neue Gästehaus auf dem Gelände des Konzentrationslagers. Apitz und er gingen aufs Zimmer, aber nach dem Blick aus dem Fenster sagte Apitz: Brauchst nichts auszupacken. Hier bleib ich nicht. Ich habe lange genug auf das Krematorium blicken müssen! – Sie erhielten unter vielen Entschuldigungen sofort ein Zimmer im Weimarer Nobelhotel »Elephant«.

Diesmal war Delmare in den Drehpausen nicht zu Späßen zu bewegen. Selten verlief die Arbeit an einem Film so konzentriert. Schwierig war es, den kleinen Jungen an die Schauspieler und die Kamera zu gewöhnen. Für eine Szene mußte er im Sack versteckt sein. Fred kam auf die Idee, mit ihm Sackhüpfen zu spielen. Als man die Einstellung später aufnahm und Pippig den Sack öffnete, da strahlte das Kind seinem Freund entgegen: Da bin ich! – Es hatte geglaubt, das Spiel geht weiter.

Fred Delmare gelang die Rolle des Pippig so glänzend wie im »Teufelskreis« der van der Lubbe. Die meisten Zuschauer konnten sich bei der Ausstrahlung des Fernsehfilms sogar leichter mit ihm identifizieren als mit den Vertretern de[s]

Internationalen Lagerkomitees Bochow und Höfel. Pippig hatte im Roman zur Widerstandsverschwörung der Kommunisten keinen Kontakt. Er handelte aus seinem Gefühl für das Kind heraus. Was für die Genossen ein komplizierter Entscheidungsfall wurde, nämlich die Frage, ob die Rettung des Kindes die illegale Arbeit gefährdet, hatte Pippig mit dem Herzen entschieden. – Sein Gesicht zeigte Freude, wenn es um das Kind ging: Onkel Pippig geht jetzt für dich auf die Weide, da stehen viele Kühe, und die machen muuuuh! – Es hat gelacht! – Für das Kinderlachen war er bereit, die Gefahr zu vergessen. Für die, die ihn immerzu daran erinnerten, hatte er einen Spruch bereit, den er aus seinem Namen abgewandelt hatte: Pippe ich oder pippst du? – Und doch gab es auch für Pippig Situationen, in denen er die Angst nicht vergaß.

Der Schauspieler versuchte, sich Pippigs Gefühle vorzustellen, wenn er die Milch an der Lagerwache vorbeischmuggelt. Er trägt die Milch unter der Jacke, als er auf die kontrollierenden Soldaten zugeht. Findet man die Milch bei ihm, ist es sein Todesurteil. Erschrocken stellt er sich in die Reihe der Wartenden. Plötzlich setzt er alles auf die Karte des Glücks, weist seinen Passierschein vor und geht entschlossen rechts am überraschten Wachmann vorbei. – Welche Angst Pippig hatte, zeigte Delmare erst in der nächsten Einstellung. In sicherer Entferung vom Tor bleibt er stehen, greift sich ans Herz, wo die Milch unter der Jacke verborgen ist, und erst langsam weicht der Todesschreck aus seinem Gesicht.

Die meisten Einstellungen mit ihm brauchten keine Wiederholung. Er war selbst so berührt vom Schicksal seiner Rolle, daß sich während der Dreharbeiten langsam die Gefühlsgrenzen zwischen Darsteller und Figur aufzuheben begannen. Es schien fast so, als müsse er die richtigen Gesten und Reaktionen gar nicht mehr spielen, sie stellten sich einfach ein. – Ganz sicher ist dies ein Trugschluß, aber er liegt angesichts der darstellerischen Überzeugungskraft Delmares nahe.

Immer wieder überstrahlt später in der fertigen Fassung des Fersehspiels sein jungenhaftes Gesicht die dramatische Handlung der Szenen. Sein Spiel prägte diese Figur mit einer ganz bestimmten Art der Tragikomik – tragisch war der Pippig, wenn er unbekümmert versuchte, sich über die Gefahr hinwegzusetzen, und komisch in der rührend-naiven Kinderliebe inmitten eines Konzentrationslagers. So konnte nur er die Rolle gestalten. – Für seine Kinderliebe gab es während der Dreharbeiten einen ganz besonderen Grund. Er wartete auf die Nachricht, daß er zum zweiten Mal Vater geworden ist. Auch darum erreichte ihn der Filmstoff auf ganz unmittelbare Weise. Zu Bruno Apitz sagte er einmal: Ich stelle mir manchmal vor, es wäre mein Kind.

Natürlich lobten die Filmkritiker an erster Stelle die Darsteller der Kommunisten Krämer, Bochow und Höfel. Dann erst war Delmare an der Reihe. Aber die Volkstümlichkeit seines Spiels rühmten sie alle. Seine Schauspielkunst hatte die ideologische Botschaft in menschliche Wärme verwandelt.

Weil er so innig mit der Figur des Pippig verwachsen war, war er sich seiner schauspielerischen Mittel nicht immer bewußt. Er sah zwar, daß ihm die kühle und intellektuelle Spielweise eines Hans-Peter Minetti für den Lagerkomitee-Chef Bochow nicht lag, aber er schaute beim Drehen bewundernd dem Polen Krysztyn Wojcik zu. Der zeichnete den polnischen Häftling Kropinski überwiegend allein mit Augen und Mundwinkeln. Solche Sparsamkeit, die alles in die Nuance legt, imponierte ihm.

Delmare fand während der gesamten Arbeit an dem Fernsehfilm kein besonderes Verhältnis zu Regisseur Leopold. Aber eines rechnete er ihm hoch an. Es hatte sich herumgesprochen, daß Peter Sturm selbst neun Jahre während der Hitler-Zeit in Haft gewesen war. Sturm, ein in der DDR lebender Österreicher, spielte den Mithäftling Rose, der der Folter nicht standhält. Der Darsteller kannte aus eigenem Erleben die SS-Vernehmer und ihre grausamen Praktiken. Und diese Erinnerung war ihm unauslöschlich geblieben. Um sie nicht ständig aufs neue heraufzubeschwören, wies Regisseur Leopold an, daß die Darsteller die Szenen ohne Uniform proben sollten. Trotzdem nahm Peter Sturm die Arbeit an dem Film sehr mit. Er ging nach Abschluß der Dreharbeiten für Wochen ins Krankenhaus.

Mit seinem Pippig hatte Fred Delmare Bruno Apitz wunschlos glücklich gemacht. Bis auf einen Wunsch, den der Freund ihm aber vorerst nicht erfüllen wollte. Etwas pathetisch, wie es Apitz' Art war, fragte er eines Tages: Wann kann ich Dich als Genossen in die Arme schließen? Als Pippig hast Du doch gezeigt, daß Du zu uns gehörst! – Warum er nicht in die SED eintreten wollte, behielt Delmare für sich. Er hatte Angst, sich bei unpassender Gelegenheit um Kopf und Kragen zu reden. Wenn er im Zorn schon nicht immer für sich einstehen konnte, wie dann erst als Genosse, den man im gewissen Sinn für die höhere Form des Menschen hielt. – Apitz blieb trotzdem freundschaftlich und bot ihm das immerwährende Gastrecht in seiner Wohnung am Alex an: Sooft Du in Berlin drehst, Axel, wohnst Du bei mir! Sonst bin ich enttäuscht!

Und es sollte bald wieder dazu kommen. Der Rezensent der Gewerkschaftszeitung »Tribüne« hatte seine halbseitige Filmwürdigung – die übrigens zu drei Vierteln dem Thema galt, nur am Schluß dem Film – mit dem Absatz beendet: »Unser Wunsch an den Deutschen Fernsehfunk. Bitte wiederholt dieses erschütternde Fernsehspiel in Kürze. Hunderttausende müssen *Nackt unter Wölfen* sehen und erleben. Unsere Bitte an die DEFA und an Bruno Apitz: Dreht bald einen Film *Nackt unter Wölfen*. Millionen müssen ihn sehen und erleben.« – Meist waren solche öffentlichen Wünsche abgesprochen. In der DDR konnte es niemals Privatsache eines Journalisten sein, einen Film anzumahnen. Ob man die DEFA unter öffentlichen Druck setzen wollte oder ob das Filmprojekt bereits für die DEFA entschieden war, Delmare hoffte auf den Pippig als Filmrolle. Zwei Jahre nach der Fersehpremiere begannen die Vorbereitungen. Fred erfuhr davon durch Bruno Apitz und auch, daß Frank Beyer die Regie übertragen worden war. Ob Beyer ihn besetzen würde, war unwahrscheinlich geworden, als er von Geschonneck hörte, daß der die Rolle des Lagerältesten Krämer spielen wird. – Also besetzt Beyer mit anderen Schauspielern, dachte Delmare. Denn Geschonneck hatte bisher nicht mitgespielt. Aber kurz nach dem Telefonat mit »Geschi« erhielt Fred Nachricht, daß die Rolle des Pippig kein anderer als er spielen wird.

Wohl um mehr Spielraum für eine eigene Sicht auf das Buch zu bekommen, übernahm Beyer aus dem Leopold-Team nur drei Darsteller: Delmare, Peter Sturm als Rose und einen Schauspieler, der einen SS-Mann gespielt hatte. – Fred freute sich auf Frank Beyer, dessen neuer Film »Königskinder« sich gerade in der Endfertigung befand und über den von Kollegen viel Gutes erzählt wurde. – Der dreht perfekt, nicht mal deine Mütze kannst Du Dir selbst aussuchen! – Das war so eine Redensart unter Schauspielern. Beyers Arbeitsweise ging also ein guter Ruf voraus.

In den Proben, an denen diesmal Bruno Apitz als Drehbuchautor von Anfang an teilnahm, bestätigte sich Beyer als feinfühliger Regisseur, der die Einstellungen minutiös durchsprach. Durch die Besetzung des Bochow mit Gerry Wolf, der den leisen Ton bevorzugte, bekam die Seite des Lagerkomitees stärkere Nachdenklichkeit. Allerdings nahm Armin Mueller-Stahls Höfel diesen Eindruck wenigstens zu einem Teil durch schroffe Gesten und hitzige Reaktionen wieder zurück. – Das Kind muß fort, entscheidet Höfel. Und Pippig hält unerwartet kräftig dagegen: Das bestimmst Du nicht! – Beyers Film wurde anders als die Fersehfassung, aber in den Schatten stellte er sie nicht. Beyer gelingt vor allem eine größere Differenzierung bei den SS-Leuten, wo Leopold viel stärker in der Schwarz-Weiß-Zeichnung geblieben war. Und Delmare sah, daß Beyer Grausamkeit und Bestialität eher indirekt ins Bild setzte. Er interessierte sich stärker für die Reaktionen jener, die Zeuge der Folter werden. Leopold hatte für den Fernsehfilm die Buchepisode nicht ausgelassen, in der Pippig im Verhör mit brennenden Zigarren die Haut verbrannt wird – eine amerikanische Schminke machte es möglich, diese Folter täuschend echt vorzuführen. Als Delmare sich wunderte, warum Beyer auf diese und andere Naturalismen verzichtete, sagte der Regisseur nur zu ihm: Wir machen keinen Film für Sadisten! Ich will, daß der Zuschauer seine eigenen Bilder findet!

Delmare war auch in der Filmversion seiner Rolle bis zur letzten Einstellung überzeugend. Er verlor gegenüber dem ersten Film vielleicht ein wenig an Naivität und gewann ein Stück mehr an Bewußtheit für sein Tun. Nach wie vor verzichtete der Schauspieler auf jede große Geste. Als Pippig zum letzten Verhör geführt wird, bleibt er immer noch bemüht, seinen Mithäftling Rose aufzurichten. Ganz leise und damit eindringlich wie einen Schwur sagt er sein: Pippst du oder pippe ich? Und tippt sich dann mit dem Finger auf die Brust: Ich pippe! – als wollte er Rose damit sagen: Ich nehm das mit dem Kind auf mich, damit sie dich in Ruhe lassen.

Als am 10. April 1963 im Berliner Kino »Colosseum« die Filmpremiere stattfand, da wohnte Fred Delmare wieder bei Bruno Apitz. Und der schlug vor, sich vor dem anstrengenden Ereignis noch ein wenig auszuruhen. – Bruno, stell' Du den Wecker! – Als sie aufwachten, war es zu spät. Es sollte ihr großer Auftritt werden, aber jetzt hetzten zwei Männer die

Karl-Marx-Allee herunter in Richtung Kino. Bruno wurde aufgeregt in Empfang genommen und hinter die Bühne geführt, wo der sowjetische Schauspieler-Kollege mit einer improvisierten Rede Zeit zu gewinnen versuchte. Bruno Apitz stellte sich vor das Publikum und sprach nach einem langen Beifall den Satz: Es tut mir leid, aber wir haben verschlafen. – Und um das »Wir« zu erklären, zog er seinen Fred von hinten auf die Kinobühne. Der Beifall, den beide erhielten, nahm lange kein Ende.

Nach dem van der Lubbe hatte sieben Jahre später der Pippig für Fred Delmare den endgültigen Durchbruch als Filmschauspieler gebracht. Über Nacht war er ein bekanntes Gesicht im Land. – Nicht nur bekannt, auch beliebt: vor allem als kleiner Held, der in stiller Größe seinen Schmerz erträgt.

VIER AUF EINEN STREICH

Günther Simon begegnete er bereits am Anfang seiner Filmlaufbahn. Aber als Simon bei Kurt Maetzig den Thälmann spielte, fand sich wenig Zeit für Garderobengespräche. Richtig nahe kamen sie sich erst bei der Arbeit in dem 1962 entstandenen Film »Mord ohne Sühne« – der dritte Film des Regisseurs Carl Balhaus, in dem Fred mitspielte. Der Film nahm die authentische Geschichte des polnischen Landarbeiters Jakubowski auf. Jakubowski wurde in den 20er Jahren für einen Mord hingerichtet, den er nicht begangen hatte. Simon spielte den Oberlandjäger Heinz Lippert. Er hatte Jakubowski verhaftet, findet aber keine Ruhe, weil er fühlt, daß der Falsche im Gefängnis sitzt. Schließlich ermittelt er weiter und deckt den wahren Täter auf.

In einer Szene mußte Simon eine Wohnstube betreten, deren Decke sehr niedrig war. Und weil er in seiner Rolle immer den Tschako eines Polizisten – einen ziemlich hohen Helm – tragen mußte, war es für ihn noch schwerer, unter dem Türbalken hindurchzukommen. Immer wieder stieß er irgendwo an, und der Helm rutschte ins Gesicht. Aus diesem Mißgeschick wurde die Einstellung, die Delmare – er war in dieser Szene Günthers Partner – am meisten wiederholt hat – 10mal! Nur am Anfang war der Helm schuld. Später verloren die Schauspieler den Ernst. Mal erwartete Simon, mal Delmare, daß der Helm wieder verrutscht, und sie mußten schon in Erwartung des Mißgeschicks lachen. Schließlich hatte Regisseur Balhaus ein Einsehen: Ich teile die Einstellung. Günther, in der ersten öffnest Du die Tür, in der zweiten bist Du schon im Zimmer. – Und darauf kommst Du erst jetzt! riefen die beiden fast im Chor.

Günther Simon klagte Delmare sein Leid. Er fühlte sich

nach den beiden Thälmann-Filmen auf den proletarischen Helden festgelegt. Er hatte danach bei der DEFA zwei Musikfilme gedreht, aber die Kritik nahm »Meine Frau macht Musik« und »Eine Handvoll Noten« nur als Ausflüge auf. Ernst nahm man ihn damit nicht. – Ich laß mich nicht festlegen! Als ob die entscheiden, was ich zu spielen habe! – Seitdem versuchte er immer öfter, aus der Helden-Schablone auszubrechen. Über die Gefahr, die für einen Schauspieler entsteht, wenn große Rollen zu Abziehbildern werden, sprach er mit Delmare. Und der hörte aufmerksam zu. Die Rollen des van der Lubbe und des Pippig hatten ihm zwar seinen Durchburch beim Publikum gebracht, und er wollte sie schon deshalb nicht missen, aber es wurde höchste Zeit, etwas anderes zu spielen als die kleinen, von politischen Mächten gequälten Helden.

Dafür deutete sich noch im Jahr der Premiere von »Nackt unter Wölfen« eine Möglichkeit an. Regisseur Heinz Thiel hatte den Auftrag, für die DEFA einen Kriminalfilm zu drehen. Nun besaß Delmare, der die meiste Zeit als Schauspieler am Leipziger Theater beschäftigt war, wenig Einfluß auf die Besetzungen in Babelsberg. Aber er ließ in den Gesprächen mit der DEFA-Leitung, die am Rande von Aufführungen des Buchenwaldfilms immer mal möglich waren, seinen Wunsch nach einer ganz anderen Filmaufgabe durchblicken. – Ein Kriminalfilm wäre doch etwas für mich, sagte er und hoffte damit einen Köder auszuwerfen, auf den Heinz Thiel anbeißen würde. Dabei war Delmare wegen seiner Unruhe im Boot übrigens kein guter Angler, was ihm Günther Simon, der den Freund einmal zum Hechtfang mitgenommen hatte, voller Zorn auf den Kopf zusagte. Doch was auf dem Wasser nicht klappte, funktionierte jetzt. Heinz Thiel ließ Fred eine Einladung zu Probeaufnahmen übermitteln. Die Besetzung der Hauptrolle für das Filmprojekt »Schwarzer Samt« war zu entscheiden.

Nach den Probeaufnahmen nahm ihn Regisseur Heinz Thiel beiseite: Ich kann mich nicht festlegen, bevor ich nicht die Muster gesehen habe, aber Du hast gute Aussichten! – Nicht nur, daß es eine Hauptrolle war, die Vorfreude vergrößerte die Aussicht, mit Günther Simon zusammen zu spielen.

Ob die DEFA mit »Schwarzer Samt« den damals anlaufenden James-Bond-Filmen Konkurrenz bieten oder ob man nur das biedere Volkspolizeimilieu verlassen wollte – Alexander Berg, die Hauptgestalt des Films, war ein Mann der Spionageabwehr. Er arbeitete nicht nur als Aufklärer, sondern auch als verdeckter Ermittler. Als Fotograf schleuste er sich in zwielichtige Kreise ein, bis sich eine heiße Spur ergab. Die führte nach Leipzig zur Messe, wo ein Spionageanschlag die Messegeschäfte stören sollte.

Delmare spielte den Alexander Berg ohne Anleihen ans Genre des Thrillers. Ihm ging es um Glaubwürdigkeit der Vorgänge und wie immer um die menschliche Dimension seiner Rolle. Er prägte den Alexander Berg, aus dem er gut und gern einen Meister-Spion hätte machen können, mit seinem Markenzeichen – der Rechtschaffenheit des kleinen Mannes.

Als sie die letzte Einstellung am Leipziger Völkerschlachtdenkmal drehen wollten, brachte die Produktionsleitung vom Drehort die Nachricht mit, daß das Denkmal für mehrere Stunden gesperrt war. Ein Student hatte sich von der zweiten Aussichtsplattform heruntergestürzt – die Polizei ermittelte. Damit verloren sie einen Drehtag. Als Diener zweier Herren war Delmares Filmurlaub abgelaufen – im Theater warteten auf ihn die Generalprobe und die Premiere von Friedrich Wolfs Stück »Die Matrosen von Cattaro«, das Karl Kayser inszeniert hatte. Dem Filmteam blieb nur ein Bittgang zum Leipziger Intendanten.

Heinz Thiel und Kameramann Horst E. Brandt saßen zusammen mit Delmare bei Kayser im Zimmer. Thiel eröffnete das Gespräch taktisch: Axel ist ein sehr disziplinierter Schauspieler. – Das weiß ich, sagte Kayser. – Er fühlt sich nicht nur für seine Rolle, sondern für das ganze Projekt verantwortlich. – Das weiß ich auch, sagte Kayser, der zu dem Gespräch eine Flasche westdeutschen Markenkognak auf den Tisch gestellt hatte. Der Intendant nahm das Gespräch in seine Hand: Er ist ein guter Mann. Nur leider nicht Mitglied unserer Partei. – Chef, ich habe doch nichts dagegen, wandte Fred ein, den der plötzliche Zusammenhang etwas irritiert hatte. – Dann habe ich auch nichts dagegen, daß gedreht wird. Ich verschiebe meine Generalprobe. – So bekam er bei unerwarteter Gelegenheit von Fred Delmare das Einverständnis, SED-Mitglied zu werden.

Noch am Abend im Hotel gaben ihm alle gute Ratschläge, was er zu seiner Parteiaufnahme sagen sollte. Bei diesem Ritual waren immer ein paar begründende Wort üblich. – Günther Simon wollte zwar nicht der proletarische Held vom Dienst sein, aber in diesen Dingen war er prinzipiell: Du sagst, Du handelst aus Dank für die vielen, schönen Rollen, die Du als Schauspieler in unserem Land spielen konntest.

Beinah hätte Fred die Stunde seiner Parteiaufnahme dann noch verpaßt. Früh um neun Uhr klingelte das Telefon in seiner Wohnung. Eine aufgeregte Stimme verlangte, daß er schnellstens ins Theater kommt. – Wieso, haben wir heute Vormittagsvorstellung oder ist Probe angesetzt? fragte Fred zurück. – Nein, der Chef spricht jetzt noch eine halbe Stunde, dann wirst Du in die Partei aufgenommen. Dein Platz ist Reihe sieben, Sitz zwei.

Am selben Tag brachte ihm der Postbote eine Telegramm, der Absender war Günther Simon: Glückwunsch zu Deiner Entscheidung. Dein Bürge Günther. – Und Tage zuvor hatte ihm bereits Bruno Apitz, sein zweiter Bürge, einen Brief geschrieben. Der schloß mit dem Satz: »Sei mir also herzlich gegrüßt, mein lieber Junge, und wenn wir uns hoffentlich bald wiedersehen werden, dann drücken wir uns nicht nur als Freunde, die wir immer waren, sondern auch als Genossen die Hand. Dein Genosse Bruno Apitz.«

Da hatte er also einen Offizier der Staatssicherheit, Abteilung Abwehr, gespielt und war wegen eines fehlenden Drehtags Mitglied der SED geworden. – Übrigens handelte es sich nicht nur um eine Überrumpelung, früher oder später wäre er den Schritt in die SED auch allein gegangen. So falsch empfand er in seinem Innersten Günther Simons Erinnerung an den Dank für die vielen, schönen Rollen nicht. Sein Alexander Berg gehörte jetzt dazu. Der »Filmspiegel« titelte die Rezension von »Schwarzer Samt« mit der Zeile »Sympathie für den Helden«. Und die Zeitung »Der Morgen« bestätigte Delmare gerade seine Normalität in dieser Rolle, wenn sie schrieb: »Gerade in der scheinbaren Durchschnittlichkeit seines Alexander Berg vermag er den sympathischen Menschen zu offenbaren, der eine schwierige, gefährliche Arbeit ohne viel Federlesens zu meistern versteht.« – Fred Delmare hatte seinem Publikum gezeigt, daß er auch andere Rollen als den Pippig und den van der Lubbe mit Glanz spielen konnte – ohne sich dabei untreu zu werden.

Immer wieder andere Rollen zu spielen, das war ihm wichtig. Als er 1967 das Angebot für einen Indianerfilm erhielt, glaubte er zunächst gar nicht, daß es ein DEFA-Projekt war. Delmare liebte Indianerfilme. In Westdeutschland verfilmten sie einen Karl-May-Roman nach dem anderen und fanden dafür ein Riesen-Publikum. Nun wollte die DEFA ihrem Publikum etwas eigenes anbieten und es von den Karl-May-Filmen, die über das West-Fernsehen zu empfangen waren, zurückholen. Leider stand man damals in der DDR mit Karl May noch auf Kriegsfuß und hielt den Sachsen für einen Trivialautor, der die Kämpfe der Indianer nicht ausreichend als Befreiungsbewegung gesehen hatte. »Spur des Falken« hieß die erste DEFA-Produktion in diesem Genre, und ihr Drehbuch war natürlich nicht nach einer Vorlage von Karl May entstanden. Szenarist Günter Karl erzählte eine Geschichte von den Goldgräbern in den Black Hills, die den Dakota-Indianern das Land streitig machen. Die klassischen Fronten sind abgesteckt. Zwei Widersacher stehen sich gegenüber: der Bodenspekulant Bludgeon und Häuptling Weißspähender Falke. Zwischen den Anhängern beider Lager kommt es zum erbitterten Kampf, und wäre nicht das Militär der Süd-Staaten eingeschritten, so hätten die Indianer gewonnen. – Eine durchaus Karl May würdige Story, die in die Hände von Regisseur Gottfried Kolditz gelegt wurde.

Für die Besetzung hatte man Glück und fand in Gojko Mitic nicht nur einen gutaussehenden, sondern auch schauspielerisch begabten Indianerdarsteller. Fred Delmare wurde der komische Part zugedacht, der dramaturgisch zu jedem spannenden Film dazugehört. Was Eddy Arendt in den Wallace-Krimis war, sollte Fred Delmare in den Indianerfilmen sein. Nur kümmerte er sich mit seinem Spiel nicht um solche Vorstellungen – er spielte in der ihm eigenen ernsthaften Art seinen Cowboy. Die Wirkung freilich war oft eine andere.

Die größten Schwierigkeiten während der Dreharbeiten machte ein ungewohnter Partner – die Pferde. Für einen Mann mit der Größe von 1,60 Meter, der nicht gerade Jockey ist, ist es schwer, ein Pferd rassig zu reiten. Zwar verkürzten sie ihm die Steigbügel, aber die kürzeren Beine konnten nun mal den Pferdeleib nicht weit genug umspannen, um beim schnellen Galopp sicher im Sattel zu sitzen. Meist lag er mehr auf dem Pferd, als daß er saß. Was wundert es da, daß die Kollegen ihn einen »nassen Sack« nannten. – Für seinen ersten Indianerfilm mußte er diese Kränkung hinnehmen.

Fred Delmare wollte nie, daß man in einer Rolle über ihn lacht. In einem Indianerfilm wollte er so gut reiten können wie der beste Indianer und so gut Geige spielen können wie der beste Hillbilly-Geiger und so gut tanzen können wie der beste ... Genau, das gab Grund zum Ärger. Delmare fragte eines Tages seinen Regisseur, wann die Tanzszene gedreht wird. – Übermorgen, sagte Kolditz. – Und wen hast Du dafür engagiert? – Du wirst sie spielen. – Du bist verrückt, bis übermorgen wird das nichts! – In einem mächtigen Zorn lief er zur Requisite und ließ sich eine Geige geben, die mit Bindfäden bespannt war. Er übte: Bogenspiel und Fingerspiel und beides zusammen. Gut, dachte er, das mit der Geige wird gehen. Aber tanzen? Dazu hatte Kolditz eine Tanzmeisterin vom Potsdamer Theater verpflichtet, die es dem immer noch zornigen Delmare beizubringen hatte. Zunächst Kreuzschritte am Boden, dann kleine Sprünge, wobei das linke Bein in der Luft am rechten vorbeigeführt wird. Und sie machte es ihm vor. – Sie vergessen, Gnädigste, daß ich auch noch Geige spiele! – Ach, das geht trotzdem. – Und es ging. Es entstand eine der schönsten Szenen. Delmare nahm einem der Geiger in dem Saloon die Geige aus der Hand, fiel ein in die Musik und begann langsam mit seinen Kreuzschritten. Der Hut, den er am Band in den Nacken geschoben hatte, wippte im Takt dazu. Dann begann er im Furioso der Musik mit seinen Sprüngen. Immer höher über dem Holzboden führte er das linke Bein am rechten vorbei und im nächsten Sprung umgekehrt und hatte zugleich sein Geigenspiel nicht vergessen. Oben arbeiteten die Hände, unten die Beine! Das sollte ihm mal einer nachmachen, nach nicht einmal zwei Tagen Probenzeit. Nur die Wut hatte es schließlich erzwungen. – Weil sie so gut lief, wurde die Szene länger und länger, nur kurze Einstellungen auf die Füße, ein paar Schnittbilder von klatschenden Männern im Saloon dazwischen, dann zeigte der Regisseur wieder den tanzenden Mann – er war einfach großartig.

Und wenn man es im fertigen Film richtig betrachtet – lachen über einen kleinen Cowboy, der eine große Show abzieht und es nicht vermag, konnte man wirklich nicht.

Man sah nur einen Mann mit unbändiger Lebensfreude, mit dem man sich einfach mitfreuen konnte.

Als Kolditz ihm am Abend ein Bier hinstellte, war er zur Versöhnung nicht bereit. – Das ist leichtfertig, was Du machst, sagte Fred und übersah das Bierglas. – Aber es hat doch geklappt! – Ja, aber ich hätte mich auch zum Gespött machen können.

Als Delmare in einer Szene mit seiner Cowboy-Mannschaft um seinen Freund Sam Blake den großspurigen Bashan erwartet, da liefert er eine Studie, als drehe man gerade ein Fortsetzung von »Zwölf Uhr mittags«. Schon die Körperhaltung ist Spannung, im Gesicht sieht man Ruhe und größte Konzentration, die rechte Hand prüft den Griff zum Colt. Auf ein Zeichen von Sam Blake wird geschossen. Zwar nur vor die Füße des anderen, aber es treibt ihn in die Flucht. Rolf Hoppe spielte den großspurigen Bashan. Sein Abgang wird eine Clownsnummer: Er springt vor Wut über die Niederlage auf den Hut, trampelt ihn platt, geht zwei Schritte, kommt zurück, nimmt den Hut auf, um den es ihm leid tut, und staubt ihn ab. – Auf seine Art eine perfekte Nummer mit ausgestellter Komik. Nie hätte Delmare es auf gleiche Weise gespielt. Er unterließ es, Komik auszustellen.

In den nächsten Jahren folgten nach »Spur des Falken« für ihn noch drei weitere Indianerfilme: »Weiße Wölfe«, »Apachen« und »Ulzana«. Und als wieder einmal Pferdeszenen gedreht wurden, hatte niemand im Team mehr Grund, ihn einen nassen Sack zu nennen. – Wie kam es? Fred Delmare hatte in Leipzig auf Vermittlung des Champions der DDR-Jockeys Reitunterricht genommen – Egon Czaplewski hatte ihn unter seine Fittiche genommen. Er hatte gelernt, mit dem ganzen Körper die Bewegung des Pferdes mitzugehen. Den Druck der Schenkel begriff er für Kommandos zu benutzen. Und die kurze Zügelleine zur Trense wurde mehr als ein Haltegriff. Nach fünfzehn Unterrichtsstunden sah es aus, als ob ein neuer Jockey auf der Leipziger Rennbahn an den Start gehen wollte. Balkanfeuer hieß das Pferd, das sie ihm in seinem nächsten Film gaben. Das Pferd trug seinen Namen zu recht. Aber jetzt saß ein besserer Reiter im Sattel. – Bei den Aufnahmen zu dem dritten Indianerfilm »Apachen« riß der Sattelgurt seines Pferds. Er stürzte und zog sich einen komplizierten Unterarmbruch zu. – Ungefährlich sind Indianerfilme wirklich nicht.

Einmal sollte er auf einem Esel reiten, aber der war so störrisch, wie es Eseln eigen ist. Weder mit gutem Zureden noch mit Stangen konnten die Helfer den Esel mit Delmare im Sattel in Trab bringen. Da hatte Fred eine Idee. Er bat sich die Jacke des Eselbesitzers aus und zog sie über. Sofort gehorchte das Tier und ging seinen Weg. Nur litt der Schauspieler dabei außerordentlich – die Jacke roch durch und durch scharf nach Knoblauch. Der Esel, der diesen Gestank wahrgenommen hatte, glaubte, er habe seinen Besitzer im Sattel und tat, was man von ihm erwartete.

Für manche Produzenten und auch erwachsene Zuschauer mag der Kinderfilm nur Zweitklassigkeit besitzen. In der DDR war es zu keiner Zeit so. Allein für die DEFA drehte Delmare 16 Kinderfilme, die er alle als schauspielerische Gelegenheiten ansah. Sich vielseitig seinem Publikum zu präsentieren – die Kinderfilme besaßen daran einen großen Anteil. Die Premiere als Darsteller in Kinderfilmen fand 1961 in »Schneewittchen« statt. Es wurde die erste Zusammenarbeit mit Regisseur Gottfried Kolditz. Der hatte es bei den Dreharbeiten besonders schwer. Immer wieder hörten alle sein »Oh, verflucht« oder »Verdammter Mist«, wenn sich der fast zwei Meter große Mann den Kopf an der Zwergendekoration gestoßen hatte.

Vor Kolditz hatte sich bereits Hans-Dieter Schmidt, der Leipziger Regisseur und spätere Leiter des Theaters der Jungen Welt, an dem Filmprojekt versucht. Es wurde abgebrochen und später in die Hände von Kolditz gelegt. An dem ersten Projekt war Delmare nicht beteiligt gewesen – für den zweiten Versuch hatte man ihn mit der Rolle des Zwerg Naseweis besetzt.

Für »Schneewittchen« hielt sich Buchautor Günter Kaltofen ziemlich genau an die Vorlage der Gebrüder Grimm. Die Kinder sollten im Film ihr Märchenbild wiedererkennen. Nur die Szenen mit den Zwergen waren ein wenig ausgeschmückt. Und vor allem zugunsten des Kleinsten unter ihnen – Zwerg Naseweis. Delmare zeigte das redliche Bemühen des Zwergs, seinen Mitzwergen alles recht zu machen und vor allem Schneewittchen zu schützen. Doch in diesem Bemühen widerfährt ihm das eine oder andere Unglück. – Mit dieser Rollenauffassung drückte er dem Naseweis seinen Stempel auf.

Regisseur Kolditz hatte mit ihm lange über eine Szene gesprochen, die schließlich zu den typischen seines Spiels wurde. Die Zwerge haben ihr Tagwerk geschafft. Rumpelbold, der Anführer unter ihnen, fragt Naseweis, ob er die Sprengung im Schacht vorbereitet hat. Er hat, gibt er zur Antwort. Aber sie soll erst Morgen ausgeführt werden. Selbstverständlich, bestätigt Naseweis die Anweisung und brennt sich seine Feierabendpfeife an. Dabei fängt die Lunte Feuer, und die Sprengung wird vorzeitig ausgelöst. Unter dem Staub kommt ein sichtlich unglücklicher und kleinlauter Naseweis hervor, dem seine Selbstsicherheit einen bitteren Streich gespielt hat. – Ein ähnliches Muster wiederholte sich, als Naseweis auf Schneewittchens Sarg aufzupassen hat und den Auftrag erhält, mit einem Hornsignal Gefahr zu melden. Auch hier verspricht er in seiner Redlichkeit, im Falle eines Falles ein lautes Signal zu geben. Als Fremde kommen und er ins Horn bläst, kommt nur ein klägliches Krächzen heraus. Später zeigt ihm der Jäger, wie man bläst, und Naseweis ist tief beschämt.

Diese Szene sah das Drehbuch nicht vor. Sie ergab sich bei der Probe, weil Delmare mit dem Horn tatsächlich nicht umgehen konnte.

In »Schneewittchen« erlebte der Zuschauer das Typische seines Spiels recht gut ausgeprägt. Delmare reagiert als Naseweis auf Zwischenfälle wie auf ein ihn persönlich betreffendes Unglück. Das Komische daran ergibt sich, weil die Wirkung der Taten von Naseweis eine andere ist als die Absicht. Diese Erfahrung ist für den Betreffenden tragisch, für den Zuschauer aber komisch. Die Ernsthaftigkeit seines Spiels, mit der Naseweis immer wieder in die Klemme kam, machte die Figur für viele Generationen von Zuschauern, die den Film sahen, unvergeßlich.

1964 spielte er in »Die Suche nach dem wunderbunten Vögelchen« den Vogelstimmenmann, der auf einem Rummelplatz zu Hause ist. Tagelang übte er in seinem Haus das Pfeifen von Vogelstimmen. Er wollte nicht irgend etwas pfeifen, sondern sein Anspruch verlangte von ihm, keinen falschen Ton zu produzieren. Glaubwürdig für Kinder zu spielen, ist oft schwerer, als für Erwachsene – Kinder beobachten genauer.

Zu den besonderen Kinderfilmen, die Delmare in den 70er Jahren drehte, gehörten 1976 für die DEFA »Das blaue Licht« und im selben Jahr fürs Fersehen »Die Regentrude«.

In der Fernsehverfilmung der Erzählung von Theodor Storm erhielt er eine vom Szenaristen hinzugefügte Rolle – den Schäfer Ohm. Keine leichte Rolle, denn sie ist in die dramatischen Vorgänge um das Versiegen der Quellen nicht direkt einbezogen. Delmare mußte sich auf seinen großen Schäferstab stützen, nach den Schafen Ausschau halten und vor allem danach, wie er anderen Figuren helfen konnte. So half er beispielsweise dem Jungen, der die Regentrude sucht. Der will sich zusammen mit Maren, der Tochter des Moorbauern, auf den gefährlichen Weg machen. Ihr Vater würde es nie erlauben. Deshalb hat Ohm einen Plan. Er lenkt den Moorbauern ab, gibt ihm von seinem Schnaps. Als er sieht, daß Maren und ihr Freund unbemerkt den Hof verlassen haben, reißt er dem Bauern seine Flasche weg – keinen Tropfen zuviel für diesen Störenfried. – Ohm wird durch Delmares Spiel zu einer symapthischen Helferfigur, die zutiefst das Genre des Märchens erfüllt.

1985 in dem Kinderkrimi »Unternehmen Geigenkasten« wurde er wieder einmal mit der Rolle eines Pförtners besetzt und im selben Jahr noch spielte er den Kuno Gebhardt Müffert in der Verfilmung des Kinderbuchs »Gitta von Rattenzuhausbeiuns«. Dabei mußte der Schauspieler den Umgang mit Ratten lernen, die ihm vorher nicht gerade angenehm waren. Seine Rolle verlangte, daß über seinen Körper ein Dutzend Ratten spazieren. Und der Schauspieler durfte mit keinem Wimpernschlag darauf reagieren, denn laut Drehbuch hatte er zu schlafen. Er wußte, daß dies eine Hauptszene für das Kinderpublikum wird. Um seine Zuschauer nicht zu enttäuschen, überwand er sich, und die Ratten durften über ihn hinweglaufen, solange der Regisseur es wollte.

1993 wirkte er in dem letzten Film mit, den die DEFA vor ihrer Auflösung produzierte – und nicht ganz zufällig stand am Schluß ein Kinderfilm. Unter der Regie von Rolf Losansky spielte er in »Ziri – das Wolkenschaf« einen alten Schnapsbrenner, der es mit seinen schwarzen Wolken der kleinen Heldin des Films schwer macht.

Mitte der 80er Jahre berief der Veranstalter den Schauspieler in die Jury für das Kinderfilmfestival »Goldener Spatz« in Gera. In kollegialer Konkurrenz zu einer Kinderjury traf man die Wertungen. – Einmal sprach ihn in Gera auf dem Festival ein Mädchen an: Naseweis, ich habe eine Frage. – Er ging auf das Spiel ein und antwortete: Ja, Schneewittchen? – Nach dieser Einleitung stellte sich heraus, daß das Mädchen zur Kinderjury gehörte. Weil sie den Schauspieler als freundlichen Naseweis aus eben jenem »Schneewittchen«-Film in Erinnerung hatte, faßte sie den Mut, ihn anzusprechen. – Was ist für Sie das wichtigste an einem Kinderfilm? – Daß er wahr ist und genau bis ins kleinste Detail, daß die Dialoge einfach sind und die Schauspieler so ernsthaft spielen wie für Erwachsene. – Hm, und die Phantasie? fragte das Mädchen. – Die gehört natürlich dazu, aber sie muß auch ernsthaft sein.

Auch dem Deutschen Fernsehfunk verdankt Fred Delmare in den für seine Profilierung so wichtigen 60er Jahren einige bedeutende Aufgaben. 1966 starteten der Autor Kurt Bortfeldt und der Regisseur Otto Holub die Reihe »Erlesenes«. Im Sendekonzept formulierten beide ihre Absicht: »Wir wollen mit den Zuschauern auf Entdeckungsfahrt in die Welt gehen, in Vergangenheit und Gegenwart, in nah und fern, in Höhen und Tiefen menschlichen Lebens. Unsere *Reiseführer* sind Schriftsteller aller Länder und Völker: Maxim Gorki, Jaroslav Hasek, Mark Twain, Jack London, Hernry Barbusse, Guy de Maupassant, Karel Capek, Egon Erwin Kisch, Gottfried Keller und viele andere.« Bortfeldt adaptierte vor allem Kurzprosa für den Bildschirm. In der ersten Sendung stellte man vier Geschichten vor. Eine Art Klammer bildete einzig der Hauptdarsteller aller Einakter – und das wurde Fred Delmare. Vier Rollen für ihn auf einen Streich!

Dabei gestalteten sich die Arbeiten an diesem Fernsehprojekt für ihn äußerst schwierig. Als Partner in den Szenen hatte man vorwiegend Berliner Theaterschauspieler engagiert, und die konnten sich den Fernsehaufgaben nur in ihrer spielfreien Zeit widmen. Das bedeutete für Delmare ein ständiges Springen zwischen den Szenen. Man begann morgens die Arbeit an Hasek, ging dann – weil Spielpartner Peter Dommisch vom Deutschen Theater nur jetzt über Zeit verfügte – am Vormittag zu Jack London weiter und probierte nachmittags die Szene nach Mark Twain und zeichnete abends erste Einstellungen für das Gorki-Stück auf. Dieser Umstand, den das

Besetzungsbüro in seiner künstlerischen Konsequenz nicht bedachte hatte, verlangte von Delmare nicht nur ein ständiges Wechseln von Kostüm und Maske, sondern auch eine ständige Einfühlung in eine andere Rolle. Wobei allein das Wechseln der Maske manchmal Stunden brauchte.

Für ihn am schwierigsten wurde die Szene nach Jaroslaw Hasek »Der Richter und der Dieb«. Seine Rolle kam in die Nähe des braven Soldaten Schwejk. Mehrfach bedrängte er Regisseur Otto Holub, diesen Teil auszutauschen. – Ich kann nicht Rollen nachspielen, die der Zuschauer bereits von großen Darstellern kennt! – Otto Holub versuchte, Delmare die Angst zu nehmen: Du hast es doch nie ausprobiert. Wer sagt denn, daß Du nur die schlechtere Kopie bist! – Holub schlug vor, sich eine klassische Schwejk-Verfilmung anzuschauen und danach zu entscheiden, was sein Schauspieler übernehmen könnte und wo er seinen eigenen Stil entwickeln muß. Mit diesem Vorschlag war Delmare einverstanden. Die lange Zeit als Probenhospitant im Hebbel-Theater hatte ihn früh das »Abnehmen« gelehrt. Er kann Darstellungen anderer leicht für das eigene Spiel übernehmen. Allerdings war dies bei der Arbeit an der Theaterfassung von Hedda Zinners »Teufelskreis« nicht ungefährlich gewesen. Der Besuch der Berliner Aufführung hatte seine eigene Kreativität blockiert. Auf dieses Risiko machte er Regisseur Holub aufmerksam. Zufällig ergab sich während der Proben eine zweite Studienmöglichkeit. – Axel, weißt Du, wer im Nachbarstudio arbeitet? Marcel Marceau! Den schaust Du Dir an, denn wir wollen die Szene pantomimisch beginnen. – Pantomime? Das kann man doch nicht so nebenbei mitmachen. – Immer stellte Delmare an seine Arbeit höchste Maßstäbe. Er sah sich aus einer Kulissengasse Marceau an und war von dem Eindruck durchaus nicht überwältigt. In der Probe, die Holub danach mit ihm machte, fanden sie gemeinsam so viele stumme Aktionsmöglichkeiten, daß Delmare genügend

Spielmaterial besaß. Er hatte eine lange, schmale Wurst bei sich, die sich wie ein Polizeistock behandeln ließ. Die Regie legte Wert auf die Verkehrung der Rollen: der arme Schlucker findet einen Reichen in hilflosem Zustand und behandelt ihn viel menschlicher, als es der Reiche getan hätte. – In Delmares Spiel wurde diese Rolle ein Schwejk eigener Prägung.

Von der Gutmütigkeit in der Hasek-Szene blieb nichts mehr übrig, wenn er als Diamanten-Räuber in der folgenden Jack-London-Szene mit seinem Kompagnon die Beute teilt. Delmare und Partner Peter Dommisch belauern sich und versuchen sich gegenseitig zu vergiften, um dem anderen seinen Anteil abzujagen. Am Schluß liegen beide am Boden und gestehen unter Todesangst mit brechender Stimme, daß sie dem anderen Rattengift gegeben haben. – Nur durch die ernsthafte Darstellung des tödlichen Mißtrauens ergab sich am Schluß tragikomische Wirkung: Sterbend hatten sich beide um ihre Beute gebracht. Und dieses tragische Ende durfte im Sinn einer guten Pointe nicht vorausahnbar sein, sondern mußte überraschend eintreten. – Auch das gelang den Schauspielern.

Die Fernseh-Premiere der Reihe »Erlesenes« erhielt beste Kritiken. Vor allem hob man die Wandlungsfähigkeit des Hauptdarstellers hervor. Vier unterschiedliche Rollen im unmittelbaren Wechsel überzeugten Zuschauer und Rezensenten – Delmare stand mit dieser Leistung neben den besten Schauspielern des Landes. Er hatte sich in den 60er Jahren nach den Auftakterfolgen mit seinem van der Lubbe und dem Pippig als ein ganz eigenes Talent durchgesetzt, vor allem als Tragikomiker.

Seine vielen Autofahrten zwischen Leipzig und Berlin, zwischen Leipzig und Babelsberg hatten sich inzwischen – so hatte er im Spaß einmal ausgerechnet – auf die dreifache Entfernung von Deutschland nach Hollywood und zurück summiert. Nun war das wirklich nur ein Nebenspaß seiner Buchführung – er dachte nicht an Hollywood –, aber Ende der 60er Jahre ergab sich für ihn eine Situation, die einem Hollywood-Angebot gleichkam. Rudolf Noelte wollte Delmare für einen internationalen Film neben Maximilian Schell und Elisabeth Flickenschildt verpflichten. Nachdem sich der Kleine unter den DDR-Schauspielern großgespielt hatte, wäre dies ein Sprung in eine mögliche internationale Karriere gewesen. Aber man ließ ihn nicht. Ein Vorgang, der sich zwanzig Jahre später – im August 1986 – noch einmal wiederholte. Egon Günther bereitete damals seine Verfilmung des Romans »Heimatmuseum« von Siegfried Lenz vor. Günther wollte Delmare mit einer Hauptrolle besetzen – an der Seite von Mario Adorf. Auch dieses Projekt scheiterte an dem Veto der DDR, das ihm Politbüromitglied Kurt Hager persönlich aussprach.

Dokumentation eines unerfreulichen Vorgangs

Im Juni 1967 erhielt Fred Delmare ein Telegramm, dessen Inhalt ihm spanisch vorkam: Er solle Herrn Noelte in Berlin-West wegen einer Filmrolle dringend anrufen. – Welch ein mißtrauischer Mann er ist, ersieht man daraus, daß er postwendend die Leipziger Telegrammannahme anfragte, ob dieses Telegramm wirklich in Berlin aufgegeben worden ist. Er nahm an, Opfer eines Spaßes von Leipziger Kollegen geworden zu sein. Aber man bestätigte ihm, daß dieses Telegramm tatsächlich in Berlin-West aufgegeben wurde.

Wer sich überraschend seiner erinnert hatte, war der Theater- und Filmregisseur Rudolf Noelte. Mit ihm hatte er 1948 im Hebbel-Theater Kontakt gehabt. Noelte – nur ein Jahr älter als Delmare und gerade als Regieassistent mit seiner ersten eigenen Aufgabe betraut – inszenierte damals Wolfgang Borcherts großes Nachkriegsstück »Draußen vor der Tür«. Delmare besuchte Noeltes Proben. Eine persönliche Begegnung entstand daraus nicht.

Noelte plante 1967 eine große Verfilmung von Franz Kafkas Roman »Das Schloß« mit Maximilian Schell und Elisabeth Flickenschildt. Fred Delmare wollte er für die Rolle des Barnabas verpflichten. Deshalb das Telegramm.

Delmare setzte sofort alle Hebel in Bewegung, um vom Theater, von der DEFA und vom Kulturministerium die Zustimmung zu erhalten. Die Antworten zogen sich auf DDR-Seite hin, und Noelte konnte ihm die Rolle nicht länger offenhalten. Doch dann verzögerte sich der Start der Filmarbeit, weil Noelte vom Züricher Schauspielhaus mit der Uraufführung von Max Frisch' Stück »Biographie – ein Spiel« betraut wurde. Diese Uraufführung scheiterte noch vor der Premiere am Streit zwischen Autor und Regisseur, der Textänderungen von Frisch verlangt hatte. Die DDR-Zeitschrift »Weltbühne« machte unterdessen Noelte vor dem Hintergrund dieses Streits in einem Artikel zum Antikommunisten. Damit stand für das Kulturministerium fest, daß Delmare das Projekt absagen muß.

In einem Brief an Rudolf Noelte vom 20.12.1967 resümiert Delmare das ganze Hin und Her um die Genehmigung seiner Mitwirkung. Er schreibt:

Lieber Rudolf Noelte!
Ich war in meinem Leben nie ein Feigling und ich werde es in keinem Staat der Welt, gleich wo ich mich befinde. Was ich dem Minister am Telefon gesagt habe, hat er bestimmt vorher noch nicht gehört und wird er auch so schnell nicht wieder hören. Ich führe ein anständiges Leben, es besteht aus meiner Arbeit, die ich liebe, und meiner Familie. In meiner Familie trage ich die Entscheidung. Ich sehe nicht ein, warum mir von irgendeiner Stelle bestimmt wird, was ich zu tun und zu lassen habe. Ich habe es bisher gewußt und werde es auch weiterhin wissen. Ich habe den Stellen mitgeteilt, passiert mir so etwas noch einmal, werde ich um Genehmigung zur offiziellen Ausreise bitten ...

Mit lieben Grüßen an Sie und die verehrte Gemahlin, Ihr dankbarer ...

Am 15. 1. 1968 teilte Rudolf Noelte in einem Antwortbrief mit:

Lieber Fred Delmare,
ich möchte noch immer die Zusammenarbeit mit Ihnen bei dem Film »Das Schloß«. Ein großer Negativschaden zwingt mich, fast den gesamten Film noch einmal zu drehen und es ergibt sich die Chance, Sie, lieber Herr Delmare, doch noch für eine Mitwirkung zu gewinnen. – Seien Sie und ihre liebe gnädige Frau aufs herzlichste gegrüßt von Ihrem ...

Wieder versuchte Delmare alles, um die Drehgenehmigung vom zuständigen Ministerium zu erwirken. Am 13. 3. 1968 schrieb er an Noelte:

Lieber Rudolf Noelte!
Sicher werden Sie schon lange auf Nachricht warten. Gestern bzw. heute ist es nun soweit. Es wurde wieder abgelehnt. Ich kann mich dafür nur entschuldigen und für diese Leute schämen. Wollte ich Ihnen alles schreiben – es würden einige Seiten. Doch hier in Kürze: Nach wiederum einigen Telefonaten kam die schriftliche Absage.

Glauben Sie mir, Rudolf Noelte, was möglich war, habe ich unternommen und wenn es auch abgelehnt ist, werde ich weitergehen. Ich habe mich bereits bei unserem stellvertretenden Staatsratsvorsitzenden Otto Gotsche anmelden lassen, ebenso habe ich mich mit einem unserer größten und besten Staatsfunktionäre konsultiert, so daß als Resultat ein Gespräch mit unserem Vorsitzenden des Rates des Bezirkes Leipzig bevorsteht. Jedenfalls gebe ich nicht so leicht auf!

Lieber Rudolf Noelte, das war das erste Mal, daß ich mir etwas vorgenommen habe und nicht geschafft. Aber seien Sie versichert, wenn Sie mich nicht im Stich lassen, werden wir einmal auch das erreichen. Ich habe in meinem Leben nie aufgegeben und ich werde es auch in diesem Falle nicht tun.

Für heute bleibt mir nur übrig, mich nochmals zu entschuldigen, Sie und Ihre verehrte Frau recht herzlich zu grüßen und Ihnen für Ihr Vorhaben erneut ein herzliches toi – toi – toi zuzurufen. Behalten Sie mich in Erinnerung. Ich habe einen Plan. Wenn ich es schaffe, na dann ... Ihr ...

Der Vorgang wiederholt sich – im Sommer 1986. Egon Günther trägt ihm die Hauptrolle in der Verfilmung des »Heimatmuseums« von Siegfried Lenz an. Als Partner von Mario Adorf. Fred bemüht sich, die Zustimmung zu erhalten. Zuerst beim Fernsehen, das ihn unter Vertrag hat, dann in der Kulturabteilung des ZK seiner Partei, und schließlich direkt bei Kurt Hager. Die Antworten, die er erhält, sind zynischer nicht denkbar: Wenn die Dich im Westen sehen wollen, sag Ihnen doch, daß Sie Deine DEFA-Filme ankaufen können! oder: Wir hatten von Dir als Genosse gehofft, daß Du selbst absagst! – Absagen wollte er in diesen Wochen seinem Land.

10
EINE IDEALE BESETZUNG
Große Rollen – kleine Rollen

Für den Filmschauspieler Fred Delmare wechselten in seiner Karriere große und kleine Rollen. Zufall, Glück, die Erinnerung eines Regisseurs, das richtige Gesicht, der passende Typ, die ideale Besetzung, freie Termine – die Gründe, warum ein Schauspieler für eine bestimmte Rolle verpflichtet wird, kann er nicht nennen. In den 70er Jahren häuften sich Aufgaben im Film und beim Fernsehen, die ihn weitergebracht haben, die Lieblingsrollen wurden.

Er sagte es Hans-Joachim Kasprzik schon bei der Begrüßung in Babelsberg, im Studio: Acht Jahre habe ich darauf gewartet, wieder mit Dir zu arbeiten! – Dann wirds ja Zeit, sagte der Regisseur. Fred spielte auf ihre gemeinsame Arbeit in dem Mehrteiler »Gewissen in Aufruhr« an, den Kasprzik gemeinsam mit Günter Reisch 1961 realisiert hatte. – Diesmal habe ich aber eine größere Rolle für Dich und einen erstklassigen Partner! – Er hatte Delmare in seinem Fernsehfilm nach Hans Falladas Roman »Jeder stirbt für sich allein« mit der Rolle des Enno Kluge besetzt, und sein Partner war Wolfgang Kieling!

Falladas erst 1947 verfaßter Roman hatte von Johannes R. Becher den Stempel des Vermächtnisses erhalten, weil Fallada darin Bechers Wunschvorstellungen von einer sozialistischen Literatur am nächsten kam. Zentrum der Handlung sind die »kleinen Leute«, die Kleinbürger, und ihr »doch vorhandener Widerstand gegen den Hitlerterror«, wie Fallada es formulierte. Neben den beiden Hauptfiguren, dem Ehepaar Quangel, sind Enno Kluge und der Kommissar Escherich wichtige Romanpersonen. Enno Kluge, der glaubt, gegen

Hitler Widerstand zu leisten, wenn er keiner Arbeit mehr nachgeht, wird von Escherich verdächtigt, in die Sache mit den Postkarten verwickelt zu sein. In Berlin waren Postkarten mit antifaschistischem Inhalt aufgetaucht. Escherich ist mit dem Fall befaßt. Weil er Erfolge braucht, treibt er Kluge dazu, eine Verbindung zu dem Postkartenschreiber einzugestehen. – Große dramatische Vorgänge verbinden Escherich und Kluge, die für Kieling wie für Delmare schauspielerischen Stoff boten. Nur leider wäre es um ein Haar gar nicht zu einer Zusammenarbeit gekommen.

In einer Szene mit Helga Göring forderte Kasprzik Delmare auf, die Schilderung der bestialischen Tötung eines Kindes mit einer bestimmten Handbewegung und einem sirrenden Ton zu illustrieren. Was sich Delmare seinen Regisseuren gegenüber selten herausnimmt, geschah hier: Er weigerte sich. Er hielt dies für jenen Sadismus, den Frank Beyer in »Nackt unter Wölfen« aus gutem Grund vermieden hatte. Aber jetzt war Kasprzik sein Regisseur und der bestand auf seiner Regieanweisung. Ein Wort ergab das andere, und Delmare verließ im Zorn das Atelier: Dann such' Dir doch einen anderen Schauspieler, der das macht! – Und weg war er. Der Regisseur fragte nach einer Weile seinen Aufnahmeleiter, ob er Delmare nicht wieder hereinbitten könne. – Der ist mit seinem Auto abgefahren!

Von zu Hause meldete sich Delmare telefonisch bei der Leitung des Fernsehens und bat darum, umbesetzt zu werden. Darauf wollte man sich nicht einlassen, sondern bestand auf Klärung. Hätte Delmare grundlos die Probe verlassen, wären Konsequenzen für seine weitere Arbeit unvermeidlich gewesen. Helga Göring bestätige die Darstellung, die Fred gegeben hatte. Er erhielt recht, und das genügte ihm, um am nächsten Tag halb versöhnt wieder zurück ins Atelier zu fahren. Kasprzik gab ihm freundschaftlich die Hand. Das war alles. Über die Sache verloren sie kein Wort.

Wolfgang Kieling war 1968 auf dem Gipfel einer großen Theater- und Filmkarriere von Westdeutschland in die DDR übergesiedelt. 1954 hatte er schon einmal zusammen mit Gisela Uhlen diesen Schritt getan. Für drei Jahre. Danach war er wieder zurückgegangen. Kieling bekam immer bei DEFA und Fernsehen erste Rollen. Dies nicht, um seinen politisch so willkommenen Wechsel in die DDR zu belohnen, sondern wegen seiner außerordentlichen schauspielerischen Fähigkeiten. Kasprzik behandelte Kieling wie einen Star. Für Szenenabsprachen nahm er ihn behutsam beiseite. – Delmare konnte sich eines Kommentars nicht enthalten: So solltest Du mit uns allen arbeiten!

Kieling führte zu den Aufnahmen immer eine Thermosflasche mit sich und nahm von Zeit zu Zeit etwas aus einer kleinen Tablettendose. Natürlich war Delmare neugierig zu erfahren, ob Kieling Alkohol oder irgendwelche Aufputschmittel benutzte. – Wolfgang, ich habe eine so trockene Kehle, gib mir mal einen Schluck aus Deiner Thermosflasche! – Sie enthielt aber zu Freds Enttäuschung nur Tee. Und in der Tablettenschachtel befanden sich Sonnenblumenkerne. Die wollte Kieling allerdings mit seinem Kollegen nicht teilen. So blieb dann doch noch etwas zum Spekulieren.

Kieling und Delmare sind in »Jeder stirbt für sich allein« in zwei entscheidenden Szenen Partner. In der ersten besucht Gestapo-Kommissar Escherich Enno Kluge in der Zelle, um ihn zu einem Geständnis zu bewegen. Delmare sitzt auf seiner Pritschenkante wie ein kleines Kind. Escherich nutzt Kluges Angst aus. Delmare zeigte die Angst mit sehr verschiedenen Ausdrucksmitteln, vor allem spielte er sie als tiefe Verunsicherung seiner Figur: Zunächst weint Kluge, dann versucht er unbefangen zu lachen, dann wechselt er zu einem vorsichtigen Angriff auf Escherich und am Ende brüllt er den Kommissar an: Ich verlange meinen Anwalt! Schließlich läßt er sich auf den Pakt ein, der ihm angeboten wird, und gesteht eine Verbindung zu dem Kartenschreiber, die gar nicht existiert. – Niedergeschlagen und weit entfernt von jedem Triumph, erklärt er sich zur verhängnisvollen Unterschrift bereit: Ich werde unterschreiben!

Von ähnlicher Dramatik war auch die zweite große Szene zwischen ihnen am See. Escherich will einen toten Enno Kluge, damit er seinen Vorgesetzten den Schuldbeweis nicht zu bringen braucht. Kieling treibt Kluge mit seinen Beschreibungen der Folter zu dem Entschluß, lieber freiwillig aus dem Leben zu gehen. Delmare findet für Kluge nach dessen Entschluß, zu sterben, eine beängstigende Ruhe. Gefaßt führt er sein letztes Gespräch. Plötzlich stellt der Kleinbürger Kluge, der sich bisher für einen Lebenskünstler hielt, die Frage: Wozu hab' ich denn gelebt? – Plötzlich bekommt die Figur eine Tiefe, die in Delmares Spiel überzeugt und die ganze Tragik der Figur offenlegt.

Übrigens standen die Dreharbeiten unter keinem guten Stern. Kasprzik war in Verzug gekommen, und Kieling mußte für einige Zeit die Arbeit wegen einer Filmverpflichtung in Frankreich unterbrechen. Nach seiner Rückkehr sollte zunächst die Gefängnisszene zu Ende gedreht werden. Drei, vier Monate Unterbrechung lagen dazwischen. Regisseur und Schauspieler schauten sich lange die Filmmuster vom Szenenbeginn an, um bruchlos den Anschluß zu schaffen. – Die zweite Schwierigkeit entstand durch den See – er war inzwischen zugefroren und mit Tauwetter demnächst nicht zu rechnen. Man konnte nicht am Originalschauplatz drehen. Also mußten die Szenenbildner und Techniker den See im Studio »aufbauen«. Der künstliche See besaß wohl einen Durchmesser von gut dreißig Metern. Auch Bäume, die das Ufer umstanden, mußten im Studio aufgestellt werden. – Solche Folgen kann eine Produktionsverzögerung haben. – Kieling verließ kurz nach der Fernsehpremiere von »Jeder stirbt für sich allein« wieder die DDR. Wahrscheinlich hielt er inzwischen nach seinen Erfahrungen in der DDR Westdeutschland doch für das kleinere Übel. – Als Fred Delmare für die Sendung »Das blaue Fenster« des DDR-Fernsehens Ausschnitte aus diesen beiden Szenen mit Wolfgang Kieling vorschlug, war man dazu nicht bereit. Die Intervention des Moderators der Sendung, Herbert Köfer, blieb wirkungslos. Die Akte Kieling war geschlossen worden.

Drei Jahre später spielte Delmare in dem späteren Kultfilm »Die Legende von Paul und Paula« den Reifen-Saft. Ein Kleinkapitalist mitten im Sozialismus, der um »Fräulein Paula«, wie er sie nannte, warb. Und solange Angelica Domröses Paula den Weg zu ihrem Paul – in dieser Rolle DDR-Belmondo Wilfried Glatzeder – nicht fand, solange hatte Reifen-Saft mit seinen Angeboten auf ein Leben in Wohlstand durchaus Chancen. Interessant war, daß Delmare seine Figur in dem Wissen um die Vergeblichkeit ihrer Werbungen spielte. Deshalb bekamen seine Offerten an Paula etwas Komisches und etwas Tragisches zugleich. Denn er gab nicht auf – vielleicht lockte Paula sein Angebot auf ein abgesichertes Leben ja doch noch. Man hätte in dem Grenzbereich von Freundschaft und Vernunft miteinander leben können. – In dieser Balance aus Komik und Tragik wurde Reifen-Saft eine typische Delmare-Figur.

Es ließ sich nicht vermeiden, daß sich Delmare während der Dreharbeiten in Angelica Domröse verliebte. Freilich auf kontemplative Weise, ohne je ein Wort mit seiner Filmpartnerin darüber zu wechseln. Er litt mit seinem Reifen-Saft mit, wenn Paula ihn abwies. Das fiel sogar einer Assistentin auf, die nach einer Szene zu ihm sagte: Jetzt sind Sie wohl wirklich traurig, daß Sie Paula nicht kriegen?

Wieder kam es zu einer nahezu identischen Überlagerung von Figur und Darsteller – beide wollten am Ende fast dasselbe: der eine wollte Paula, der andere – wenigstens auf geistiger Ebene – Angelica Domröse. Der letzte Versuch des Reifen-Saft, die Frau zu überzeugen, war eine Einladung in sein Wochenendhaus. Er führte die schönen Seiten dieses Hauses so überzeugend vor, und der Kameramann setzte sie so verlockend ins Bild, daß sich die Steuerbehörde später beim wirklichen Besitzer des Hauses meldete und Nachforschungen über seine Finanzlage anstellte. Die blieben aber erfolglos.

Fred Delmare übertrug in seinem Innersten das Filmsujet vom kleinen Mann, der eine schöne Frau in einen goldenen Käfig lockt, auf seine eigenen Ehen. In dieser Zeit trug er sich gerade mit Absichten, seine dritte Ehe zu beenden.

In seinem ständig anwachsenden Rollenverzeichnis fehlte ihm eine Rolle in einem Musikfilm – sie bekam er 1974 in der Operettenverfilmung von Offenbachs »Orpheus in der Unterwelt« angeboten. Besonderer Reiz an dieser Aufgabe, aber auch zugleich besondere Schwierigkeit bedeutete für ihn die Auseinandersetzung mit seinem Vorbild Paul Kemp, der die Rolle des Götterboten Merkur in der Ufa-Verfilmung gespielt hatte. Delmares Bedingung an Regisseur und Drehbuchautor Horst Bonnet schon bei der Besetzung war das Versprechen, ihm die Kopie Kemps zu ersparen. Auf keinen Fall wollte er mit Rollschuhen auftreten. Kemps rollschuhlaufender Merkur dürfte der älteren Zuschauergeneration noch zu gut in Erinnerung gewesen sein. Bühenausstatter Alfred Hirschmeier versprach eine andere Lösung. Und die wurde schließlich zu Drehbeginn in Form eines Hochrads dem Darsteller vorgeführt. Dabei handelte es sich nicht um ein gewöhnliches Gefährt, sondern es bekam einen Propeller und wurde zu einer Mischung aus Fahrrad und Fluggerät. Als der kleine Schauspieler mit dem wahrlich beängstigend hohen Rad ins Bild rollte, hatte er einen glänzenden Auftritt. Für den Gesang brauchten die Schauspieler keine Sorge zu tragen – den erhielten sie im Playback-Verfahren von namhaften Operettensängern. Mit Ausnahme von Achim Wichert als Pluto, der seine Rolle nicht nur spielte, sondern auch sang. Delmare entfernte sich darstellerisch ausreichend von Paul Kemp und genoß seine Boteneinsätze zwischen Oberwelt und Unterwelt. Und er genoß noch etwas. Die DEFA sparte bei diesem Film zwar nicht an der Ausstattung, wohl aber bei den Frauen am Kostüm. Barbusig ging es in der Unterwelt zu. Was die männlichen Schauspieler – und später das Publikum – durchaus erfreute.

Delmare war 1974, als »Orpheus in der Unterwelt« entstand, kein Diener zweier Herren mehr. Er hatte sein Theaterengagement, bis auf einige Gastrollen, gelöst. Für den Kollegen Achim Wichert galt es nicht. Er fuhr nach seinen Vorstellungen direkt vom Theater ins Filmatelier. Als er sich für die Vorbereitung auf eine neue Szene mit Dorit Gäbler, die die Eurydike spielte, in eine hintere Studioecke zurückzog, schlief er am nackten Busen seiner Partnerin erschöpft ein. Die Gäbler verzieh es ihm, aber die Bühnentechniker ließen es sich nicht nehmen, dieses Bild zu fotografieren.

Zu den Rollen, in denen Delmare viel von seinem Talent zeigen konnte, gehörte der Falkenauge in der Verfilmung von Leonhard Franks Roman »Ochsenfurter Männerquartett«. Unter dem Titel »Das Ende vom Lied« wurde dieser Film zu einer der großen Literaturverfilmungen des DDR-Fernsehens. Der Roman gibt ein Bild vom gesellschaftlichen Verfall in Deutschland, der in den 20er Jahren als Folge der großen Weltwirtschaftskrisen eintrat.

Delmare spielte neben Wolfgang Greese, Hans Teuscher und Peter Kalisch einen der Quartettsänger. Sehr genau führte der Darsteller den langsamen, aber unaufhaltsamen sozialen Abstieg seiner Figur vor.

In der Romanhandlung wandert Falkenauge mit seinem Freund nach Südamerika aus. Drehort dieser Szenen war die russische Schwarzmeerküste. Kostüm- und Maskenbildner hatten Delmare und Greese so täuschend echt für ihre

Tippelbruder-Rolle hergerichtet, daß russische Soldaten, die als Kleindarsteller mitwirkten, sie vom Drehort wegdrängten. Solche Leute sollten nicht zufällig ins Bild geraten! Sehr zur Verwunderung der Ordnungshüter erlebten sie später beide als Hauptdarsteller.

Delmares Falkenauge wurde ein typischer Vertreter der Kleinen Leute. Als er in einer der Schlußszenen zusammen mit Greese in einer Kneipe sitzt, spürt der Zuschauer an jeder Geste, an jedem Satz, wie demütigend Armut sein kann. Bescheiden sitzen sie am Tisch. Sie wagen es gar nicht, gegen den Kellner zu opponieren, der sie nach ihrer schmalen Mahlzeit schnell wieder aus seinem Lokal heraushaben will. Der einzige Luxus, den sie sich leisten können, ist eine Zigarette. Genüßlich lehnt sich Falkenauge beim Rauchen auf seinem Stuhl zurück, bläst den Rauch über den Tisch – und muß sich von seinem Partner sagen lassen, daß er eigentlich falsch raucht. – Wieso, fragt Delmare, von seinem Genuß aufgestört. – Du rauchst zu schnell! – Damit bleibt ihm auch dieser kleine Triumph verwehrt. – Im Spiel von Fred Delmare und Wolfgang Greese entstand eine eindrucksvolle Studie von zwei Menschen, die an den Rand ihrer Existenz gedrängt waren. – Für sie war es das Ende vom Lied.

Im selben Jahr spielte er – wiederum für das Fernsehen – eine Rolle an der Seite von Agnes Kraus in den »Viechereien«. Die Partnerschaft mit Agnes Kraus war glücklicher nicht denkbar. Beide verbindet die schauspielerische Eigenart, alle heiklen, ungewohnten und komischen Situationen absolut ernsthaft auszuspielen. Die Kraus trieb diese Kunst immer noch ein Stückchen weiter: Sie wirkte in ihrer Humorverweigerung beinah verstört. Das war ihre große Kunst. Leider konnte sie außerhalb des Theaters – sie gehörte zum Berliner Ensemble – andere Seiten ihrer schauspielerischen Begabung kaum in geeigneten Rollen einsetzen.

Delmare nahm mit ihr gemeinsam an einem Zuschauerforum teil, auf dem ein Mann eine etwas indiskrete Frage stellte: Frau Kraus, spielen Sie die Komik in ihren Rollen eigentlich oder sind Sie so komisch? – Die Kraus ersparte sich die Antwort und verließ den Saal.

Als größte Indiskretion galt ihr die Frage nach ihrem Alter. Für eine Szene der »Viechereien« mußte ihr Filmpartner in einem Schmuckgeschäft für sie ein Geburtstagsgeschenk auswählen. Dabei ergab sich folgender Dialog: Die Verkäuferin fragt: Für eine ältere Dame? – Der Mann antwortet: Sie ist 59 und wird 60! – Es handelte sich um eine Filmszene! Doch den Dialog über das Alter ihrer Filmfigur nahm Agnes Kraus persönlich, und sie ließ die Kollegen ihren Unmut spüren. – Was hast Du denn, Agnes, sagte Delmare, dem ihr Beleidigtsein auf die Nerven ging, nach 59 kommt nun mal 60 und nicht 42! – Ja, sagte die Kraus aufgeregt, aber muß darüber gesprochen werden! – Fred kannte aus seiner Theaterzeit eine Schauspielerin, die auch ihr wahres Alter nicht preisgeben wollte. Weil sie immer und überall ein um zehn Jahre jüngeres angab, mußte sie schließlich zehn Jahre auf ihre Rente verzichten. Das hätte er Agnes Kraus auch zugetraut.

Trotzdem gab es bei den Dreharbeiten zu den »Viechereien« viel zu lachen. Als er sich laut Drehbuch von einem Hund durchs Dorf hetzen lassen mußte, stand für diese Einstellung lange nur ein Mops zur Verfügung, der aufgrund seiner Körperfülle zum Hetzen gar nicht in der Lage war. Sechsmal hatte Delmare die Fahnenstange erklettert, ohne daß der Hund rechtzeitig eingetroffen wäre. – Als der Hund an Fettsucht gestorben war, bekam man einen anderen. Dieser war jedoch das ganze Gegenteil. Er legte ein Tempo vor, daß selbst der sportliche Delmare keine Chance besaß. Nun war die Szene bereits so oft versucht worden, daß nur noch eine einzige neue Hose geblieben war. Der nächste Versuch mußte also klappen. Man hielt den Hund einige Zeit auf, aber dann kam er. Delmare sprang in seiner Not und zu seinem Glück auf das Dach einer Hundehütte. Dorthin konnte ihm der Hund nicht folgen. Damit war die Szene im »Kasten«. – Zumindest bei diesen Szenen handelte es sich um Viechereien.

Delmare spielte die Serie gern – auch wegen der Zusammenarbeit mit Regisseur Otto Holub. Nach Meinung des Schauspielers schrieb ihm Renate Holland-Moritz in ihrer »Fernseh-Eule« über seine Rolle in den »Viechereien« den einzigen kritischen Satz, den er für seine Filmarbeit je erhalten hat: »Schade, daß ein solcher Schauspieler eine solche Rolle spielt«. – Aber war dieser Satz wirklich eine Kritik?

1983 versuchte sich Fred Delmare als alleinerziehender Vater. Nach seiner vierten Scheidung trug er das Sorgerecht für die beiden Kinder. Er nahm seine Vaterrolle so ernst, daß er in dieser Zeit Film- und Fernsehangebote ablehnte. Aber er litt unter dem selbstgewählten Arbeitsentzug. Das wußte auch die Leitung des Fernsehens. Fritz Selbmann wollte ihm helfen. Man hatte mit »Die Leute von Züderow« ein gutes Drehbuch, die Aufnahmen dazu würden in die Ferienzeit der Kinder fallen, der Drehort war mit der Ostseeinsel Rügen ein Urlaubsparadies – also bot Selbmann die Rolle Delmare an. Erst als Fred hörte, daß für die Kinder am Drehort gesorgt ist, sagte er zu. Außerdem reizte es ihn, einen Polizisten zu spielen.

Dieser Polizist war als Abschnittsbevollmächtigter der Mittelpunkt des Dorfes. Die kleinen Gesetzesübertretungen und der große Kummer, die Sorgen um die Ernte und die Suche nach den Eltern eines Kindes – mit allem muß er sich befassen. In einer Szene betreten drei aufgeregte Sommergäste sein Büro und melden den Verlust eines teuren Radiorecorders. Sie bringen den Dieb gleich mit. Aber der zwölfjährige Andreas beteuert seine Unschuld. – Delmare legte seinen Polizisten sehr verständnisvoll, geduldig und in dieser Szene auch väterlich an. Denn zunächst verteidigt er den Schwächeren – das Kind. Solange nichts bewiesen ist, weist er alle Anschuldigungen der Erwachsenen zurück.

Selten hat sein Spiel ein solche Ruhe ausgestrahlt wie in dieser Rolle. Aber war es allein Darstellungsabsicht? Er wirkte nicht nur ruhig, sondern auch müde. Seit einem Jahr hatte er seinen Kindern die Mutter zu ersetzen. Seine Kräfte schienen am Ende. Der Rolle gab es eine berührende Ausstrahlung, die weit über den leichten Stil der Serie hinausging. Hier spielte ein Charakterdarsteller. Neben ihm wurden die drei Sommergäste zu Comedy-Chargen.

Zur Freude, endlich wieder in seinem Beruf arbeiten zu können, kamen die Kinder. Weil der Sohn des Regisseurs mit einer kleinen Rolle besetzt war, fragte Delmare, ob es nicht auch für seine Kinder Verwendung in einer Szene gebe. Regisseur Martin Eckermann fand eine Gelegenheit. Nur ergab sich dabei ein Problem. Jette, die damals acht Jahre alt war, mußte ihren Vati vor der Kamera mit Opa anreden. Das ging ihr nicht über die Lippen: Vati, Du bist doch nicht mein Opa! – Nach langer Umgewöhnung gelang es.

Für eine der letzten Einstellungen mußte Delmare als Polizist ein Kind aus dem Wasser retten. Man hatte die Einstellung schon vier, fünf Mal gedreht, aber sie entsprach immer noch nicht den Vorstellungen des Regisseurs. Da die Rettungsaktion mit der Uniform bekleidet zu geschehen hatte, mußte die Kleidung jedes Mal erst wieder über die Scheinwerfer zum Trocknen ausgebreitet werden. In der Nähe des Drehorts befand sich eine Brücke. Als Delmare zum sechsten Mal ins Wasser sprang, um den Jungen zu retten, da rief ein kräftiger Zwei-Meter-Mann von der Brücke herunter: Wenn ihr den kleinen Polizisten noch mal ins Wasser schickt, dann schmeiß ich Euren ganzen Drehstab da rein!

Große Rollen – kleine Rollen, sie wechselten. Und seit ihm der Theaterintendant von Bremerhaven eine Predigt gehalten hatte, daß sich ein Schauspieler nie für eine kleine Rolle schämen darf, nimmt sich Delmare mit Engagement jeder Aufgabe an. Aus jeder Rolle kann man etwas machen, jede Rolle braucht schauspielerisches Vermögen. Und manchmal braucht eine kleine Rolle mehr davon als eine große. Was man alles aus einer winzigen Rolle machen kann, bewies Delmare in Egon Günthers Film »Der Dritte«.

Eine Frau sucht nach Enttäuschungen in der Liebe ihren dritten Mann. Und als sie zum ersten Mal mit diesem Mann zusammen schläft, klingelt es, und der seit langem bestellte Fernsehsessel wird angeliefert. – Eine pikante Situation. – Delmare spielte die Rolle des Möbelträgers. Er war für Egon Günther nicht die erste Wahl. Schuld daran mögen Günthers Zweifel gewesen sein, einem Mann seines Formats diese kleine Aufgabe überhaupt anzubieten. Zwei Schauspieler vom Theater in Halle hatten es bereits versucht, ohne daß der Regisseur vom Ergebnis überzeugt gewesen wäre. Für eine solche Rolle gibt es keine Möglichkeit des langen schauspielerischen Anlaufs, fast keinen Text – damit waren sie nicht fertiggeworden.

Er spielte die Rolle nur mit den Augen: Der Möbelträger, der den Sessel geschultert hat, betritt das Zimmer und sieht die Situation. Die kostete er aus, indem er nacheinander den Mann betrachtet, dann dessen Hose, dann das herabgelassene Fensterrollo, dann die Frau, wieder den Mann. Er stellte mit seinen stummen Blicken den Zusammenhang her und sagte damit den beiden, daß er genau Bescheid weiß. Das Pärchen mußte sich ertappt fühlen, und das war ihm peinlich. – Einen nichtvorhandenen Text mit den Augen zu sprechen, war eine große Idee, die der Rolle schauspielerische Originalität gab.

Leider mußte die Szene zweimal gedreht werden. Die erste Einstellung verpatzte nicht Delmare, sondern Egon Günther. Der mußte so herzerfrischend über das Spiel seines Schauspielers lachen, daß man die Einstellung nicht verwenden konnte. – Mensch, Egon, hätt'ste mit Deinem Lachen nicht noch warten können! Die Szene wird nie wieder so gut! – Delmare bereiten nach seiner langen Filmerfahrung Wiederholungen von Einstellungen kein Problem, aber trotzdem ist für ihn die erste Einstellung meist die beste. Für die zweite kommen viele technische Momente hinzu, Verabredungen: Jetzt tust du dies, jetzt gehst du dahin, jetzt kommt jenes ... In der ersten Einstellung geschieht alles spontan. In der Wiederholung muß die Erfindung rekonstruiert werden. Darsteller, die über eine präzise Spieltechnik verfügen, mögen in der dritten und vierten Einstellung besser werden, weil dann das bewußt gesteuerte Spiel langsam beginnt, in ein unbewußtes überzugehen. Bei Delmare kommen die meisten Spielerfindungen »aus dem Bauch«, gesteuert vom Gefühl für eine Rolle.

Jedenfalls mußte er die Szene noch einmal wiederholen. Egon Günther nahm sie sofort: Gekauft, Axel! – aber trotzdem, Delmare hielt die erste für noch etwas besser.

Fast alle Rezensenten, die über den »Dritten« geschrieben haben, nannten Fred Delmares Möbelträger. Eine Nebenrolle, die als darstellerisches Kabinettstück DEFA-Filmgeschichte gemacht hat.

Was hatte der Leipziger Generalintendant zu ihm gesagt, als er Delmare im Oktober 1950 engagierte? Sie sind ein Komiker, und dann wechseln Sie ins Charakterfach. Damit hatte er den Schauspieler Delmare am Beginn seiner Laufbahn genau erkannt. Er wurde ein Charakterdarsteller – im Theater wie im Film. Oberkofler, Dromio, Calvino, Caliban hießen einige der Charakterrollen am Leipziger Theater. Van der Lubbe, Pippig, Enno Kluge, Falkenauge waren Filmrollen, die große Charakterdarstellung verlangten. Fred Delmare hatte seine Fähigkeiten bewiesen. Aber nicht jeder Regisseur sah mehr in ihm als den Typ. Ein Typ war er unzweifelhaft auch. – Selten, daß ein Schauspieler beide

Anlagen in sich trägt. – Insofern bewahrheitete sich Burghardts erstes Urteil: Komiker und Charakterspieler.

So kam es, daß er durch seinen ausgeprägten Typ bei Film und Fernsehen in der DDR auch der König der kleinen Rollen wurde. Bereits 1962 war er allein in sechs Filmen besetzt, ein Jahr später immerhin noch in vier, 1964 steigerte er sich wieder auf sechs Filme, 1976 brachte er es auf sieben, worin er nicht nur Nebenrollen spielte. – Es schien fast so, als reichten die Regisseure sein Gesicht von Film zu Film weiter. Die große Zahl der Filmangebote – sicher eine Verführung für einen Schauspieler. Klüger wäre es gewesen, auch abzulehnen, sich rar zu machen für die nächste Hauptrolle.

Aber er ging die kleinen Rollen wie die großen an. Bereitete sich gewissenhaft vor. Zum Beispiel auf den Kohlen-Ali, den er bei Regisseur Rudi Kurz in der TV-Serie »Der Leutnant vom Schwanenkiez« spielte.

Delmares realistische Spielweise kam nicht von ungefähr. Für den Kohlen-Ali suchte er die Verbindung zu einer Berliner Kohlenhandlung. Mitte der 70er Jahre gab es noch viele Ofenheizungen, die beliefert werden mußten. Nun stellte er sich nicht etwa nur einfach neben die schwarzen Männer, sondern er fragte sie ganz direkt: Kann ich mit Euch mitfahren? Einen ganzen Tag? – Die Kohlenarbeiter wunderten sich. Aber als sie ihn erkannten: Das ist doch der Delmare! da nickten sie. Er erzählte ihnen natürlich, daß er einen Kohlenfahrer spielen wird und wissen will, wie man das macht. – Ich weiß ja gar nicht, wie man die Säcke abkippt. – Am Abend war die Seite von Rücken und Schulter, auf der die Zentner-Säcke gelegen hatten, nicht einfach nur schwarz vom Kohlenstaub – sie blieb nach dem Waschen blau. Aber er wußte jetzt, wie sie es machen. Auch wie sie ein paar Mark nebenbei verdienen, wenn die Säcke nicht ganz voll sind oder einer doppelt angeschrieben wird. – Wenn man es einmal ausprobiert hat, macht den Rest die Phantasie.

In den 60er Jahren hatte er bei einer Begegnung zwischen Filmleuten und Arbeitern, die vom Zwickauer Martin-Hopp-Schacht kamen, leichtfertig gesagt: Das möchte ich auch einmal, unter Tage Kohle aus dem Gestein herausbrechen! – Das kannst Du haben! Wir laden Dich ein! – Solche Gespräche kannte er viele. Meist gerieten sie auf beiden Seiten in Vergessenheit. Wie wunderte er sich aber, als ihn ein Bergmann nach einer Vorstellung abholte und sagte: Wir fahren jetzt nach Zwickau, morgen früh um fünf gehts in den Schacht! – Fred war bereit, sich auf das Abenteuer einzulassen. Etwas zu sehen, was er noch nie gesehen hatte, reizte ihn. Neugierig ist er, und als Schauspieler hoffte er auf Erfahrungen für seinen Beruf.

Das erste, was er erlebte, war die Ruhe der Bergleute vor dem Förderkorb. Kein lautes Gespräch, kein schneller Witz. Ohne es erlebt zu haben, konnte man es sich nicht ausdenken. – Dann die Fahrt elfhundert Meter tief unter die Erde. Der Weg führte vorbei an einem zugemauerten Gang. Dahinter, erklärte ihm sein Obersteiger, liegen im verschütteten Schacht tote Bergleute. Wir konnten sie nicht bergen. Das Unglück, Du erinnerst Dich. – Er erinnerte sich an die Zeitungsmeldungen über die Katastrophe. Eine halbe Stunde mußten sie durch immer niedriger werdende Gänge gehen, ehe sie vor Ort waren. Der Weg führte vorbei an dicken Holzbohlen, die als Stützen die Decke halten und doch wegknicken können wie Streichhölzer. Delmare bekam seinen Platz am Band. Schwere Brocken von Steinkohle waren auf kleine Wagen zu schaufeln. Irgendwann rieselte an seinem Platz der Staub von der Decke. Der umsichtige Obersteiger wies dem Schauspieler einen anderen Platz an. – Nach der Schicht waren die Hände aufgesprungen. Er hätte die Schaufel keine halbe Stunde länger anfassen können. Aber die Norm war erfüllt – mit 120 Prozent.

Dem Spaß folgte am nächsten Tag das Nachdenken: Was, wenn etwas passiert wäre? – Doch der Stolz, die Bergleute bei ihrer Arbeit erlebt, eine Schicht mit ihnen geteilt zu haben, war größer als alle Bedenken. Nicht nur wie sie reden, hatte er gehört, sondern auch worüber. Er wußte, welche Frauen sie lieben, welche Filme und welchen Schnaps.

Wer das mitgemacht hat, der soll die nächste kleine Rolle eines kleinen Mannes als Komiker spielen? Je mehr er die Arbeiter kannte, je mehr Respekt hatte er vor ihnen. Er wollte ihnen nach der Filmpremiere begegnen, und sie sollten nicht nur sagen: Ja, Du hast uns gefallen! sondern: Es hat gestimmt, was Du gespielt hast!

1962 drehte Günter Reisch nach einem Drehbuch von Hermann Kant »Ach, du Fröhliche ...« Reisch plante fast 25 Jahre später, an dieses Projekt mit einem neuen Film anzuknüpfen. Und dafür wollte er Fred Delmare gewinnen. Das schrieb er ihm Anfang 1986 in einem Brief: »Lieber Axel! Alter Freund! Nach sechs langen Jahren beginne ich wieder mit einem Film und zwar nach meinem Geschmack. Eine etwas nostalgische Komödie *Wie die Alten sungen* ... Es ist ein irres Projekt, denn ich will Teile eines alten Films, der vor über 20 Jahren unsere DDR-Gegenwart darstellte, verwenden und eine ähnliche Story in unserer heutigen Gegenwart abhandeln. Axel, Du warst damals in einer sehr schönen Episode mit von der Partie. Es war Dein Taxifahrer aus *Ach, du Fröhliche*. Und um diese Geschichte handelt es sich. Da ich zwei Filme in einem unterbringen muß, bin ich sehr beengt mit der Story und hätte für Deinen Auftritt keine handlungsbezogene Fortsetzung. Ich würde mir wieder einen Auftritt von Dir in dem neuen Film wünschen. Dein Mann ist inzwischen Rentner und Pförtner in einer Geburtsklinik und am Heiligabend reichlich strapaziert – kein Personal. Es ist nur ein Auftritt in der Pförtnerloge. Du bist sowieso der DDR-Super-Torwächter! – Ich bitte Dich, mach mit, mein Lieber!«

So kam Fred Delmare am Ende auch zu dieser Rolle – es wurde der vierte Pförtner in seinem Rollenverzeichnis. Darin finden sich außerdem drei Schäfer, zwei Hausmeister, zwei Wirtsleute, ein Zahnarzt, ein Einlaßkontrolleur, ein Bahnhofsvorsteher, ein Schweinemeister, ein Melker, ein älterer Gartenbesitzer und in letzter Zeit viele Opas: Opa Krüger, Opa Rossko, Opa Böttcher ... Und das sind noch lange nicht alle Figuren, die er gespielt hat. Aber jede wurde dank seines Spiels anders, wie im Leben, wo er ihre Vorbilder gefunden hat.

Lyrischer Nachtrag

Seit 1984 tritt Fred Delmare mit verschiedenen Rezitationsprogrammen auf. Es ist die Lust des Schauspielers, sich vor ein Publikum zu stellen, das ihm der Film nicht geben kann. Er rezitiert seine Gedichte und Balladen, Sketche und Satiren nicht – er spielt sie. In den 80er Jahren reiste er Monat für Monat zu mindestens zehn Auftritten. Inzwischen finden seine Gastspiele seltener statt. Aber lassen möchte er davon nicht. Von einem Zuhörer – der Name ist ihm nicht mehr in Erinnerung, er weiß nur noch, daß es ein Berliner Musiker ist – erhielt er eines Tages das folgende Gedicht zugeschickt, das seitdem zu seinem Programm gehört.

DIE LEUTE PROPHEZEIEN VIEL.
Um das mal klarzustellen.
Ich ging als Kind zum Laienspiel,
um Prinzen darzustellen.
Da sagte man, der Kleine wird
der ideale Schweinehirt.
Und statt der edlen Prinzen
spielte ich fortan nur Kunz und Hinzen

Das blieb auch im Theater so,
im Kino und im Fernsehn,
die Regisseure wollen mich
niemals als feinen Herrn sehn.
Nie spielte ich den feinen Mann.
Ich spielte nur den kleinen Mann.
Die andern spieln die hehren Rollen,
mir gibt man nur die schweren Rollen.

Ich spielte den Diener Dromio
und träumte von Julias Romeo.
Andre spieln Millionäre oder Steuersekretäre.
Ich spiel höchstens die Chauffeure, die Masseure, Herrenfriseure
Dabei träum ich nur von Faust und Mephisto
und vom Grafen von Monte Christo.
Hamlet, Egmont, Wallenstein,
aber was spiel ich?
Den Mann mit dem Gallenstein,
Schronsteinfeger, Möbelträger.

Statt König, Ritter und Recke
spiel ich nur den Mann an der Ecke.
Niemals frag ich: Sein oder nicht sein?
Immer soll ich ein kleines Licht sein.
Andere spielen große Geister.
Ich spiel höchstens Klempnermeister
und gäb's mal ein Stück im Harem, ja Kuchen!
dann spielte ich sicher den dritten Eunuchen.

Und würde ein Stück im Olmyp oben spielen,
dann wär ich der Pförtner und müßte schielen.
Ach einmal nur den Tasso, Wilhelm Tell oder Al Capone,
einmal einen König mit Krone,
von mir aus auch oben »ohne«,
einen Don Juan
oder Lohengrins Schwan.
Kurz einmal unvergleichlich sein
und laut und herrlich singen:
Ach, Götz von Berlichingen!

11
GLÜCK IM SPIEL – PECH IN DER LIEBE

Die Ehe seiner Eltern kennt zwei Phasen. Die Mutter verstummte, wenn der Vater vom Mittagstisch aufstand und das Haus verließ. Er verließ auch den Abendbrottisch. Er traf sich mit Freunden. Man spielte Karten, sie redeten bis zur Sperrstunde in MÜNCHS KRUG. Die Arbeitslosigkeit spielte ihre Rolle dabei. Er litt darunter, daß er es für sich selbst und seine Familie nicht weit gebracht hatte. Sooft die Mutter ihren Bruder Wilhelm besuchte und ihren Mann noch ein letztes Mal in der Tür aufforderte, doch mitzukommen – sooft drehte Max sich wortlos um und ging die Stiege zum Wohnzimmer hinauf. Er wollte den Wohlstand in Wilhelms Haus nicht sehen. Wenn Lina mit ihrem Sohn zurückkehrte, war der Vater wieder beim Kartenspiel. Zu Hause verschwand das Lachen. Manchmal weinte die Mutter still vor sich hin. Selbst am Heiligen Abend ließ Max sie allein. Mit den Weihnachtsfesten zu Hause verbindet Werner besonders schlechte Erinnerungen.

Eines Tages nahm er, ohne es erklären zu können, einen anderen Weg von der Schule nach Hause. Er ging nicht wie üblich die Karlstraße hinauf, die über den Berg weiter nach Judenbach führte, sondern er benutzte die parallel laufende Straße, die unweit des Elternhauses in einem Bogen mit der Karlstraße zusammengeht. Rechts beginnt hinter den Häusern ein Hang, ziemlich steil und steinig. Dort sah er an diesem Tag oben am Felsrand eine schwarz gekleidete Person sitzen. Er wunderte sich. Als er näher kam, erkannte er die kleine Statur seiner Mutter. Sie hatte eine schwarze Decke mit langen Fransen über ihren Kopf gezogen, so daß man wenig von ihrem Gesicht sehen konnte. Aber es war seine

Mutter. Werner war plötzlich aufgeregt, denn er ahnte mehr, als er wußte, was es zu bedeuten hatte. Werner schrie: Mutter, nicht! Seine Mutter reagierte nicht. Sie hockte so dicht an der Kante, daß er sich kaum traute weiterzulaufen. Er schrie noch einmal: Mutter, nein! Langsam löste sich die Person aus ihrer Erstarrung. Es hätte jetzt nicht einmal mehr des Vorsatzes gebraucht, sich herunterzustürzen, ein unsicherer Schritt genügte. Doch sie schaffte es – ging ruhig den schmalen Weg vom Steinbruch herunter, dorthin, wo Werner stand. Der Sohn nahm das Tuch der Mutter aus der Hand. Sie gingen gemeinsam die dreihundert Meter bis zum Haus. Keiner sagte ein Wort. Der Vater stand hinter der Tür.

Von diesem Tag an – es war etwa drei Jahre vor dem Tod der Mutter – wandelte sich Max' Verhalten. Er verließ seltener das Haus. Er nahm Geschirr mit in die Küche, wenn er die Hände am Ausguß waschen wollte. Er war es sogar, der vorschlug, miteinander Mensch-ärgere-dich-nicht zu spielen. Wenigstens für Momente kehrte das Lachen zurück an den Tisch. Wenn die Mutter sich beim Spiel absichtlich verzählte, nur um Werner nicht rauszuschmeißen, sagte der Vater mit gespieltem Zorn: Schone du nur den Jungen, so wird er's im Leben bestimmt leicht haben! Werner konnte nicht gut verlieren. Der Vater war ein geübter Kartenspieler und hatte darin mehr Übung.

In die Ehe von Max und Lina kehrte Leben zurück. Nicht alles wurde anders. Nach wie vor weigerte sich Max, seine Frau zu ihrem Bruder zu begleiten. Aber zum ersten Mal nach langer Zeit saß man Weihnachten nach dem Kirchgang beim Kerzenschein zusammen, und auch am Sonntag unternahm die Familie wieder einen kleinen Spaziergang.

Werner lebte wieder in einer Familie. Vielleicht, weil er dieses Gefühl so lange entbehrt hatte, blieb es ihm in seinem späteren Leben so eindrucksvoll vor Augen. Nun dachte er lange nicht daran, selbst eine Familie zu gründen. Seine Körpergröße hatte ihn zum Außenseiter gemacht. Er hielt sich mit seinen 1,60 Metern weder für besonders hübsch noch für verführerisch. Mädchen gegenüber war Werner unsicher.

Die erste, mit der es ernster wurde, war Marianne. Sie wohnte am anderen Ende von Sonneberg, war nur ein wenig größer und besaß wunderschönes schwarzes Haar. Sie hatte kaum Erfahrungen mit Männern, als sie sich kennenlernten. Seine Absicht, sich freiwillig zum Militär zu melden, bewog die Eltern, auf eine Verlobung zu drängen. Am Abend vor der Abreise nach Bremerhaven durfte Werner mit Einwilligung der Schwiegereltern bei Marianne bleiben. In dieser Nacht verloren beide ihre Unschuld.

Von Bremerhaven aus schrieb Werner nun Woche für Woche einen Brief nach Sonneberg an die schwarze Marianne und berichtete ihr von seinem Leben bei der Marine. Als Lore in Werners Leben trat, wurden die Briefe seltener und schließlich hörten sie ganz auf. Bis ihn eines Tages sein Feldwebel fragte, warum er denn seiner Verlobten nicht mehr schreibt. Marianne hatte sich an den Kompaniechef gewandt und ihn gebeten, mit ihrem verstummten Verlobten zu sprechen. Werner empfand es als Bloßstellung, und er schrieb nun erst recht nicht mehr an Marianne. Er betrachtete sich als entlobt.

Welche Rolle Lore, die Tochter des Bäcker- und Konditormeisters Krull, für ihn spielte, ist bereits beschrieben. Sie gehörte einer Welt an, die Werner zu Hause nicht kennengelernt hatte. Dahin fühlte er sich gezogen. Lore wurde seine erste große Liebe, die er nie von sich aus aufgegeben hätte. Als ein dummer Zufall zu dem Verdacht führte, daß er Lore mit einem anderen Mädchen hinterging, war sein Traum vom Glück über Nacht zu Ende. Die nächste Zeit spielten Frauen in seinem Leben keine Rolle. Erst in Berlin, als er am Hebbeltheater seine Ausbildung nahm, lernte er eine Frau kennen. Lange genug hatte er im Krankenhaus zugebracht – und so war es denn auch eine Krankenschwester. Aber er war als Schauspielschüler, Schwarzmarkthändler und Patient von Professor Vogelsang zu sehr beschäftigt, um viel Zeit für Liebe aufbringen zu können. Von den seltenen nächtlichen Treffen mit der Krankenschwester profitierte er vor allem, indem er lernte. Sei Herz verlor er dabei nicht. – Das passierte ihm erst wieder bei Iris, mit der er 1952 seine erste Ehe schloß.

Iris, die gerade das Abitur gemacht hatte, wirkte im Chor der Leipziger Operette mit. Als Fred Delmare die Hauptrolle in einem Märchen spielte, gehörte auch der Chor zur Inszenierung. Schon bei den Proben fiel Iris ihm auf. Zu seinem Bedauern mußte er feststellen, daß er das Interesse mit einem Sänger teilte. Iris war eine schöne Brünette – sie hatte mit ihren achtzehn Jahren eine tadellose Figur. An die kommst du nicht ran, sagte sich Fred, und er hätte beinah schon kampflos das Feld geräumt, wenn der Bassist ihn nicht provoziert hätte. Nun mußte er seine Bewerbung einfach aufrechterhalten.

Irgendwann nach einer Probe standen sich beide gegenüber – der gut 1,80 Meter große Bassist mit tadellosem Brustraum und der zwanzig Zentimeter kleinere und schmächtige Fred. Fred war gerade die Treppe von den Garderoben heraufgekommen, als der andere ihm den Weg versperrte. Der begann seinen Konkurrenten unsanft zu schubsen. Fred mußte zurückweichen. Plötzlich fand der Fuß keinen Halt, und beinah wäre es zum Sturz gekommen, hätte ihn nicht im letzten Moment der Inspizient aufgefangen. Fred fühlte sich in den Ring geschoben. Er schubste zurück, aber mit solcher Kraft, daß der Bassist aus dem Gleichgewicht kam und stürzte. Der Inspizient kommentierte die Szenen mit den Worten: Ja, der Kleine hat mehr Mut, als du gedacht hast!

Jetzt war nicht nur der Weg zur Bühne frei, sondern auch zu Iris. In dieser Zeit erhielt Fred über das Theater zwei Zimmer in einer Villa. Außerdem fuhr er ein Auto – seinen »Silberpfeil«. Er verfügte zwar nicht über die Körpergröße, die er sich wünschte, aber sonst über manches, was eine Frau anziehen konnte. Was Iris mehr beeindruckt hat: die Villa und das Auto oder Freds Charme, es bleibt ihr Geheimnis, jedenfalls dauerte es nicht lange, und sie zog bei ihm ein.

Durch glückliche Umstände wurde Fred mit seiner Iris binnen weniger Wochen sogar alleiniger Mieter der Villa. Elf Zimmer gehörten ihm, als die Hausbesitzerin von einer Reise nach Westberlin nicht zurückkehrte. Sie hielt in ihrem Keller aus Kriegsbeständen mehrere Zentner Malzzucker versteckt, die sie für Tauschgeschäfte einsetzte. Neider hatten sie offensichtlich bei der Polizei angezeigt. Das wußte sie oder ahnte es und ließ – um möglichem Ärger mit der Polizei aus dem Weg zu gehen – die Villa im Stich. Mit anderen Worten: Sie machte, was viele damals in ähnlichen Fällen taten – sie blieb in West-Berlin.

Das Villenglück hatte nur einen Haken – und der war die Heizung. Die war der Zeit voraus, handelte es sich doch um eine moderne Ölheizung, die vom Keller aus betrieben wurde. Nur leider mangelte es an Heizöl. Mit der Heizung wußte der Schauspieler Fred Delmare, was ihm keiner zugetraut hatte, recht viel anzufangen. Eines konnte der Marine-Kesselwart aber auch nicht – ohne Öl heizen. Wenn die Ölvorräte zur Neige gingen – und das war meist schon im dritten Wintermonat der Fall – verwandelte sich die Villa in einen Eispalast. Fred kaufte einen Kanonenofen, damit wenigstens ein Zimmer zu beheizen war. – Trotzdem gab es alle Voraussetzungen für ein Familienleben. Eines kam sogar noch begünstigend hinzu: Zu Freds Haushalt gehörte ein Butler. Eines Tages hatte es an seiner Haustür geklingelt, und ein Mann Mitte fünfzig fragte, ob der Schauspieler ihn nicht als Butler gebrauchen kann. Er hätte früher bereits als Hausmann gearbeitet, aber seine Herrschaft sei verstorben. Als

Lohn wollte er kostenloses Essen und Trinken. Fred überlegte nicht lange, Iris war gerade nicht zu Hause, und die beiden wurden einig. Paul, so hieß der Butler, kochte, kaufte ein und hielt die Wohnung sauber. Wenn Besuch erwartet wurde, zog er ein weißes Jackett über und legte dazu passende weiße Handschuhe an. Die Gäste waren sehr beeindruckt von Paul, aber am meisten erstaunte sie seine Diskretion. Er verließ nach dem Servieren immer das Zimmer, stand aber sofort mit der Flasche in der Hand zum Nachschenken bereit, wenn ein Glas geleert war. Das klappte so perfekt, daß Fred es seinen Gästen immer wieder vorführte. Keiner hat jemals herausgefunden, wie Paul – ohne im Zimmer zu sein – wissen konnte, wann ein Glas leer war. – Ein paar Merkwürdigkeiten führten nach einem Dreivierteljahr dazu, daß Fred sich von seinem Butler trennte. Paul lieh sich nämlich trotz Haushaltskasse in den Geschäften der Nachbarschaft Geld zum Einkaufen. Als Grund der Ungereimtheiten in Pauls Verhalten stellte sich möglichweise ein Autounfall heraus, bei dem er einen schweren Schädelbruch erlitten hatte. Als Iris mit ihrem Baby aus der Klinik kam, hatte Fred die Dinge geregelt und Paul – ohne ihn in irgendeiner Weise zu kränken – aus seinem Dienstverhältnis entlassen. Iris hatte darum gebeten. Sie war unsicher und wollte Paul nicht mit dem Neugeborenen in einem Haus wissen.

War Fred mit Villa, Auto und zeitweise mit Butler auch für Iris ein Mann zum Heiraten geworden und der Vater ihres ersten Kindes – so hielt diese Ehe doch nicht lange. Nach einem reichlichen Ehejahr dachten Delmares an Scheidung. Iris besaß zu wenig Erfahrung für ein Familienleben, das sich der zwölf Jahre ältere Fred so wünschte. Ihre Mutter hatte es ihm von Anfang an gesagt: Iris ist zu jung für eine Ehe! In einer Dreiviertelstunde hatte die Scheidungsrichterin alles erledigt. Fred brachte Iris zu ihrer Mutter zurück, die jetzt Oma war und zur Tochter noch eine Enkelin dazubekam.

Iris wurde keine Sängerin, wie sie es sich als Choristin erträumt hatte – dafür schon zu DDR-Zeiten eine erfahrene Steuerberaterin.

Fred sah, daß das Motto seiner Damenwahl: Schön muß sie sein, jung muß sie sein! keine Garantie auf eine gute Ehe bedeutete. Ein Zweites kam hinzu: Er hatte die Aufforderung seines Regisseurs Fritz Wendel, in den Spiegel zu blicken, nicht vergessen. Für mich bist Du kein Operettenheld, für mich heißt Du Axel, hatte Wendel gesagt. Wendels Urteil vermehrte seine Unsicherheit. Nicht, daß er Frauen gegenüber grundsätzlich mißtrauisch ist – sein Mißtrauen beginnt erst gegenüber der eigenen Frau. Damit hatte er sich seine erste Ehe schwer gemacht.

Die zweite Frau, mit der er eine Ehe einging, war Mona. Mona arbeitete nicht beim Theater. Sie arbeitete überhaupt noch nicht – sie stand, als Fred sie kennenlernte, erst kurz vor dem Abschluß ihrer Lehre als Schneiderin. Mit anderen Worten: auch Mona war noch sehr jung, gerade erst neunzehn Jahre. – Der Beginn ihrer Beziehung verlief romantisch. Man verabredete sich vor den Kammerspielen. Fred versteckte sein neues Glück regelrecht vor den Kollegen. Diesmal sollte alles behutsam aufgebaut werden, um für länger zu halten. Er bemühte sich sehr um Mona. Bald teilte ihm seine Frau mit, daß sie ein Baby erwartet. Fred freute sich – er wurde zum zweiten Mal Vater. Diesmal war es ein Junge. Sie gaben ihm den Namen Tino.

Mona wurde eine gute Schneiderin. Sie arbeitete für die Modehäuser Bormann und Jäger, die damals versuchten, eine Modekollektion zu entwickeln, die nicht nach HO oder KONSUM aussah. Und Mona nähte natürlich die besten Stücke für sich selbst. Sie war ein schwarzer Typ mit hübschen Mandelaugen, die ein wenig asiatisch wirkten. Wenn sie mit ihrem Hosenanzug die Pistoriusstraße in Leipzig – dort wo Freds Villa lag – herunterging, dann schauten Männer wie Frauen ihr nach. Das blieb Fred nicht verborgen, auch wenn sich die Gardinen kaum bewegten. Er hatte ein Gespür dafür.

In die Zeit seiner Ehe mit Mona fielen die ersten Aufgaben für Film und Fernsehen. Er war oft lange Zeit nicht zu Hause. Wohl bemühte er sich darum, den Drehort nach Abschluß der Arbeiten schnell wieder zu verlassen, aber trotzdem ließ er seine junge Frau viel allein. Das tat der Ehe nicht gut, und so kamen beide nach fünf Jahren überein, sich zu trennen. Im Herbst 1964 wurde die zweite Ehe geschieden. – Mona arbeitete als Modegestalterin, bis sie mit ihrem zweiten Mann, einem ungarischen Chemiker, in dessen Heimat ging und dort deutsche Sprache unterrichtete. Nach ihrer Rückkehr nach Deutschland war sie auch einige Male als Kostümbildnerin für den Film tätig. Heute ist sie Mitarbeiterin einer Werbeagentur.

Die dritte Ehefrau wurde kurz darauf Dagmar. Sie war auch noch in der Ausbildung, als Fred sie kennenlernte – beim Fasching der Theaterhochschule. Dagmar war Schauspielstudentin. Fred fuhr inzwischen einen Mercedes. Aus der Villa wurde leider ein Kinderheim, aber man ließ den Schauspieler nicht ohne Entschädigung – er erhielt in derselben Straße die Hälfte eines Zweifamilienhauses. Dagmar konnte als Frau Delmare einziehen, und noch kurz vor Abschluß ihres Studiums teilte sie mit, daß sie ein Baby erwartet. Für Fred war das dritte Kind wieder ein Mädchen – sie nannten es Claudia.

Er mochte nicht nur seine Frau, sondern auch seinen Schwiegervater. Herbert war zwar etwas jünger als sein Schwiegersohn, aber redete ihn trotzdem immer mit »mein Junge« an. Er führte eine Kneipe in Leipzig-Plagwitz, einem Stadtteil, in dem es viel Industrie gab, und so war es eine richtige Arbeiterkneipe. Hatte Fred spielfrei, stellte er sich gern hinter den Thresen und zapfte Bier. Die Gäste wußten es zu schätzen. Seine Biergläser waren durchaus besser gefüllt als die von Herbert. – In der Kneipe besprach man manches. Vor allem wollte Schwiegermutter Helga geklärt wissen, daß Dagmar nach ihrem Schauspielstudium ins Engagement nach Leipzig kommt. Dafür sollte Fred sich einsetzen.

Fred lud seinen Chef Karl Kayser mit Frau in seine Kellerbar ins neue Haus ein – gewissermaßen eine Einzugsfeier. Die Schwiegereltern waren auch geladen, und so saß man zu sechst in der holzgetäfelten Bar und ließ sich den echten schottischen Whisky gut schmecken. Zu vorgerückter Stunde gab Schwiegermutter Helga dann ein Zeichen, und Fred eröffnete das Gespräch. – Chef, könnte man Dagmar nicht ins Ensemble aufnehmen. – Karl Kayser, der nie viel trank, blieb auch bei seiner Antwort nüchtern: Ich weiß nicht, ob die Dagmar so begabt ist, sagte er. Aber seinen wichtigsten Grund nannte er dann auch noch: Ich kann hier kein Familientheater machen!

Kayser hatte recht. Das wußte Fred Delmare. Was er aber nicht wußte, war, daß Mutter und Tochter nun alles unternahmen, Dagmar an einem anderen Theater unterzubringen. Eines Tages überraschte ihn der Schwiegervater mit der Mitteilung: Die Dagmar fängt in Dessau an! – Vielleicht fragt ihr mich mal! – Fred ärgerte sich über den Alleingang der beiden Frauen.

Dagmar begann in Dessau, und er spielte in Leipzig. Was das für eine Ehe und Familie, die sich gerade finden wollte, bedeutet, braucht man nicht zu erklären. Sie sahen sich selten. Die Eltern von Dagmar nahmen Claudia zu sich. Herbert schritt alle Zimmer, in denen Claudia schlafen sollte – ob bei Delmares oder in seiner Wohnung –, mit der Kerze ab, um sicher zu sein, ob es auch keinen Windzug gab. So besorgt war er um sein Enkelkind. Und wenn sich Claudia wirklich einmal bei ihren Eltern aufhielt, erschien Schwiegervater Herbert in aller Herrgottsfrühe, um mit seinem Enkelchen zu spielen.

Dagmar hatte in Dessau mit großen Rollen Erfolg. Fred sammelte seinen Erfolg in Leipzig. Man konnte sich gegenseitig die guten Kritiken aus der Zeitung vorlesen. Viel mehr Zeit blieb füreinander nicht. Zu der Verschlechterung der Beziehung trug noch ein anderer Umstand bei, der diesmal nichts mit Freds Mißtrauen zu tun hatte. Die Familie seiner Frau besprach nicht nur ihr Alltägliches in der Kneipe, sie versuchte auch, dort alle Probleme zu lösen. Und sicher litt Dagmar nicht weniger unter der häufigen Trennung von Mann und Kind als Fred, nur versuchte sie über den Kummer mit Alkohol hinwegzukommen. Horst Jonischkan, ein Schauspielerkollege, der sich vor allem für Männer interessierte, sah Dagmar gern als Begleitung. Jonischkan hatte gerade für die DEFA die Rolle des Fritz Weineck im »Lied vom Trompeter« abgedreht. Er spielte den kleinen Arbeitersohn, der Ende der 20er Jahre mit seinem Trompetensignal die Linken bei ihren Zusammenkünften vor Angriffen der Nazis warnte. Leider gab er in der Bar Dagmar nie ein Aufbruchssignal. Einmal fuhr Fred mit Schwiegervater Herbert nachts die achtzig Kilometer von Leipzig nach Dessau, um Dagmar aus der Bar und aus Jonischkans Gesellschaft zu holen. – Laß die Dagmar zufrieden, Jonischkan! – Die Ehe retteten solche Aktionen nicht. Nach sieben Jahren wurde sie geschieden – es war von den drei Ehen seine bisher längste. – Dagmars Leidenschaft für das Theater hat sich bis heute erhalten. Inzwischen ist sie von Dessau nach Leipzig zurückgekehrt – als Souffleuse an die Musikalischen Komödie.

Fred Delmare begann seine vierte Ehe, als er seinen fünfzigsten Geburtstag schon ein Jahr hinter sich hatte. Er wurde älter – seine Frauen nicht. Sylvia lernte er in Berlin kennen. Nach einem Prominenten-Gespräch ergab sich die Begegnung mit zwei jungen Frauen, eine davon war Silvia. Sie absolvierte damals gerade ein Volontariat beim Fernsehen.

Aufgekratzt wie Fred nach solchen Gesprächen meist ist,

konnte er den Abend nicht bereits an der Tür beenden. Er lud die beiden Frauen in die Bar vom Hotel STADT BERLIN ein. Dort saß man die halbe Nacht und diskutierte über die Liebe. Das Thema lag zwar für alle Beteiligten auf der Hand, aber es gab auch einen besonderen Grund. Ein Buch des indischen Lyrikers Rabindranath Tagore unter dem Titel »Gabe der Liebenden« ließ sie über ihre Erwartungen an die Liebe sprechen. Fred kannte das Buch nicht, aber über die Liebe wußte er nach drei abgebrochenen Ehen viel zu sagen. Die Freundin, die ihn mehr interessierte, brachte ihm anderntags das Buch, und er fand bei der Lektüre, daß Tagore seinen Ansichten recht nahe stand. Sprach er doch in seinen Gedichten vor allem von Vertrauen und Wahrheit. Beides hatte er – seiner Meinung nach – in seinen Ehen nicht gefunden.

Die beiden Mädchen verlor Fred danach aus den Augen. Er hatte auch keinen Grund gesehen, die Verbindung zu einer von beiden fester zu knüpfen, denn damals war er noch mit Dagmar verheiratet. Er ist durchaus ein Mann von Grundsätzen. Aber der Zufall spielte mit. Bei einem Einkauf in Leipzig traf er Sylvia wieder. Das heißt: Sie traf ihn wieder. Er erkannte sie nicht. – Wir kennen uns! sprach sie ihn an. – Was ist mit meinem Gedächtnis, wenn ich eine so schöne Frau nicht wiedererkenne! – Fred zeigte Charme, seine Eitelkeit wurde gestreichelt und das, was er später bedauern wird, nahm seinen Lauf. Was ihn immer gereizt hatte: Jung muß sie sein, schön muß sie sein! – es traf bei Sylvia zu. – Wir waren sogar per Du! Es war in Berlin, versuchte sie zu helfen. – Aber er erinnerte sich nicht. Um sich für seine Gedächtnislücke zu entschuldigen, lud er Sylvia zu einer Flasche Sekt ein. Erst zogen sie mit allen Einkaufspäckchen in ein Café in der Innenstadt – nach dem Sekt in seine Wohnung. – So lernte er Sylvia kennen. Damals studierte sie an der Leipziger Universität Journalistik und stand bereits kurz vor dem Abschluß. – Eines Tages teilte sie Fred mit, daß sie ein Baby erwartet. Dieser Umstand hätte Fred diesmal nicht bewogen zu heiraten. Doch Sylvia erklärte ihm, daß es zu einem Bruch mit ihren Eltern kommt, wenn sie ein Kind bekäme, ohne den Vater zu heiraten. So heirateten sie im August 1973.

Sylvia ist Tochter eines Arztes. Sie hat noch drei Schwestern, von denen zwei Medizin studierten. Fred sah seine junge Frau gern zu Hause und nicht unter den Studenten. Als sie eines Tages zur obligatorischen Ausbildung in ein Wehrlager mußte, wo auch junge Frauen in die Landesverteidigung eingeführt wurden, war er sehr froh, daß sie sich zu ihm nach Hause sehnte. Er verfügte über allerlei Beziehungen, und so fiel es ihm nicht schwer, einen Arzt zu finden, der bereit war, Sylvia die Mandeln herauszunehmen. Fred telegrafierte ins Wehrlager und stand bereits kurz nach Eintreffen des Telegramms an der Wache, um seine Frau abzuholen.

Im Dezember desselben Jahres wurde Sohn Nici geboren. Es begann eine schöne Zeit. Sylvia war froh, das Studium mit einem guten Grund unterbrochen zu haben, und genoß ihre Mutterrolle. Fred, der damals schon seinen Vertrag am Leipziger Theater gekündigt hatte und bei Film und Fernsehen mehr als gut beschäftigt war, reiste von Drehort zu Drehort und freute sich immer wieder auf die Heimkehr nach Hause. Eineinhalb Jahre nach Nici kam das Schwesterchen Jette zur Welt. 1976 verbrachten Delmares mit beiden Kindern wieder einen Urlaub an der Ostsee. Sylvia hatte sich entschlossen, ihr Studium nicht abzuschließen. Sie begeisterte sich für Keramik. Mit den Händen Formen schaffen, immer wieder neu – darin schien ihr mehr Erfüllung zu liegen als im Journalistenberuf. Fred half dabei, ließ seine Beziehungen spielen. Er brachte sie mit einem Freund von Max Schwimmer zusammen, der als Keramiker arbeitete und in einem Zirkel Unterricht gab. Später nahm er Kontakt zu Horst Skourupa auf, der zusammen mit anderen die keramische Werkstatt »Schaddelmühle« in der Nähe von Grimma betrieb und dort lebte.

Er förderte Sylvias Begabung, bevor sie später eine kunsthandwerkliche Ausbildung begann und mit der Meisterprüfung abschloß.

Aber das Muster der früheren Ehen wiederholte sich. Der ältere Mann – gegenüber Silvia war er um mehr als zwanzig Jahre älter – und die junge Frau: er vielbeschäftigt und häufig in seinem Schauspielerberuf unterwegs, sie zu oft alleingelassen. Fred drehte Film auf Film. 1975 waren es allein für die DEFA fünf Spielfilme, 1976 sogar sieben! Anfangs saß sie oft zu Hause, nahm sich sogar die Zeit, aus den Urlaubsfotos ein Album zu gestalten. Sie schrieb zu jedem Foto einen Text, der so ganz nach Familienglück klingt: Papi nimmt Jettchen immer mit auf den großen Spielplatz – dort gibt es so viel zu entdecken! – Wie es ist, bleibt es nicht.

Es heißt, daß Eifersucht häufig Folge eines geringen Selbstwert-Gefühls ist. Trifft es auf ihn zu? Die durch Nicht-Schönsein verursachte Unsicherheit verliert man nie. Aber was bedeutet Schön-Sein? Er nannte sich als junger Mann »eine Maus unterm Heuschober«. Inzwischen, Mitte fünfzig, ist er ein populärer Schauspieler, dem sein Publikum große Sympathie entgegenbringt. Das Selbstbildnis von früher war längst zu korrigieren. Aber er kann es nicht und schleppt die Komplexe aus seiner Jugendzeit durch sein Leben. Sie lockten ihn in seinen Schauspielerberuf und wurden sein Glück. Doch dem Glück im Spiel folgte Pech in der Liebe.

Mitunter fühlte er sich nach einem Streit mit Eifersuchtsvorwürfen zu seiner Arbeit, die ihm alles bedeutet, nicht mehr in der Lage. Während der Dreharbeiten an dem Film »Feuer unter Deck« war er wieder einmal angeschlagen. Sein Filmpartner war Manfred Krug. Herrmann Zschoche führte Regie. Der Film erzählt die Geschichte vom Kapitän eines Elbdampfers, dessen Schiff aus Modernisierungsgründen stillgelegt werden soll. Man will ein Restaurant daraus machen. Fred und Hans Teuscher spielten in dem Film Kellner. Ein Kellner kann schon mal selbst ein Glas getrunken haben – so fiel Freds Unruhe nicht weiter auf. Aber in Gedanken war er in Leipzig, quälte sich mit Eifersuchtsphantasien.

1978 befand sich die Ehe bereits in einer tiefen Krise. Er spielte damals den Frosch in der »Fledermaus« an der Leipziger Oper – seine letzte Gastaufgabe am Theater in Leipzig. Vor der Vorstellung gab es eine Auseinandersetzung mit seiner Frau. Er trank vor seinem Auftritt eine halbe Flasche Sekt. Gottseidank ist der Gefängniswärter Frosch in der »Fledermaus« selbst alkoholisiert – die einzige Rolle, die er an diesem Abend spielen konnte. Sein Freund, der Schriftsteller Helmut Richter, der sich unmittelbar vor der Vorstellung um ihn kümmerte, riet, die Vorstellung abzusagen. Er lehnte ab. Die Oper war ausverkauft.

Seine Arbeit litt immer stärker unter der Zerrüttung der Ehe. Seine engsten Freunde, der Schriftsteller Helmut Richter und Erich Fabritzeck, ehemaliger Generaldirektor eines großen DDR-Unternehmens, wissen nicht mehr, wie sie helfen können. Oft war er nur noch ein heulendes Bündel. Vielleicht bekam in diesen Jahren seine Karriere einen Knick. Nie entscheidet allein die Kunst des Schauspielers über seinen Erfolg. Wie kaum ein anderer künstlerischer Beruf braucht der Schauspieler das Glück guter Rollen, guter Partner, eines guten Regisseurs und einer guten Kritik. Dieses Glück, von dem er einst so profitierte, als ihn Frank Beyer holte, er mit Angelica Domröse, Wolfgang Kieling, Manfred Krug oder Armin Mueller-Stahl drehte – dieses Glück hatte ihn verlassen. Stattdessen Nebenrolle auf Nebenrolle und zu Hause eine kaputte Ehe.

Inzwischen hoffte er nicht mehr auf Sylvia, sondern nur noch auf die Kinder. Einmal machte er seiner Frau den Vorschlag, für einige Zeit in eine eigenen Wohnung zu ziehen. Vielleicht könnte eine vorübergehende Trennung helfen. Dann wieder erwogen sie, der Kinder wegen zusammenzubleiben. Der Versuch brachte ihm die Ruhe zum Arbeiten nicht zurück. 1981 wurde die Scheidung eingereicht. Sylvia, die inzwischen mit einem anderen Mann zusammenlebte, erklärte in der Verhandlung, daß sie das Sorgerecht für Nici und Jette ihrem Mann überläßt. Fred hatte erreicht, daß die Kinder zu ihm kamen. Aber auch die vierte Ehe war gescheitert.

Was es bedeutet, plötzlich allein für zwei Kinder zu sorgen – er wußte es nicht. Die Kinder – Nici war neun, Jette sieben Jahre alt – mußten jeden Tag in die Schule gebracht werden. Er kocht für sie und bekommt zu hören: Bei Mutti sah die Frühlingssuppe ganz anders aus! – Wenn die Lehrerin zu Nici sagt: Laß dir das mal von der Mutti kaufen! war Fred am nächsten Tag in der Schule und bestand darauf, daß es auch alleinerziehende Väter gibt.

Seine Aufgabe wuchs ihm über den Kopf. Ihm blieb keine andere Wahl: Er sagte alle Film- und Fernsehangebote ab. Nur in den Ferien der Kinder kleine Rollen. Er nahm sie mit zum Drehen. Inzwischen fuhr er einen Citroën. Die Rückbank war umgebaut zum Kinderbett.

Den Produzenten beim Fernsehen war seine Lage nicht verborgen geblieben. Man sah ihm die körperliche und seelische Belastung in dieser Zeit ohnehin an. Für einen Mann wie Fred Delmare ist Arbeit die beste Theraphie. Das wußte man in Adlershof. Helmut Richter schrieb für ihn in einem großen Fersehspiel eine Hauptrolle. Aber der Regisseur hatte Zweifel, ob Delmare in seiner Verfassung die Aufgabe bewältigen kann. Man besetzte anders. Dann entschloß sich Fritz Selbmann vom Fernsehen zum Risiko. Fred bekam das Angebot einer Hauptrolle: den VP-Oberleutnant in »Die Leute von Züderow«. Der Film wurde durch Delmares Spiel ein großer Erfolg.

Bei den Dreharbeiten nahm sich das ganze Team der Kinder an. Doch seine Ruhe fand er nicht wieder. Bei einer

Nachtfahrt nach Potsdam – wieder wollte er zum Drehort – war er kurz davor, am Lenkrad einzuschlafen. Nur durch die Warnung eines vorausfahrenden Freundes wurde ein Unfall vermieden. Die Kinder schliefen hinten im Auto. – So konnte es nicht weitergehen.

Freunde rieten ihm, eine Annonce in die Zeitung zu setzen: Suche Frau zur Betreuung meiner Kinder. Er erhielt eine Zuschrift. Die Bewerberin wurde genommen. Doch als Fred sie eines Tages in der Kellerwohnung seines Hauses in Taucha inmitten von brennenden Kerzen fand, zweifelte er, ob die Kinder in guten Händen sind. Man trennte sich wieder. Durch einen Zufall – er ist wieder als Prominenter unterwegs – traf er im Vorzimmer des Protokollchefs eines Ministers auf Renate. Einige Zeit später meldete er sich bei ihr und fragte, ob sie ihm beim Erledigen seiner Korrespondenz helfen kann. Sie sagte zu, und es kam zu gelegentlichen Kontakten. Schließlich die Bitte, für einen Abend die Kinder zu betreuen. Renate, auf die Straßenbahn angewiesen, verspätete sich. Fred machte Vorwürfe. Danach wieder für lange Zeit kein Kontakt. Ein Dreivierteljahr später seine Entschuldigung und die Bitte um Hilfe bei den Kindern.

Renate zog in Freds Haus in Taucha ein und begann, sich um Nici und Jette zu kümmern. Dafür gab sie sogar ihre Arbeit auf. Nicht immer waren Fred und Renate bei der Kindererziehung einer Meinung. Aber mit Geduld und Liebe nahmen die Kinder Renate an, sagten Mutter zu ihr. Am 26. April 1986, zwei Tage nach Freds 64. Geburtstag, wurde Renate seine fünfte Frau.

Sechs Jahre zurückgeblendet, in den Spätsommer 1980. Das Telefon klingelte in seinem Haus in Taucha. Die Polizei teilte ihm mit, daß sich seine Fee – Felicitas, die Tochter aus erster Ehe – das Leben genommen hat. In West-Berlin.

Fee lebte bis zu ihrem 13. Lebensjahr bei der Mutter von Iris. Dann kehrte sie zur Mutter zurück. Einige wenige Male stand sie mit ihrem Koffer in der Pistoriusstraße vor dem Haus des Vaters und wollte bei ihm bleiben. – Dann mußt du aber dein Leben um 180 Grad ändern! – Sie wollte sich nicht an die Ordnung und die Regeln gewöhnen, die der Vater erwartete. Sie ging wieder zur Mutter zurück. Lernte den Beruf einer Krankenschwester – war es gern. Sie lernte einen Mann kennen, der aus Westdeutschland die Leipziger Messe besuchte. Irgendwann sorgte der Freund dafür, daß sie durch eine riskante Schleusungsaktion das Land verlassen konnte. Fred erfuhr davon durch einen Zufall. Männer am Nebentisch eines Restaurants unterhielten sich. In ihrem Gespräch fiel der Satz: Delmare seine ist auch abgehauen! – Er fragte nach – die Männer wußten nichts Genaues. Die Polizei in Leipzig bestätigte dann die Wahrheit. – Das war Mitte der 70er Jahre. Drei Jahre später erfuhr er aus der Zeitung von einem Selbstmordversuch seiner Tochter. Fee lebte in West-Berlin mit einem Arzt zusammen, einem Psychologen. Dieser Mann war eine undurchsichtige Erscheinung, man sagte ihm Kontakte zur Stasi nach. In einem Tatsachenbericht (Ferdinand-Peter Koch: Das Schalck-Imperium lebt, Piper-Verlag 1992) findet sich eine Passage, die Felicitas' Beziehung zu diesem Arzt beschreibt: »Was dieser Mann mir zugefügt hat, schrieb Felica an ihre Mutter nach Leipzig, hätte ich nie geglaubt, daß ein Mensch so schlecht sein kann. – Was hatte der Arzt mit der 27jährigen angestellt? Sie auch unter Hypnose gesetzt? Richter alias Löwe konnte kein gutes Gewissen haben, denn, so klagte Felica ihrem *lieben Peter:* Wenn es wirklich wahr ist, daß Du mich langsam entwöhnen willst und alles heimlich, still und leise im Sande verläuft, dann – finde ich – ist es an der Zeit, uns zu trennen. – Am 17. April 1980, gegen 23 Uhr, war Felica Delmare tot.«

Fred Delmare und seine Tochter Fee waren Gefährten im Leid, und vielleicht hätten sie einander vor dem Schlimmsten bewahren können. Einer den anderen. Seit Fees Tod geht ihm dieser Gedanke nicht aus dem Kopf. Wäre sie damals bei ihm eingezogen, als sie mit ihrem Koffer vor seiner Tür stand, sie hätten beide füreinander sorgen können – der Vater für seine erwachsene Tochter, die erwachsene Tochter für ihren Vater. Er glaubt, daß ihm dann die Ehe mit Sylvia erspart geblieben wäre. Er sagte damals nur: Dann mußt du aber dein Leben um 180 Grad ändern! Einen Satz, den er sich nicht verzeiht. – Fees Tod bleibt nicht sein letzter Schicksalsschlag.

Als in der Nacht zu seinem 71. Geburtstag Nici und dessen Freundin Susann mit Sekt auf Glück und Gesundheit anstießen, da hatte er für Momente das Gefühl, daß mit beiden etwas nicht stimmt. Es war nur eine Ahnung. Sicher, in den letzten Tagen hatte es Mißstimmungen zwischen dem Pärchen gegeben. Aber wo kamen sie nicht vor. Nicis Verbindung mit Susann besaß alles, was man einen Glücksfall nennen durfte. Vor drei Jahren lernten sie sich kennen und schienen füreinander bestimmt. Beiden war im jeweils anderen die große Liebe begegnet. Nici stand oft stundenlang am Fenster und erwartete Susann, die mit dem Bus direkt am Haus seiner Eltern vorbeifahren mußte. Konnte er wegen einer Schulfahrt oder nur einiger Urlaubstage mit den Eltern Susann nicht sehen, verlor er die Lust am Essen. So sehr liebte Nici Susann und so sehr liebte Susann ihren Nici. An einem ihrer glücklichsten Tage spielten sie ihre Hochzeit: Susann im weißen Brautkleid, Nici im Festanzug. Sie hatten es sich von Freunden geliehen. Sogar der Hochzeitsstrauß in Susanns Hand fehlte nicht. – Heute ist diese Szene ein Foto, bei dem Trauer aufkommt. Erinnerung an ein verlorenes Glück.

Möglicherweise hatte das Mädchen sich von Nicis Liebe erdrückt gefühlt. In den Tagen vor Fred Delmares 71. Geburtstag gab es Andeutungen, daß ein anderer die Beziehung störte, aber eine Trennung von Nici beabsichtigte Susann nicht. Das erklärte sie Nicis Stiefmutter Renate, die von Susann ins Vertrauen gezogen wurde, noch in der Nacht vor ihrem Tod.

Susann und Nici verließen den Vater kurz vor Mitternacht – jeder von den beiden hatte ein anderes Ziel. Fast wäre Fred seinem Sohn, der in die Diskothek des Schauspielhauses wollte, nachgefahren. Hätte er es nur getan. In dieser Nacht tötete Nici seine Freundin Susann durch 22 Messerstiche. Doch das wissen die Eltern zunächst nicht, sie sind in schrecklicher Sorge über das plötzliche Verschwinden des Pärchens. Doch am Sonntag Erleichterung. Nici meldet sich telefonisch aus Berlin. Susan sei bei ihm, sagt er. Kurz darauf ein zweiter Anruf – die Polizei. Susanns Leiche wurde gefunden. In einem Waldstück nahe Taucha fand sie ein Spaziergänger unter vorjährigem Laub. Die Fahndung nach ihrem Mörder wird ausgelöst.

Fred hielt sich zu diesem Zeitpunkt in Dresden zu Dreharbeiten auf. – Am Abend des 26. April 1993 gegen 22 Uhr rief man ihn ans Telefon. Renate meldete sich. Sie teilte ihrem Mann das Unfaßbare mit. Für beide ist klar, daß nur Nici – nach dem die Polizei immer noch fieberhaft sucht – es getan haben kann. Der nächste Tag – ein Montag – war für Fred Delmare Drehtag. Unter großer seelischer Last tritt er vor die Kamera. Noch nie in seinem Leben ist ihm die Arbeit so schwer gewesen. Dienstag endlich stellt sich Nici Delmare in Ahlbeck der Polizei und gesteht die Tat. Am Ende der Woche zog sich das Ehepaar für zwei Wochen aus der Öffentlichkeit zurück. Die Boulevardpresse suchte Fred Delmare für ihre Schlagzeilen. Sie fand sie auch ohne ihn: »Die schwerste Rolle schrieb das Leben ... «

Als Fred seinen Sohn das erste Mal in der Untersuchungshaft besucht, fließen auf beiden Seiten viele Tränen. Nici hatte vom Vater Vorwürfe erwartet. Doch Fred bietet Hilfe an – einen Anwalt und Geld. Was konnte Fred Delmare tun? Verständnis konnte er ihm nicht geben. Auch wenn er die

Qualen von Eifersuchtsphantasien kennt. Er weiß aus der Erinnerung an Lore Krull aus Bremerhaven um das Gefühl der ersten Liebe, die einem nicht genommen werden darf. Nicis Kurzschluß sind viele eigene Kurzschlüsse vorausgegangen.

Als im Mai 1994 der Fernsehsender SAT 1 die Geschichte dieser tragischen Liebe in seiner Sendereihe »Alarm« nachgestaltet, versucht eine Psychologin die Motive dieses Mords aus Liebe zu deuten. Für sie spielt eine große Rolle, daß Nici ein Scheidungskind ist. – Scheidungskinder, sagt sie, wollen es selbst besser machen. Meist gleich beim allerersten Mal. Sie wollen es nicht zu Trennungen kommen lassen, weil sie Trennungen bei ihren Eltern am eigenen Leib erlebt haben.

Nici Delmare wurde nach fast einem Jahr Untersuchungshaft 1994 wegen Mordes zu neun Jahren Gefängnis verurteilt. Das Gericht ordnete außerdem die Einweisung in eine psychiatrische Klinik an. Er hat inzwischen sein Urteil angenommen, begreift die Strafe für seine Schuld. Er hat es Susanns Mutter in einem langen Brief geschrieben. Er weiß, daß er den Eltern das Liebste genommen hat. Er weiß, daß er es sich selbst genommen hat. – Susanns Mutter erklärte vor der Fernsehkamera, daß sie bereit ist, ihm zu verzeihen.

Nici ist in der Klinik dabei, das Abitur nachzumachen. – Fred Delmare besucht seinen Sohn jede Woche. Renate, die Nici Mutter nennt, begleitet ihn.

Geblieben ist Fred die Freude über seinen Sohn Tino, der erfolgreich als Ingenieur tätig ist, und über die Tochter Claudia, die in Leipzig als Restaurantleiterin arbeitet. Aber auch Nicis Schwester Jette bereitet Sorgen. Immer wieder bricht der Kontakt zwischen Jette und dem Vater ab.

Sein privates Leben, sagt Fred Delmare über sich, ist ihm nicht gelungen. Es hat ihm nur eines gebracht: Er kann das Leid spielen. Er kennt es. Im Übermaß.

Aus Sorge um unser Land

Am 10. Januar 1990 verfaßte Fred Delmare folgenden Brief, den er Zeitungen übergab, mit der Bitte um Veröffentlichung. Der Wortlaut:

Aus Sorge um unser Land
Tagelang überlegte ich mir, schreibe oder schreibe ich nicht, denn es wurde und wird sehr viel geschrieben und noch mehr geredet. Sehr oft und immer wieder dasselbe. Einige wissen gar nicht, was sie von sich geben. Mich zwingt einfach mein Verantwortungsgefühl, meine Gedanken niederzuschreiben. Damit ich verstanden werde, muß ich einiges aus meinem Leben berichten.

August 1940 als Achtzehnjähriger zum Militär, Marine Bremerhaven, später Minensuchboot, März 1942 schwer verwundet, bis zum Ende des Krieges im Lazarett, Bauchsplitter, 18 Monate in Gips, verminderte Sehkraft. Wofür? Für Mörder und Verbrecher! Daß ich von Politik nichts mehr wissen wollte, ist klar. Nach dem Krieg Studium Hebbeltheaterschule Berlin, Engagement am Hebbel-Theater, November 1950 Engagement Städtische Bühnen Leipzig bis 1970, anschließend Fernsehen der DDR bis zum heutigen Tage.

Und nun zu den Dingen, die mich bewegen. Ich habe am 17. Juni 1953 in Leipzig eine Revolution erlebt – wir, das Volk, haben verloren. Ich habe zugesehen und als geschossen wurde einen Satz formuliert, der mir zum Verhängnis wurde. Man denunzierte mich. Auch mit Steinen sollte ich gegen die Polizei geworfen haben, was nicht den Tatsachen entsprach. Es gab eine Verhandlung, und wegen Mangels an Beweisen wurde ich freigesprochen, daraufhin aber zwei Jahre am Theater kaum besetzt. Gern bin ich bereit, über diese menschenunwürdige Verhandlung zu sprechen. Ein Zufall kam mir zu Hilfe. Helene Weigel besuchte die Probe zu Johannes R. Bechers Stück »Die Winterschlacht«. Dieser Frau habe ich es zu verdanken, daß ich mit der herrlichen Rolle des Oberkofler besetzt wurde. Der Erfolg war mein Glück.

Jetzt haben wir wieder eine Revolution und wir, das Volk, haben gesiegt. Den sechs Bürgern unserer Heldenstadt haben wir zu danken, daß nicht geschossen wurde und keine rumänischen Verhältnisse eintraten. Unter den sechs waren auch Genossen. Wir müssen aber auch dem ganzen Volk danken. Aber was geschieht mit unserem Sieg? Ich habe Angst, daß er verspielt wird. Die Parteien sind zerstritten. Sie maßen sich Dinge an, die sie nicht vertreten können. Meine Erwartungen an den »Runden Tisch« sind nicht erfüllt. Denn was tun diese Gruppen konkret, um der Wirtschaft zu helfen? Nichts. Sie greifen nur die SED-PDS an. Sie haben recht, diese Partei hat viele Verbrechen begangen (Personen, die Verbrechen begangen haben, müssen schneller und hart bestraft werden, ohne Ansehen der Funktion). Aber man vergißt oder will es vergessen, daß viele gute Genossen hart gearbeitet und ihre Gesundheit und manche ihre Familien geopfert haben. Am »Runden Tisch« wird nur gefordert. Und nun meine Frage. Warum mißtraut man der Übergangsregierung Modrow? Woher nehmen sich einige das Recht heraus, die Arbeit dieser Regierung zu stören? Haben sie vergessen, was in dieser kurzen Zeit geschaffen wurde: Regierung abgesetzt, teilweise verhaftet, Grenzen offen, sogar das »Brandenburger Tor«, jeder kann fahren, wohin er will, sogar kleine finanzielle Zuschüsse werden ermöglicht und weitere werden geschaffen. Wer ist kompetenter als diese Modrow-Regierung? Sie braucht Vertrauen, gleich welcher Partei sie angehört. Die Besten sollen regieren. Sie haben es bisher verstanden und werden es bis zur Wahl garantiert weiter tun. Wissen, Können, Ehrlichkeit und die Fähigkeit zum Regieren sind wichtig und helfen unserem Volk. Die Opposition hat das Recht, zu kontrollieren, denn Kontrolle ist wichtig, arbeiten ist aber ebenso wichtig.

Im Augenblick herrscht ein Chaos in unserem Land. Möge man sich finden. Unser Volk wird bei der Wahl entscheiden und denen die Stimme geben, die bis dahin Vertrauen geschaffen haben und alle anderen, die nur reden und nicht handeln (weil sie es nicht können) zum Teufel jagen.

Dies alles lag mir am Herzen. Fred Delmare.

PUMPERNICKEL AUS DEM OSTEN

Wo sein Publikum war, wollte auch er sein. Drei Wochen vor der in Leipzig, aber auch im Land alles entscheidenden Demonstration am 6. Oktober ’89 – Mitte September besuchte Fred Delmare das Montagsgebet in der Leipziger Nikolai-Kirche. Diese Kirche war das Zentrum der friedlichen Revolution. Es war vor allem der mächtige spätgotische Raum mit der Rokoko-Verzierung an der Decke, der zum Schutzraum wurde. Hier war die Macht der Polizei zu Ende. Daß trotzdem viele Spitzel in Zivil ausgeschickt waren, das Tun der Kirche zu überwachen, ist bekannt. Erich Loest hat in seinem Roman »Nikolaikirche« alles erzählt. In der Nikolaikirche sammelten sich die Mutigsten, von hier aus brachen sie Montag für Montag zur Demonstration auf dem Leipziger Ring auf.

Fred Delmare gehörte zu ihnen nicht. Es war Jahre zuvor – da lernte er bei einer Schulungsveranstaltung seiner Partei, an der ausgewählte Leipziger Künstler teilnahmen, den Chef der Leipziger Staatssicherheit, Generalmajor Hummitzsch, kennen. Die Sache war zu Ende. Der Stasi-Mann hatte so gesprochen, daß man den ganzen Apparat, der hinter ihm seinen Verwaltungsbezirk im Griff hatte, vergessen konnte. Fred hatte keine Hemmungen, sich nach dem Vortrag – in den Minuten, da jeder mit jedem noch ein paar Worte wechselt – in die Nähe von Hummitzsch zu begeben. – Hast du was auf dem Herzen, Schauspieler, sagte Hummitzsch, und es sollte freundlich klingen. – Durchaus. Es gibt da einen hochbegabten Keramiker in Leipzig. Er ist schwer krank. Im Westen lebt ein Arzt, der ihm helfen kann. Er darf aber nicht ausreisen. Kann man nicht etwas für ihn tun? – Wie heißt der Mann? – Skourupa, Horst. – In vierzehn Tagen hörst du von mir, nicht eher!. – Nach vierzehn Tagen traf aber kein Anruf bei Fred in Taucha ein, und so rief er bei der Bezirksverwaltung der Stasi, der »Runden Ecke«, in Leipzig an. Man ließ ihn telefonisch nicht bis zum General vor, versprach aber, die Sache auf seinen Tisch zu bringen. Einige Tage später meldete sich Hummitzsch persönlich mit der Mitteilung, daß der Keramiker in den Westen fahren kann. So hatte Fred Delmare einen guten Eindruck vom Leipziger Stasi-Chef gewonnen und hielt ihn – alles in allem – für einen ehrenwerten Mann, der durchaus ein Wort geben und es halten konnte.

Erfahrungen wie diese, die Spuren in ihm hinterließen, verschlossen ihm aber nicht den Mund. Wer ihn auch immer als Prominenten in sein Kulturhaus einlud, ihn auf die Bühne setzte oder auch einfach nur mitten auf die Tanzfläche, mußte darauf gefaßt sein, daß der Gast kein Blatt vor den Mund nahm. Irgendwann fahr ich allein nach Hause, sagte sein Fahrer Peter Hagewald nicht nur einmal. Aber Fred war ein Schlitzohr. Er besaß Schwejksche Schläue, sich zu schützen: Wenn er mal wieder seinen Dampf abgelassen hatte – gegen Intershops, Reisebeschränkungen und Privilegien, die immer nur die Falschen bekommen –, dann fügte er meist eine kleine Fußnote an: Wissen Sie, meinem Freund Bruno Apitz hatten sie mal ein Haus angeboten. Das hatte allen Komfort, den man sich wünscht. Aber Bruno zog nach zwei Wochen wieder aus. Er wollte zurück in seine Wohnung im fünften Stock am Alex in Berlin. Da war er den Menschen näher! – Bruno Apitz war nach seinem Roman »Nackt unter Wölfen« ein DDR-Heiliger geworden. Angreifbar war auch der nicht, der ihn »meinen Freund« nennen durfte! Und Brunos Pippig-Darsteller durfte es.

Fred war weder feige noch war er gegen den Sozialismus. In einer Talk-Show am 12. September '89 in Dresden, als die meisten die Zustände in ihrem Land nicht länger hinnehmen wollten, hatte er sich dem Moderator und dem Publikum erklärt. Sein Grundsatz in diesen Tagen laute: Bleibe im Lande und wehre dich täglich! Stürmischer Applaus von allen Seiten, obwohl der Satz nicht einmal von ihm stammte. Aber er sprach damit im September '89 die Volksmeinung aus.

Die, die sich in diesen Tagen in der Nikolaikirche in Leipzig trafen und den Schutz des Kirchenraums wirklich brauchten, unterschieden sich von dieser Mehrheit. Sie wollten die Gegenwehr, und zwar erstmals öffentlich. Im gewaltlosen Protest, sicher, aber sie wollten diesen Protest nicht länger im privaten Zorn verdampfen sehen. Trotzdem ging gerade Fred Delmare, kurz nach seiner »Dresdner Rede«, in die Nikolaikirche. Er wollte nicht davon hören, was dort geschah, sondern es selbst erleben. So wie er sich für seine Rollen das Leben genauer anschaute, wollte er auch diesmal nicht vom Hörensagen leben, zumal er wußte, daß es in diesem Fall auf böswillige Verleumdung zurückging.

Vier Stunden saß er in der Nikolaikirche an diesem Montagnachmittag. Die Tür war von Hummitzsch-Leuten, was er vielleicht nicht einmal ahnte, blockiert. Drinnen sang man Kirchenlieder, viele Kirchenlieder, von denen er keine Textzeile kannte. Mit seinen Erfahrungen als Synchronsprecher sang er tonlos, aber mit erstaunlich überzeugenden Lippenbewegungen mit. Und er hörte es mit eigenen Ohren, wie der Pfarrer die Versammelten von der Kanzel herunter beschwor, gewaltlos zu protestieren. – Fred Delmare fühlte sich wohl unter ihnen – auch das waren »seine Leute«.

Als sie endlich die Kirche verlassen konnten, nahm der Strom ihn mit auf den Leipziger Demo-Ring. Von links rief man: Stasi in den Tagebau! – von rechts: Visafrei bis Hawaii! Fred Delmare hatte reisen können, wann immer er wollte. In den letzten drei Jahren vor dem Herbst '89 sogar mit seiner Frau. Für den 8. Oktober war die nächste Reise geplant. Künstlerglück! Und er hatte sich vor Monaten gegenüber dem Stasigeneral darüber beklagt, daß er seinen Reisepaß immer in Berlin abholen muß. Warum nicht in Leipzig! fragte er Hummitzsch. – Was hätten die anderen um ihn herum zu diesem Zeitpunkt darum gegeben, überhaupt einmal in den Westen reisen zu dürfen! Sie waren bereit, sich das Visum von überall abzuholen. Noch war der Mauerfall nicht abzusehen.

Der große Zug kam immer wieder ins Stocken. In den kleinen Marschpausen an diesem Montagabend Mitte September gab Fred Delmare Autogramme. Die kuriosesten seines Lebens. Ein Mann erbat sich den Namenszug auf den blauen Hundert-Mark-Schein der DDR. Ein Mädchen raffte seinen Rock und wollte, daß Fred Delmare ihr das Autogramm aufs Bein schrieb. – Schön, daß sie auch zu uns gehören! sagte ihm ein alter Mann, der Fred erkannt hatte.

Wo sein Publikum war, wollte auch er sein. Diesmal hatte ihn das Publikum eingeladen. Und er zweifelte nicht daran, daß er richtig war.

Zunächst änderte sich nach dem, was inzwischen den Namen WENDE bekommen hat, nicht viel an Fred Delmares Leben. Der Blick zurück wurde kritischer. In den nächsten Talk-Shows, zu denen er reichlich eingeladen wurde, sagte er jetzt immer öfter: Das konnte ja nicht gut gehen, und meinte die 20 Pfennig für die Straßenbahnfahrt, die 120 Mark Miete, die er für seine Elf-Zimmer-Villa bezahlt hatte, und das Brot in den Müllkübeln. So kommt kein Staat durch, und das dachte er nicht erst seit kurzem. Nur hatte er sich als Konsequenz nicht das Verschwinden seines Landes vorstellen können. Aber diese Phantasie fehlte ihm nicht allein. – Im übrigen wartete er. Auf Angebote – auf die großen Rollen im freien Film- und Fernsehgeschäft. Und das Angebot kam. Im Sommer '90 – deutsche Politiker handelten sich noch Paragraphen für den Eingungsvertrag ab – klingelte des Telefon, und ein guter Bekannter meldete sich: Das ZDF will eine Serie drehen: »Viel Rummel um den Scooter«, soll sie heißen.

Felix Huby hat das Buch geschrieben. Günther Fischer macht die Musik. – Der Anrufer war der Regisseur Klaus Gendries, der beim DDR-Fernsehen einige gute Komödien gemacht hatte. – Nur, sagte Gendries, die Sache hat einen Haken. Deine Rolle ist schon besetzt, mit Christian Blech.

Sie war von Anfang an von der »novafilm«, der Produktionsfirma, mit Christian Blech besetzt worden. Er sollte die Einschaltquoten garantieren. Nur wußte man, daß Blech seit einiger Zeit gesundheitlich nicht mehr belastbar war. Regisseur Gendries konnte sich – wenn Blech absagen würde – Delmare gut vorstellen. Die Rolle war für einen vitalen alten Mann angelegt: der Kopf einer Familiendynastie von Schaustellern. Von dem ersten Geld, das er einst mit seinem Karussell verdient hatte, kaufte er den Scooter, diese kleinen, zweisitzigen Wagen, mit denen man auf dem Rummel so gern auf Crashkurs geht. Was damals modern war, ist heute längst von den Überschlagsesseln und anderen vollautomatischen Luftschaukeln überholt. Der alte Mann kämpft um sein Lebenswerk gegen die Konkurrenz, bis zum Herzinfarkt. Zur Familie gehören zwei Kinder mit ihren Familien – eine aus dem Westen, die andere aus dem Osten. Alle wissen, daß die Tage für das Scooter-Geschäft gezählt sind.

Die Kulisse des Rummels garantiert einen farbigen Schauplatz, Ort für große und kleine Abenteuer und das Wohnwagen-Zuhause einer Großfamilie. Die Abenteuer, die sich Felix Huby ausgedacht hat, sind dann eher harmlos: Einmal ist es ein Überfall von Rockern, ein anderes Mal der Geburtstag des Enkels vor dem Hintergrund des Streits zwischen dem Ost- und dem Westfamilienzweig.

Jeder Teil 25 Minuten für das Vorabendprogramm. Zur Besetzung gehörten Walter Plathe, Claudia Rieschel, Marjam Agischewa und Heinz Rennhack. Ob Fred Delmares Name dazukommen würde – das mußte sich erst noch entscheiden. Also warten in den nächsten Wochen. – Dann klärte sich alles auf eine Weise, die Fred Delmare nicht glücklich machte – Christian Blech fiel durch eine erneute Herzschwäche aus, kurz darauf starb er. Die Rolle des Opa Rodin gehörte dem Ersatzmann.

Einen Tag später wollte die »novafilm« Delmare bereits in Berlin sehen. Er reiste in Berlin wie immer auf seine Weise an – mit dem Taxi von Peter Hegewald. Und erschien mit Fahrer vor den Herren von »novafilm«. Otto Meissner, der Chef, ließ eine zweite Kaffeetasse auf den Tisch stellen und kam zur Sache: Ja, Herr Delmare, wir möchten Sie gern in unserem Scooter-Projekt besetzen. Haben Sie Zeit? – Ja, er hatte Zeit.

Gendries hatte ihm viel über die Rolle erzählt. Sie hat komische und tragische Momente, sie braucht Temperament und die Weisheit eines Clanältesten. Vielseitigkeit, wie Delmare sie nach seinen vielen Chargen-Rollen der letzten Zeit gern wieder zeigen wollte. Man wurde einig, auch über die Höhe der Gage. Bei der DEFA hatte er zuletzt 850 Mark am Tag, und das war unter den Kollegen fast der Höchstsatz. Jetzt zahlte man ihm mehr.

Die Dreharbeiten verliefen harmonisch. Immer, wenn Kollegen, die er von früher durch gemeinsames Arbeiten kennt, mitwirken, fühlt er sich von Beginn an sicherer. Mit Walter Plathe verbanden ihn mehrere gemeinsame Filme, mit Marjam Agischewa stand er bereits oft vor der Kamera, und Klaus Gendries hatte schon vor Jahren endlich seine komischen Seiten gefordert. Auch mit denen, die er vorher nicht kannte, kam er gut zurecht: Zu Claudia Rieschel aus Hamburg entwickelte sich vom ersten gemeinsamen Drehtag an eine gute Atmosphäre. Wichtig ist ihm die Achtung vor dem, was der andere kann. So begegneten sich nicht alle in den ersten Jahren nach dem Mauerfall. Die heiße Zeit deutsch-deutscher Rivalitäten brach an. Was war am deutschen Filmgeschäft vereint, wenn sich DEFA und Fernsehen in der Abwicklung befanden? Vereint hatte sich nur der deutsche Schauspielermarkt. Damit war dafür gesorgt, daß aus Kollegen Konkurrenten werden konnten.

Fred kam mit seiner ersten großen Rolle, die er nach der Vereinigung spielte, gut zurecht. Der Film wurde ein Erfolg und – wie die Kritik schrieb – vor allem für Fred Delmare. In den Szenen mit den Enkelkindern zeigte sich sein Spiel so leicht, so schnörkellos, daß man wünschte, er bekäme gleich mehr Rollen, in denen er sich endlich wieder entfalten kann.

Das wünschte Fred Delmare sich auch. Kein Kurt Hager und keine oberstes Fersehkomitee konnten ihm mehr ein Angebot verwehren. Das Telefon klingelte nach der Ausstrahlung des Films Anfang '91 oft. Kollegen, Bekannte gratulierten zum Erfolg seines Scooter-Films. Aber neue Angebote erhielt er nicht. Die Fersehsender glaubten, ihren Beitrag zur deutschen Einheit abgeleistet zu haben. Jetzt erschienen vorzugsweise wieder die üblichen Gesichter auf dem Bildschirm. Für Fred Delmare begann eine Zeit langen Wartens.

Noch war er Schauspieler im Ensembles des inzwischen wieder auf Deutscher Fernsehfunk umbenannten Hauses in Berlin-Adlershof. Aber der staatlich bestellte Abwickler Mühlfenzl tat bereits seine Arbeit. Alles rechtens – gemäß Artikel 36 des Einigungsvertrags. Im Sommer 1991 meldete sich Delmare beim Fernsehen, um zu erfahren, wie man dort seine Zukunft sah. Er brauche sich keine Sorgen zu machen, solange er unter Vertrag steht, lautete die Antwort. Doch dann kam ein Brief der Abwicklungsgesellschaft des Fernsehens ins Haus: Das Arbeitsverhältnis wird einvernehmlich zum 1. 1. 1992 aufgehoben. – Einvernehmlich, bei diesem Wort konnte er nur lachen. Vier Monatsgehälter als Abfindung war man bereit zu zahlen. Sollten sie ein Trost sein für den Verlust des Arbeitsplatzes nach 22 Jahren? Wen kümmerte es, daß es die besten Jahre seiner schauspielerischen Laufbahn waren? Er hatte den Pippig zuerst für das Fernsehen gespielt, dann erst hatte sich die DEFA Apitz' Romans

»Nackt unter Wölfen« angenommen; er war als Enno Kluge der Partner von Wolfgang Kieling in »Jeder stirbt für sich allein« gewesen; er hatte für die »Schauspielereien« vor der Kamera gestanden, zuletzt mit der großen Käthe Reichel. – Jetzt hießen die »Titel«: Abwicklung, Evaluierung, Liquidation. In gutem Juristendeutsch auch der letzte Satz des Kündigungsbriefs: Die Parteien erkennen an, daß bis zum 1.1.1992 alle gegenseitigen Ansprüche aus dem Arbeitsverhältnis abgewickelt sind. – Jetzt schien der Name, den er sich manchmal selbst gab, zu stimmen: Pumpernickel aus dem Osten.

In der nächsten Zeit fielen hin und wieder kleine Rollen für ihn ab. Hier ein Drehtag, dort zwei. Im »Bergdoktor« gab er seine Visitenkarte ab, in den »Sylter Geschichten« konnte man ihn in einer Folge einen Tag beschäftigen, genauso wie im Pilotfilm für die neue Reihe »Auf eigene Gefahr«. – Er konnte der Familie, den Kollegen, die er ab und an traf, sagen, daß er dabei war. Aber wirkliche Aufgaben für einen Darsteller seines Formats bekam er fast drei Jahre lang nicht. – Trotzdem ergaben sich in dieser Zeit interessante Begegnungen – als Partner von Götz George – für einen Drehtag. Auf die kleine Aufgabe hatte er sich gründlich vorbereitet. Aber die Aufregung kroch in ihn hinein, als er neben »Schimmy« vor der Kamera stand. Und er produzierte einen Hänger. Trotz der mehr als 200 Film- und Fersehrollen nimmt sein Lampenfieber im Alter immer mehr zu. Er entschuldigte sich bei George, aber schon die erste Wiederholung klappte. In der nächsten Einstellung hing George mit dem Text und kommmentierte seine Panne verschmitzt: Jetzt sind Sie wohl enttäuscht!

Delmare war überhaupt nicht enttäuscht. Er lernte noch andere große Namen des Films kennen und lernte unterscheiden. Da gab es jene, die sich ihre Star-Rolle in irgendwelchen Serien zugelegt hatten. Sie besaßen kein besonderes

Talent, dafür um so mehr Eitelkeit. Und es gab die anderen, wie Götz George, die für ihren Erfolg hart arbeiteten und in jeder Minute kollegial blieben. Auch die Schauspieler Peter Sattmann und Klaus Wennemann gehören für ihn dazu. Wennemann hatte sich mit der Titelrolle im »Fahnder« seinen Namen erspielt, aber ein anderer ist er nicht geworden.

Mit Manfred Krug stand er auch einen Tag vor der Kamera. Kleine Szene: Als »Liebling Kreuzberg« fährt Krug mit seinem Mercedes in ein Dorf und fragt nach dem Weg. Fred Delmare fiel die Rolle zu, Auskunft zu geben. Trotzdem freute er sich auf den Drehtag mit seinem »Manne« und der sich auf ihn. – An Manfred Krug beobachtete er dasselbe, was ihm schon an Götz George und Klaus Wennemann aufgefallen war. Die Großen ließen sich nicht vom Regisseur ins Bild schieben, sondern machten das Bild von sich selbst. Als man Delmare als alten Mann vor eine Haustür gesetzt hatte, die eine Villa geschmückt hätte, aber nicht ein altes Landhaus, da schritt Krug ein. Er schaute auf alles. – Diese Tür nicht! Ja, Menschenskinder, seht ihr das denn nicht!

Später zeigte sich ein anderes Problem. Für das Gespräch zwischen Krug und Delmare ließ sich kein Blickkontakt herstellen. Die Kamera versperrte die Sicht. Fred schaute am Stativ vorbei. Der Kopf sah eigentümlich verrenkt aus. – Ja, seht ihr das denn nicht! polterte Krug los und brach die Szene ab. – Der Axel sieht mich nicht und ich sehe ihn nicht! – Die Kamera wurde anders postiert. Erst dann drehte man die Einstellung zu Ende.

Daß einem die Serien-Figur zur zweiten Haut wird – dem wollte und will er entgehen. Als sich das Besetzungsbüro der »Lindenstraße« bei ihm meldete, kam er beinah in Versuchung. Gewissermaßen zum Warmwerden holte man ihn am Anfang für Drehtage nach Borna. Wohl zum ersten Mal hatte sich das »Lindenstraßen«-Team zu einem Außenschauplatz begeben. Die Rolle der Claudia Rantzow hatte es nötig gemacht. Nach der deutschen Einheit erinnerten sich die Drehbuchautoren plötzlich der Möglichkeit, daß Claudia Rantzow, die sächische Blumenverkäuferin in der Lindenstraße, Eltern haben konnte. Fred Delmare wurde als Vater und Käte Koch als Mutter engagiert und eine »Lindenstraßen«-Episode nach Borna verlegt. Die Sache war in zwei Tagen abgedreht und vergessen, da klingelte eines Tages das Telefon bei Delmare und das Besetzungsbüro Geißendörfer meldete sich ein zweites Mal. Claudia wird heiraten und zwar ausgerechnet den Sohn der Hausmeisterin Else Kling, und zur Hochzeit müssen die Eltern der Braut anreisen. Die Szene, die man für Vater Rantzow geschrieben hatte, gefiel Fred.

Das Griechische Restaurant aus der »Lindenstraße« war im Atelier aufgebaut – gut dreißig Schauspieler und Statisten saßen um den Hochzeitstisch der Rantzows. Eben hatte gerade Else Kling, die »Perle« unter den deutschen Hauswartsfrauen, der Schwiegertochter ganz gegen ihre Art mit Tränen in den Augen ihren Familienschmuck angelegt. – Die nächste Szene spielte zwischen Franz Wittich, einem Onkel der Beimer-Familie, und Vater Rantzow. Der immer etwas giftige Wittich hatte sich laut Textbuch gerade über die überteuerten Speisen in einem Nobel-Restaurant aufzuregen. Dann:

West-Onkel Wittich: 25 Mark für einen Spaghetti-Teller kann man mit einer armseligen Pension gar nicht bezahlen! Warum werden die Pensionärsbezüge immer niedriger? Weil wir seit nun bald fünf Jahren die da durchfüttern müssen! – Dazu hatte er provozierend auf Vater Rantzow zu blicken.

Rantzow-Delmare: Mich müssen Sie nicht ernähren!

West-Onkel Wittich: Ach nee, sind Sie nicht Frührentner? Na, wer zahlt denn für Sie? Honecker vielleicht?

Rantzow-Delmare: Ich hab' ein Leben lang schwer gearbeitet!

West-Onkel Wittich: Gearbeitet? Nichts als geschludert habt ihr vierzig Jahre in eurem Sozialismus! Ist doch nichts nachgeblieben in eurem lausigen Staat als Ruinen und Schulden, für die wir jetzt geradestehen dürfen!

Rantzow-Delmare: Ich wollte nicht wiedervereinigt werden mit Leuten wie Ihnen!

Delmare war bei den Dreharbeiten ungewöhnlich aufgeregt. Er kam als Neuer in ein Team, das seit Jahren aufeinander eingespielt war. Und so reichte ihm die Erfahrung von Teil 435 der »Lindenstraße«. Auf weitere Fortsetzungen seiner Rolle war er nicht scharf – und das nun nicht etwa wegen deutsch-deutscher Animositäten, sondern einfach aus Angst, in einer so großen Serie das Gesicht zu verlieren. Serien reduzieren die vielen Gesichter eines Schauspieler auf eins. Klassische Folge: Zuschauer pflegen nunmehr die Schauspieler mit dem Ausruf zu begrüßen: Ach, das ist doch der aus der »Lindenstraße«! Solche Wirkungen kennen Regisseure auch, sagt sich Fred Delmare.

Im Januar 1994 war er prominenter Gast der Sendung »Spot(t) an« des MDR-Fernsehens. Der Moderator erkundigte sich nach Delmares Beschäftigungslage. Zur Antwort bekam er: Wir müssen jetzt nehmen was kommt. Ich bin froh, wenn ich Arbeit habe. Wie unsere Arbeiter auch in diesem Land. Es tut weh!

Für Fred Delmare sind solche Sätze niemals Sprüche – er weiß, was ihn mit seinem Publikum verbindet. – Die kleinen Leute haben sie immer zuerst dran! – Dafür gab es im Dresdner Studio Beifall von allen Seiten. Auch die Techniker klatschten.

Ein wenig häufiger konnte er das Wort »Drehtag« in seinen 94er Kalender eintragen. Wieder hatte ihn Otto Meissner für einen Film des ZDF verpflichtet. Es war eine kleine Rolle in einem Fortsetzungsteil der Serie »Elbflorenz«: zwei Szenen, insgesamt sieben Einstellungen. Es ging um einen Antiquitätenhändler aus Dresden, der Laden und Haus verkaufen will für eine Seniorenwohnung im Schwarzwald. Seine Partnerin war die junge Gerrit Kling. Sie besucht den alten Mann als interessierte Käuferin. Delmare schaffte in der ersten kurzen Szene ein ambivalentes Bild von seiner Figur: Will er möglichst viel Geld rausschlagen oder kann er sich von Haus und Laden nicht trennen? Die wahren Absichten blieben offen, und für die Rolle entstand ein Spannungsbogen zur zweiten Szene, die sehr spät im Film lag. Erst jetzt wird klar, daß es dem alten Mann nicht um das Geld geht – er kann nicht Abschied nehmen von seiner Heimatstadt Dresden. Er sitzt im Sessel, blickt aus dem Fenster auf den Elbhang hinunter zum »Blauen Wunder«, schließt die Augen, als wollte er dieses Bild in seine neue Umgebung mitnehmen, und dreht kurz den Kopf. Der Zuschauer sieht den Anflug einer Verkrampfung über das Gesicht laufen, dann fällt der Kopf kraftlos zur Seite. – Der Antquitätenhändler ist tot.

Wie Delmare diesen Tod spielte – leise und mit den sparsamsten Mitteln, das berührte und zeigte, daß er trotz des langen Wartens auf größere Rollen nichts von seinen schauspielerischen Mitteln eingebüßt hat.

Für das ZDF drehte er im selben Jahr mit dem jungen Regisseur Jens Becker »Katrin & Wladimir«, ein 90-Minuten-Film fürs Abendprogramm. Er spielte zwar wieder den Opa der Familie – die sechste Opa-Rolle seit der Wende –, aber diesmal bewegte er sich in einer guten Geschichte: In einem Krankenhaus begegnen sich Katrin und Wladimir. Er ist aus Kiew, leidet unter den Spätfolgen der Tschernobyl-Katastrophe. Aber auch Katrin ist auf den Tod krank. – Opa Berger hat in einer großen Szene mit seiner Enkelin Katrin die Chance, zum besten Opa der Welt aufzusteigen, weil er ihre Liebe zu Wladimir nicht nur versteht, sondern ihr auch hilft. – Wieder spielt Fred seinen Part leise und unaufdringlich. Mit seinem weißen Haar, das er in dieser Zeit lang trägt, und seinem freundlichen Lächeln strahlt er Stärke aus, die er gar nicht hat. In dieser Zeit läuft der Prozeß gegen seinen Sohn Nici. Aber er läßt sich beim Arbeiten nicht mehr so leicht in die Seele schauen. Privatsachen hält man besser aus der Arbeit heraus. Als er 1983 als alleinsorgender Vater mit seinen Kindern »Die Leute von Züderow« drehte, da teilten die Kollgen mit ihm auch seine Privatsache. – Beim ZDF kam »Katrin & Wladimir« gut an. Die Kritiken nannten den Film zwar etwas melodramatisch, aber das lag im Trend.

Und dann traf sie bei ihm in Taucha ein, die Anfrage, auf die er so lange gewartet hatte. Nicht aus München von der Bavaria, nicht aus Hamburg, nicht von Atze Brauners Studios. Sie kam vom ORB, dem Ostdeutschen Rundfunk Brandenburg. Klaus Schlesingers Roman »Matulla und Busch« – von Plenzdorf zum Drehbuch umgearbeitet – sollte verfilmt werden. Eine letzte Hauptrolle für den damals 88jährigen Erwin Geschonneck. Erwin hatte sich Fred Delmare als Partner gewünscht – für die Rolle des Freundes Busch.

Die Regie in dieser Koproduktion des ORB mit dem SFB und dem MDR führte Geschonnecks Sohn Matti. Mit ihm traf sich Fred unweit des Deutschen Theaters in Berlin in einem Café. Sie sprachen über den Film, und Matti Geschonneck entwickelte seine Vorstellungen von der Rolle des Busch. Doch nach der Leseprobe war sich Fred gar nicht mehr so sicher, ob er sie auch spielen wird.

Sie saßen in einem kleinen Atelierzimmer zusammen. Vor jedem stand ein großer Topf Kaffee. Früher waren Erwin und Fred aufeinander zugelaufen, hatten sich in die Arme geschlossen und gesagt: Na, Alter, was macht das Leben! Heute betrat Erwin mit dem Stock das Zimmer, und Fred war es, der auf ihn zugehen mußte.

Fred fühlt sich bei Leseproben nie besonders wohl. Er ist ein Schauspieler, der zum Text die Aktion braucht. Das mag vom Theater kommen, folgt aber auch seinem schauspielerischen Naturell. Die Handlung ist der Tiegel der Worte – so schrieb es Friedrich Dürrenmatt einmal und meinte damit, daß erst das Handeln das Sprechen notwendig macht. Bei einer Lesung geht es nur um die sprachlichen Resultate des Handelns, das in diesem Moment wegfällt. Wer Fred also nicht kannte, konnte ihn bei der Lesung des Szenariums von Ulrich Plenzdorf für einen blutigen Anfänger halten. Aber das tat in dem Atelierzimmer niemand.

Die Rolle des Busch war für Delmare nicht einfach. Sie setzte ihn unter Matulla. Das gibt bereits der Roman vor. Denn Matulla ist es, der plötzlich Nachricht erhält, in Berlin ein Haus geerbt hat. Busch wird sein Begleiter beim Antritt des Erbes. Er schiebt den Rollstuhl seines Freundes vom West-Berliner Stadtteil Kreuzberg in den Ost-Berliner Friedrichshain, denn die Woldemarstraße gab es in Berlin zweimal. Und das Erbe galt es im Osten anzutreten, wo – und daraus entwickelt sich die Handlung des Films – das Haus von jungen Alternativen besetzt war.

Geschonneck freute sich auf den Film, aber er fiel dem 88jährigen bereits schwer. Fred mußte sieben Mal zum Auto mit den Gänsen laufen, weil Erwin ihn mit einer Geste im Stich ließ. – Aber mit der Ruhe und dem sanften Nachdruck von Regisseur und Sohn Matti bekamen sie die Einstellung in den Kasten.

Delmare spielte den Busch als uneigennützigen Vermittler zwischen den Fronten. Matulla wollte sofort die Spontis und Alternativen aus seinem Haus setzen – Busch sah es weniger hitzig und schlug Abwarten vor. Irgendwann fängt Matulla Feuer für die jungen Leute, aber als die Polzei zu einer Razzia ins Haus kommt und nach Rauschgift sucht, liefert er merkwürdigerweise den jungen Toni an die Ordnungshüter aus. Das macht Busch dem streitsüchtigen Alten zum Vorwurf. – Zum ersten Mal, daß Busch nicht hinnimmt, was Matulla macht. – Geschonneck spielt die Kampfeslust des

Matulla mit vorgeschobener Unterlippe: Du bist doch nur wegen meiner Großzügigkeit hier! Du hast gedacht, du kannst bei Matulla deinen Schnitt machen! – In Busch bricht über so viel Ungerechtigkeit eine Welt zusammen. Er blickt lange auf Matulla. Sein Gesicht drückt Fassungslosigkeit aus. Er scheint wie gelähmt. – Delmare hält die Spannung bis zum letzten Moment. Dann wiederholt er tonlos: Großzügigkeit? und zieht sich schnell an, greift seine wenigen Sachen und verläßt den Freund mit einem leisen: Also dann! – Eine große Szene des Films von Geschonneck und Delmare! Fred hatte seine Rolle bis zu diesem Moment zurückgenommen. Eine kluge Einteilung des Rollenaufbaus. Um so größer war jetzt die Wirkung, als Busch sich plötzlich gegen Matulla zur Wehr setzt. Der Zuschauer konnte wieder einmal in Delmares Darstellung das Bild des kleinen Mannes erleben, der sich nichts gefallen läßt.

Eindrucksvoll der komödiantische Schluß. – Als Matulla seinen Busch in einer Berliner Kneipe wiedergefunden hat und sie zum Haus zurückkehren, ist Polizei aufgezogen und sperrt die Straße ab. Das Haus soll gesprengt werden. Die letzten Sekunden vor der Sprengung werden ausgerufen. Busch sucht seinen Matulla und vermutet ihn im Haus. Die Detonation ertönt. Qualm und Staub dringen aus dem Eingang. Busch läuft hinein und stolpert beinah über Matullas Füße. Er setzt sich im verrauchenden Qualm neben seinen Freund, der reglos am Boden liegt, und sagt den komischsten Satz des ganzen Films: Ich dachte, dir ist etwas passiert! Delmare spricht ihn in vollem Ernst, fast beruhigt. – Die Sorge des kleinen Mannes um seinen Freund beschäftigt ihn in diesem Moment mehr als die Wahrheit der Situation. Er sieht nicht, daß Matulla längst tot ist. In dem Irrtum, den Delmare für die Busch-Figur behauptet, liegt das tragikomische Moment. Plötzlich erscheint Busch als einer der kleinen Leute, denen Delmare zeit seines Schauspielerlebens so viel

Lebenswahrheit zu geben wußte: Busch ist durch den Tod Matullas der wahre Verlierer der Geschichte – er weiß es nur noch nicht. – Anrührender war dieser eine Satz nicht zu spielen. Es braucht schon ein langes Schauspielerleben in großen wie in kleinen Rollen dazu, um es zu können.

Dieses Schauspielerleben geht weiter. Ein »Tatort« für den MDR wurde abgedreht – eine kleine Rolle: drei Einstellungen, zwei lebend, eine als Leiche, prächtig vom Maskenbildner hergerichtet. – Die Rolle in einem anderen »Tatort« bekam er nicht. Helmut Richter, sein Freund, hatte sie für ihn geschrieben – ein Alter von der Pferderennbahn, aus dem die Berufsjahre einen Pferdedoktor gemacht haben. Mit dieser großen Rolle besetzte man nicht Delmare, sondern Rolf Hoppe. Hoppe dreht überall in der ARD, nur beim MDR nicht, in dessen Sendegebiet er zu Hause ist. Man wollte ihm eine Rolle anbieten. – Delmare ist der Letzte, der seinem Freund und Kollegen die Aufgabe neidet, außerdem war er gerade in einer anderen MDR-Serie gut beschäftigt: »Königsstein«. Doch es zieht sich eine andere Ungerechtigkeit durch sein Leben, die ihn bitter macht: Delmare durfte 1967 den »Kafka«-Film nicht drehen und 1986 nicht mit Mario Adorf zusammen das »Heimatmuseum«. Hoppe hatte mehr Glück: 1980 spielte er in Istvan Szabos »Mephisto«, dann bei Peter Schamoni, Bernhard Wicki und Jerzy Kawalerowicz, 1994 schließlich unter der Regie von Klaus Maria Brandauer. Hoppes Karriere wurde international. Delmares durfte es nicht werden. Ungerecht ist das Leben kleiner Leute.

EIN BLUMENTOPF FÜR EIN INTERVIEW

Unsere Gesprächssitzungen im Wohnzimmer seines Hauses in Taucha nähern sich ihrem Ende. Ich habe mich durch sein Leben durchgefragt.

Axel kündigt mir an, daß sich für heute ein Journalist zu einem Interview angemeldet hat. Ich könnte mit dabeisein. Ihn kontrollieren, ob sich seine Wahrheiten nicht von Zeit zu Zeit verschieben. – Warum nicht. Noch einmal sein Leben – andere Fragen, vielleicht auch etwas andere Antworten. Es klingelt. Nachdem man ihn in seinem Haus überfallen hat, ist er mißtrauischer geworden. Bei aller Tragik, übrigens eine herrliche Geschichte, der Überfall: Axel hat in auswegloser Situation – vier gegen einen – einen Herzanfall markiert, ist zu Boden gegangen und dann in einem unbeobachteten Moment aus dem Fenster gesprungen. Er war jederzeit Herr der Situation. – Durch die Gardine hindurch sehen wir, daß am Ende des kurzen Vorgartenwegs an der Tür ein Mann steht – vielleicht Anfang vierzig. Er hält ein großes Paket im Arm, das er von grauem Seidenpapier befreit. Ein Blumentopf! – Den darf ich Ihnen in meinem Namen und im Namen der Schulklasse überreichen. Wir freuen uns, daß Sie die Zeit für uns haben. Die Blume ist für ihren Swimingpool. Ich weiß, daß Sie seit zwei Jahren einen überdachten Pool haben. – Axel ist vom das Wissen seines Gastes überrascht. Er brummt irgend etwas in seinen Bart, dann laut und unverändert freundlich: Eine Schülerzeitung also. – Kinder, junge Leute, die zwei Generationen jünger sind, interessieren sich für Fred Delmare. Wie kommt es, daß er auch heute wieder bei Schülern populär ist, frage ich mich. Durch die Märchenfilme, die er gedreht hat? Vielleicht. – Der Mann zeigt sich überaus höflich, verzichtet auf den angebotenen Kaffee, möchte nur ein Mineralwasser, will nicht lange stören. Dann versucht er umständlich sein Mini-Kassetten-Gerät in Betrieb zu setzen – ein Diktiergerät. – Habe ich gestern gekauft. Für das Gespräch heute. Übrigens, wendet er sich an Axel, haben Sie gestern einen Anruf bekommen? – Delmare weiß mit der Frage wenig anzufangen. – Ich habe viele Anrufe erhalten, gestern. – Der Mann, immer noch mit seinem Diktiergerät beschäftigt, erklärt: Ich weiß, wie ich mich bei prominenten Schauspielern zu verhalten habe. Die kann man nicht gleich auf ihrem Hotelzimmer überfallen. In Leipzig wird ein »Tatort« gedreht, und da habe ich Rolf Hoppe im Hotelfoyer abgepaßt. Ich hatte das Glück, kurz mit ihm zu sprechen. Was mich so verwundert, nein, froh stimmt, ist, daß auch dieser Mann ganz normal ist. – Bei Axel beginnt sich die Stirn leicht zu kräuseln. – Als ich ihm erzählte, daß ich heute bei Ihnen, Herr Delmare, bin, da wollte er sie anrufen. – Axel weiß sich zu helfen: Hat er vielleicht keine Zeit gehabt, der Rolf. Beim Drehen gehört einem die Zeit nicht mehr. Über die verfügt der Regisseur. Dafür bekommt man ja das Honorar! – Er lacht schallend. – Aber wir haben auch wenig Zeit. Fangen Sie an.

Der Mann zieht drei Blätter aus einer Mappe und legt sie vor sich hin. Eng beschrieben mit Fragen. – Nach dreißig Minuten muß ich Schluß machen, wegen der Kassette. – Axel atmet durch. – Aber die anderen Antworten kann ich mir ja notieren. – Axel stöhnt leise. – Der Mann hat es bemerkt: Na gut, ich kann für die Schülerzeitung auch keine vier Seiten schreiben! – Anfangen, Meister! ruft Delmare ihm ungeduldig zu. Sie kriegen am Schluß auch ein Autogramm. – Ich habe schon eins, aber ich nehm gern noch ein zweites, das kann ich dann vertauschen.

Der Mann ist immer noch bei den Präluminarien zu seinem Gespräch: Ich wollte mich noch etwas vorbereiten. Das wäre leichter gewesen, wenn ich Arnold Schwarzenegger oder

Sylvester Stallone interviewen wollte. Über sie gibts Bücher, über unsere Leute nicht. – Damit zieht er Axel auf seine Seite. Ich schalte mein eigenes Aufzeichnungsgerät ein und gebe das Gespräch hier unverändert wieder – noch einmal ein Durchlauf durch das Leben des Axel Delmare, vielleicht eine Essenz.

Also, Herr Delmare, meine erste Frage im Namen der Klasse 6b lautet: Wie sind Sie zu Ihrem Beruf gekommen?

Axel: Das weiß ich selber nicht. (Auf dem Band ist ein Hüsteln zu hören. Dann eine Pause. Er zündet sich eine Zigarette an, wie immer, wenn er eine Situation genießt.) Bei uns in der Familie gibt es niemanden, der mit Kunst etwas zu tun hatte. Das waren alles Sportler. Von meinem Vater angefangen bis zu meinem Onkel Wilhelm. Ich habe Werkzeugschlosser gelernt. Zum ersten Mal mit dem Theater in Berührung gekommen bin ich in Fürth bei Nürnberg. Dort hatte mein Freund eine Tante. Sie war Hofschneiderin im Fürther Stadttheater. Er hat sie besucht, und ich durfte ihn begleiten. Die Tante hat uns das Theater von der anderen Seite, von hinten, erleben lassen.

In Sonneberg wäre ich niemals zu meinem Beruf gekommen. Also habe ich mich freiwillig zum Militär gemeldet und kam nach Bremerhaven. Fast jeden Abend drückte ich mich im Theater herum, spielte sogar kleine Statistenrollen. Als eine Freundin mich in die Vorstellung begleiten wollte, bat ich jemanden, meine Rolle zu übernehmen. Ein Sack mußte über die Bühne getragen werden. Ich hatte mich dafür geschämt. Man muß im Theater bereit sein, jede Aufgabe zu erfüllen, auch die kleinste. Das gilt überhaupt im Leben, sagen Sie das den Schülern! – Nach dem Krieg hat mein Vater begriffen, daß es mir mit dem Theater ernst war. Ich ging nach Weimar und nahm Unterricht zur Vorbereitung auf die

Hebbel-Theater-Schule in Berlin. In Berlin blieb ich bis Anfang '50. Nach Leipzig bin ich wegen einer Augenoperation gekommen. Gleichzeitig bewarb ich mich am Theater, wo ich schließlich zwanzig Jahre gespielt habe. Dann ging ich zum Film.

Meine zweite Frage lautet ... (dann bricht er ab, setzt neu an, als habe er sich selbst zu korrigieren). Wie gesagt, ich gebe nur wieder, was die Schüler wissen wollen: Was gefällt Ihnen an der Schauspielerei?

Axel: An der Schauspielerei gefällt mir, daß ich viele Menschen wiedergeben kann, die ich beobachtet habe. Ganz in der Nähe, kleine Leute. Ich habe wahrscheinlich gar nicht so viel Phantasie, mir etwas auszudenken, was noch nie dagewesen ist. Das ist auch nicht Sache des Schauspielers – oder? Mir gefällt es, Menschen mit meinen Mitteln zu zeigen. Ich habe so viele verschiedene Rollen gespielt: Totschläger und Totgeschlagene, Chefs und Untergebene, Glückliche und Unglückliche. Jetzt spiele ich den Chef eines Beerdigungsunternehmens. Ich war auch schon Professor für Psychiatrie und ein Kindesmörder – die Verwandlung macht mir Spaß.

Sie wollen nicht festgelegt werden. – Meine nächste Frage: Wie bereiten Sie sich auf ihre Rollen vor bzw. wie lernen Sie ihre Texte?

Axel: Das kommt darauf an, *was* ich spiele. Wenn ich einen Dreher spiele, gehe ich irgendwo in eine Fabrik und schau mir das an. Gut, ich bin gelernter Werkzeugmacher. Da weiß ich, was ein Dreher tut. Für den Kohlen-Ali ging ich zu den Kohlenträgern. Ich bin dann kein Kohlenträger, aber ich beherrsche einige Dinge, wie sie wirklich sind.

Was war ihre schönste beziehungsweise anspruchsvollste Rolle?

Axel: Die schönsten waren der Pippig in »Nackt unter Wölfen« und der van der Lubbe im »Teufelskreis«. Dann gabs noch eine dritte: den Calvino in Enzensbergers »Das Verhör von Habana«. Das Stück spielt in Kuba, was dem Enzensberger damals so gefiel. Es war eine Rolle am Theater. Die Bestialität dieses Ramon Calvino, der zur Konterrevolution von 1961 gehörte, als die USA auf Kuba einmarschieren wollten, ist nicht zu überbieten – der hat ungeborene Kinder aus den Bäuchen von Schwangeren herausgetreten. Wir hatten damals am Theater einen kubanischen Berater. Dem war schon vom Zusehen schlecht. Mein Chef, der Karl Kayser, hat ihn beruhigt: Der spielt bei uns auch den Diener zweier Herrn. Damit wollte er wohl sagen, daß ich nicht immer so bin.

Mit wem spielten beziehungsweise würden Sie gern wieder zusammen spielen? Ich meine jetzt Schauspielerkollegen.

Axel: Ich möchte zuerst Günther Simon nennen. Leider ist er viel zu früh gegangen. Er war durch die vielen Filme, die wir zusammen gedreht haben, mein Freund. Lebte er noch – ich würde gern noch einmal mit ihm spielen. Er besaß eine solche Herzlichkeit ohne jedes Falsch, die ich bei einem so Großen unseres Fachs nicht wieder gefunden habe. – Nach der Wende habe ich den Schauspieler-Kollegen Klaus Wennemann kennengelernt und gute Erfahrungen gemacht. Ein imponierender Kollege in seiner Arbeitsdisziplin und seiner Herzlichkeit! Dann mein Freund Walter Plathe. Und schließlich Schimmy. Ich meine Götz George. Mit ihm habe ich nur einen Tag gedreht. Aber es war ein schönes Arbeiten. Auch mit Dietmar Schönherr. – Das sind alles Leute, die ihr Fach verstehen und dabei normal geblieben sind. – Der Partner, der mir in den letzten Jahren am meisten bedeutet hat, ist Erwin Geschonneck. Es war sein Wunsch, daß ich mit ihm in unserem Film »Matulla und Busch« von Ulrich Plenzdorf und Jurek Becker spiele. Geschonnecks Sohn führte Regie. Es war ein schönes Arbeiten. Erwin hat auf der Pressekonferenz gesagt, »Matulla und Busch« war sein letzter Film. Also werde ich mit ihm auch nicht noch einmal spielen können. Die Luft wird dünn in meinem Alter, falls ihre Schüler jetzt verstehen, was ich meine.

Welche war Ihre peinlichste Situation beim Film?

Axel: Peinlich? Peinlich war überhaupt nichts. Vielleicht, als ich einen Schornsteinfeger spielte und aufs Dach mußte, aber nicht konnte. Ich bin nicht schwindelfrei. Irgendwie hab ich es dann doch gemacht, aber fragen Sie nicht, mit welcher Überwindung.

Die nächste Frage, die die Schüler sehr interessiert: Welche Art Filme schauen Sie sich privat gern an?

Axel: Das ist schwierig. Was das Fernsehen heutzutage anbietet, macht mich nicht froh. Schon an den Filmen kann man ablesen, in welchem Land wir leben: in einem kinderlieblosen Land, in einem korrupten Land voller Kriminalität und Brutalität. Ich denke an Filme zurück, die wir früher gemacht haben. Beispielsweise die »Viechereien« mit Agnes Kraus. Es waren Filme, die auch nicht am Alltag vorbeigingen, aber viel Freundlichkeit besaßen. Unsere Filme – vielleicht liegt es daran, daß es Filme aus meiner großen Zeit waren – hatten Ernsthaftigkeit und ließen die Zuschauer lachen. Wenn ich mitgespielt habe, konnte man immer lachen. Wenigstens einmal. Das war mir wichtig.

Wenn Sie könnten, was würden Sie heute anders machen?

Axel: Ich würde mich dafür einsetzen, daß es weniger Arbeitslose gibt. Es ist schrecklich, ohne Arbeit zu sein. Das frißt die Seele weg. – Ich würde für die Kinder und Jugendlichen etwas tun, damit sie wieder eine Perspektive haben. Daß ich ihnen nicht raten muß: Geht ins Ausland! Manchmal scheint es mir der einzige Weg mit Perspektive zu sein! Ich weiß nicht genau, was man tun muß, damit es besser wird. Was bei uns geschieht, kann es nicht sein. Ich ahne noch aus Zeiten meines Gewerkschaftslebens am Theater, was helfen könnte: gerechter verteilen. Nicht, daß die DDR es beherrscht hätte, aber die Theorie stimmt. Ich würds jetzt einfach machen.

Was die Kinder besonders interessiert, sind Ihre Indianerfilme. Durch sie sind Sie den Kindern ein Begriff. – Haben die Indianerfilme Ihnen auch besonderen Spaß gemacht?

Axel: Wunderbar. Ich habe viele meiner Kaskaden selbst gemacht. In dem ersten Indianerfilm »Spur des Falken« sollte ich in einen Holzbottich geworfen werden, ins Wasser. Gojko Mitic war mein Partner. Geht der Wurf nur ein Stückchen daneben und man kommt an der Wand des Holzbottichs auf, dann brauchst du gar nicht nach deinem Schutzengel zu rufen – du *bist* querschnittsgelähmt. Sollte ich mich doubeln lassen? Ich habs überlegt, ehrlich. So mutig bin ich nicht. Gottseidank bin ich – in diesem Fall mal gottseidank – nicht so groß, und Gojko ist ein guter Sportler. Also haben wir es gemacht. Und er hat wunderbar geworfen, gleich bei der ersten Einstellung lag ich mitten im Bottich. – Ein zweites Mal hätte ich das nicht mitgemacht. – Es gab noch einmal so eine knifflige Sache. Mit Pfeilen sollte auf mich geschossen werden. Wir hatten den DDR-Meister im Bogenschießen dafür engagiert. Ich hatte gerade einigermaßen Vertrauen gefunden, da wird der Mann krank. – Als Vertretung kam der Vizemeister. Ich schaute ihm zu, wie er sich auf Blechbüchsen einschoß. Als ich das gesehen hatte, lief ich zu Dr. Kolditz, unserem Regisseur: Du, die Szene drehen wir heute lieber nicht! – Ich habe gar nicht gewußt, daß es solche Unterschiede zwischen einem Ersten und einem Zweiten geben kann. Wir haben lieber gewartet, bis der Meister wieder gesund wurde. – Solche Erinnerungen habe ich an die Indianerfilme. Wir Schauspieler hatten schon unseren Spaß dabei – und deshalb wohl auch die Zuschauer.

Welche Rolle würden Sie gern einmal spielen?

Axel: Die Hauptrolle in einem Film von Werner Heiduczek. Das Buch liegt vor – das Geld fehlt. Um die Realisierung des Films kämpfen wir jetzt schon fünf Jahre. Es handelt sich um eine wahre Geschichte, die tragisch endet. Das wäre noch einmal eine große Rolle für mich – vielleicht ein schöner Abgang vom Film.

An welchen Projekten ... ach, mein Band ist zu Ende ... dann schreib ich Ihre Antworten mit ... Also, an welchen Projekten arbeiten Sie zur Zeit?

Axel: Ich habe einen »Tatort« mit Peter Sodann abgedreht und die Serie »Königsstein« – beides für das MDR-Fernsehen. Mit »Königstein« soll es sogar weitergehen. Wir werden noch eine Staffel drehen. Man hat mir gesagt, daß es auch meinetwegen geschieht. Eigentlich hätte ich im letzten Teil sterben sollen, aber sie haben mich weiterleben lassen, für die Zuschauer. – Ist das nicht schön?!

Sie sind also noch gut im Geschäft?

Axel: Gottseidank. Ohne meine Arbeit wär ich nichts mehr. Oder sagen wir für Ihre Schüler: Ohne meine Arbeit ... Nein, lassen Sie es so: Ich wäre nichts mehr ohne meine Arbeit.

Ich habe mich auch mit Rolf Hoppe darüber unterhalten. Er ist ja auch noch gut im Geschäft ...

Axel: ... Rolf hatte das Glück, daß er bereits zu DDR-Zeiten raus konnte. Seine Rolle als Göring in der Verfilmung des »Mephisto«-Romans von Klaus Mann hat ihn wahnsinnig weit nach vorn gebracht. Ich hatte das Glück nicht. Ich hatte Angebote. Mich hat man nicht drehen lassen. Das nehme ich der DDR und dem Hager persönlich sehr übel. Bis ans Ende meiner Tage. Vielleicht säße ich dann heute nicht hier oder hätte nicht nur einen Drehtag mit Schimmy. – So bin ich ein kleiner Mann in meinem kleinen Land geblieben ...

Herr Delmare, das stimmt nicht ...

Axel: Na, vielleicht haben sie mich ein paar Zentimeter wachsen lassen. Aber zu groß durfte ich ihnen nicht werden. – Mit 75 Jahren werde ich auch nicht mehr wachsen – oder? Für eine Korrektur ist es zu spät. – Die Schüler sollen darauf achten, daß sie zwei Worte in ihrem Leben nicht zu häufig benutzen müssen: ZU SPÄT und HÄTTSTE. – Für mich ist es für manches ZU SPÄT. Für einen Schüler, der in der Schule nicht alles Wissen mitnimmt, was ihm geboten wird, ist es eines Tages, wenn er das Wissen braucht, ZU SPÄT. Dann sagt er sich: HÄTTSTE ... Diese Worte gelten immer einem Fehler, den man nicht korrigieren kann. Aber dann ist es ZU SPÄT.

Apropos Fehler. Welchen Fehler würden Sie nie mehr machen?

Axel: Welchen Film ich nicht mehr machen würde?

Nein, welchen Fehler?

Axel: Früher hätte ich gesagt: Ich würde die ganz kleinen Rollen nicht mehr annehmen. Aber heute bleibt mir oft keine andere Wahl. Ich will arbeiten. Ich habe ja viele kleine Rollen gespielt – ich habe große gespielt, größer gings gar nicht, aber eben auch viele kleine. Zum Beispiel im »Dritten« in der Regie von Egon Günther. Ich hatte fünf Sätze. Und wenn sie da aus dem Kino rausgehen und die Leute erkennen sie, und wenn die Filmkritiker sie für eine so kleine Rolle erwähnen, gleich neben den Hauptdarstellern – dann haben sie etwas gekonnt. – Also sind auch kleine Rollen keine Fehler. Mich haben sie groß gemacht – die kleinen Rollen und die kleinen Leute. Bin selbst einer.

So, dann will ich mich verabschieden. Möchten Sie das Gespräch dann noch einmal lesen, wenn ich es abgeschrieben habe? – Nein, sagt Axel. – Machen Sie ruhig alles so, wie Sie wollen. Bald kommt mein Buch. Darin steht dann die ganze Wahrheit über mich. – Hoffentlich, denke ich.

I
Zeittafel

24. April 1922: Werner Vorndran erblickt als einziges Kind von Lina, geborene Heß, und Max Vorndran in Hüttensteinach, Karlstraße 36, das Licht der Welt. Sein Vater, gelernter Schreiner, ist in der Sonneberger Pianofabrik als Klavierbauer tätig. Die Mutter näht in Heimarbeit Berufskleidung, später – nachdem ein Teil des Heeresbekleidungsamts nach Sonneberg verlegt worden ist – auch Uniformen. Sie ist die Zweitälteste von sechs Geschwistern (fünf Mädchen, ein Junge; der Junge ist Werners Onkel Wilhelm, der als kaufmännischer Angestellter in dem amerikanischen Großhandelsunternehmen WOOLWORTH in Sonneberg tätig ist). – Vater Max hat zwei Schwestern, die Zwillinge Martha und Alma.

1928 bis 1936: Besuch der Volksschule in Hüttensteinach; kleinere Rollen in der Bauernbühne von Malermeister Schau, u.a. in der Aufführung »Die sieben Schwaben«

1931: Arbeitslosigkeit des Vaters.

6. Juni 1935: Tod der Mutter mit 39 Jahren. Als Folge einer Operation an der Gebärmutter tritt eine Lungenembolie ein, an der die Mutter verstirbt. Lina Vorndran hatte sich der Operation wegen des Kinderwunsches der Eltern unterzogen. – Lebt danach abwechselnd bei den Großeltern Thekla und Alwin Vorndran in Sonneberg und beim Vater, bis dieser eine Anstellung beim Autobahnbau findet.

1936: Fahrradfahrt mit dem Schulfreund Eberhard Langguth nach Fürth bei Nürnberg, wo Eberhards Tante Rosalia Recke am Fürther Stadttheater als Schneiderin tätig ist. Besuch von Vorstellungen, Bekanntschaft mit der Soubrette Else Bibel. Danach Wunsch, zum Theater zu gehen. Für den Vater bedeutet dieser Entschluß eine Enttäuschung.

1. September 1936: Da nach Schulabschluß in keinem seiner gewünschten Lehrberufe eine Anstellung möglich ist, tritt er als Gehilfe in die Sonneberger Firma SPINDLER (Herstellung von Isolationsmaterial für elektrische Anlagen) ein – mit der Aussicht, nach einem Jahr als Lehrling übernommen zu werden.

1. September 1937 bis Juli 1940: Lehre als Werkzeugschlosser in der Firma SPINDLER, die er erfolgreich abschließt.

1. Oktober 1940: Meldet sich als Kriegsfreiwilliger zur Marine, um einem Einsatz in der Infanterie zu entgehen. Wird in Bremerhaven bei der 10. Schiffs-Stamm-Abteilung stationiert, wo er nach einer Grundausbildung zwei Jahre Bursche bei Konteradmiral Clave ist. Besuch des Stadtheaters in Bremerhaven. Dort 1941/42 beim Intendanten Georg Saebisch erster Schauspielunterricht (etwa zwölf Stunden). Außerdem Mitwirkung als Statist an einer Operetteninszenierung. – Liebe zu Lore Krull (Tochter eines Bäcker- und Konditormeisters in Bremerhaven), die durch ein Mißverständnis kurz vor der Verlobung unglücklich endet.

15. März 1943: Erste Einsatzfahrt als Kesselwart auf einem Minenleger in Richtung Tromsö. Unterwegs schwere Bauchverletzung beim Reinigen der Kesselrohre. Ohne Teilnahme an Kriegshandlungen bis Kriegsende Aufenthalt in verschiedenen Marinehospitälern (Reval, Marienwerder, Sanderbusch bei Wilhelmshaven, Bremerhaven).

Mai 1945: Nach nahezu abgeschlossener Genesung Flucht vor amerikanischer Kriegsgefangenschaft aus dem Hospital in Bremerhaven. Heimkehr nach Hüttensteinach zum Vater.

Herbst 1945: Versuch, am Meininger Theater bei einem Schauspieler Unterricht zu nehmen. Nach kurzer Dauer erfolglos abgebrochen.

1946: Schauspielunterricht bei Walter Jupé in Weimar, der am Deutschen Nationaltheater engagiert ist. Vorbereitung auf die Hebbel-Theater-Schule in Berlin. Einstudierung des Mortimer aus »Maria Stuart« und des Wurm aus »Kabale und Liebe«. – Annahme des Künstlernamens Fred Delmare (nach einer Romanfigur).

1947 bis Frühjahr 1950: Externer Schüler an der Hebbel-Theater-Schule in Berlin. Privater Unterricht vor allem beim Leiter der Schule, dem Regisseur und Schauspieler am Hebbel-Theater Karl Meixner. Übernahme von Assistentenaufgaben am Hebbeltheater bei den Inszenierungen Karl Meixners. Erlebt 1948 als Hospitant die Entstehung der Inszenierungen »Draußen vor der Tür« (Regie: Rudolf Noelte) und »Die Fliegen« (Regie: Jürgen Fehling), die beide große Erfolge für das Hebbel-Theater werden. – Außerdem Statistenrollen.

Zum Ende seiner von ihm selbst organisierten Ausbildungszeit spielt er verschiedenen Berliner Theaterleitern vor, so Viktor de Kowa und Ernst Legal, die ihm alle großes Talent bescheinigen.

1948 Beginn eines schweren Augenleidens. Zehnmonatiger Krankenhausaufenthalt (St.Georgen-Krankenhaus in Berlin). Als sich die Möglichkeit andeutet, nie wieder vollständig zu gesunden und den Schauspielerberuf nicht ausüben zu können, Selbstmordversuch.

Rege Tätigkeit als Schwarzmarkthändler zur Finanzierung seines privaten Schauspielunterrichts in Berlin.

1949 Leitung eines Tourneetheaters, mit der Schauspielerin Leny Marenbach als Star. Die Thüringentournee (einzige Tournee seines Theaters) im Herbst 1949 erlebt nur vier Vorstellungen, darunter eine in seinem Geburtsort. Aufgeführt wird ein literarisch-musikalisches Nummernprogramm.

Herbst 1950: Wechsel von Berlin nach Leipzig. Die Wahl von Leipzig hängt mit der Möglichkeit zusammen, dort bei einem Spezialisten das Augenleiden auszuheilen und am Leipziger Theater ins Engagement zu gehen. – September 1950 Vorspiel vor dem Leipziger Intendanten Max Burghardt. Engagment mit Vertrag als Schauspieler und Regieassistent ab 1. November 1950 (Anfangsgage 650 Mark).

1950 bis 1970: Schauspieler am Leipziger Theater im festen Vertrag als Ensemblemitglied (siehe Verzeichnis der Theaterrollen).

1952: In erster Ehe mit Iris Brockmeier verheiratet, die er als Sängerin im Chor der Leipziger Operette kennenlernt. – Ein Jahr später Geburt der Tochter Felicitas. Nach 15monatiger Dauer wird die Ehe im Herbst 1953 geschieden.

1956: Erste große Filmrolle als Marinus van der Lubbe im »Teufelskreis« (Regie: Carl Balhaus), danach regelmäßige Arbeit für den Film (siehe Verzeichnis der Filmrollen), später auch für das Fernsehen (siehe Verzeichnis der TV-Rollen).

1957: Tod des Vaters in Kronach (Bayern).

1959: In zweiter Ehe mit Mona Winzer verheiratet. Am 27.1.1960 wird der Sohn Tino geboren. – Scheidung der zweiten Ehe 1964.

7. Oktober 1960: Erhält den Kunstpreis der DDR für seine schauspielerische Arbeit, insbesondere für den Fernsehfilm »Nackt unter Wölfen« nach dem gleichnamigen Roman von Bruno Apitz.

1963: Rolle des Pippig in der DEFA-Verfilmung des Romans »Nackt unter Wölfen« (Regie: Frank Beyer).

1963: Eintritt in die SED

1965: In dritter Ehe mit Dagmar Marquardt verheiratet. – Dagmar war Schauspielstudentin in Leipzig und ging später als Schauspielerin nach Dessau ans Landestheater. Am 19.11.1965 wird die Tochter Claudia geboren. – Die Ehe mit Dagmar endet 1973.

1970: Ausscheiden als Ensemblemitglied aus dem Leipziger Theater, um sich ohne zeitliche Einschränkung den Aufgaben bei Film und Fernsehen widmen zu können. Bis 1977/78 noch mehrere Gastaufgaben am Theater in Leipzig (letzte Rollen in dem Theaterstück »Das Konzert von San Ovidio« von Antonio Buero Vallejo und als Frosch in der Operette »Die Fledermaus«).

Nach Wahlmöglichkeit zwischen festem Vertrag als Schauspieler bei der DEFA und beim Fernsehen der DDR entscheidet er sich mit Wirkung vom 1. August 1970 für den Eintritt ins Schauspielerensemble des Fernsehens.

1973: In vierter Ehe mit Silvia Kallnbach verheiratet. Am 16.12.1973 wird der Sohn Nici geboren, am 3.8.1975 die Tochter Jette. – Die Ehe mit Silvia wird im Juni 1982 geschieden. Er erhält bei der Scheidung des Sorgerecht für die Kinder. – Um sich der Kindererziehung widmen zu können, von 1982 bis 1984 entscheidende Einschränkung der beruflichen Tätigkeit.

1980: Freitod der Tochter Felicitas in West-Berlin.

1986: In fünfter Ehe mit Renate Schuck verheiratet.

1. Mai 1987: Anläßlich seines 65. Geburtstags für sein schauspielerisches Gesamtwerk Auszeichnung mit dem Vaterländischen Verdienstorden in Gold.

1.1.1992: Die Liquidationseinrichtung des Deutschen Fernsehfunks löst nach fast 22 Jahren Zugehörigkeit zum Schauspielensemble seinen Arbeitsvertrag auf (mit Wirkung vom 1.1.1992). Seit dieser Zeit als freier Schauspieler in Taucha bei Leipzig. Arbeit vor allem für das Fernsehen (ARD und ZDF). – Solistische Auftritte mit verschiedenen eigenen literarischen Programmen.

1994: Verurteilung seines Sohns Nici wegen Mords an Susanne Schmidt zu neun Jahren Gefängnis.

II
Verzeichnis der Theaterrollen an den Städischen Theater Leipzig

Spielzeit 1950/51

1. George Bernard Shaw: Die heilige Johanna; Regie: Fritz Wendel; Bühnenbild: Walter Schröter; Premiere: 10.12.1950, Schauspielhaus
Rolle: Bruder Martin Ladvenu

2. Marcel Pagnol: Zum goldenen Anker; Regie: Winkler; Bühnenbild: Franke; Premiere: 9.5.1951, Schauspielhaus
Rolle: Brun, der kleine Heizer der Dampffähre

3. Friedrich Wolf: Bürgermeister Anna; Regie: Hans-Dieter Schmidt; Bühnenbild: Paul Franke; Premiere: 21. 6.1951, Schauspielhaus
Rolle: Mathias, genannt »Menne«, Sohn des Großbauern Lehmkuhl

Spielzeit: 1951/52

4. I. Popow: Die Familie; Regie: Johannes Arpe; Bühnenbild: Paul Pilowski; Premiere: 21.11.1951, Schauspielhaus; Rolle: Lusnezow, Gymnasiast, Kamerad Wladimir I. Lenins

5. Gerhart Hauptmann: Florian Geyer; Regie: Johannes Arpe; Bühnenbild: Walter Schröter; Premiere: 25.12.1951, Schauspielhaus
Rolle: Martin, ein fahrender Schüler

6. Nikolai Gogol: Der Revisor; Regie: Wolfgang Böttcher; Bühnenbild: Wolfgang Böttcher; Premiere: 4.3.1952, Schauspielhaus
Rolle: Ossip, Chlestakows Diener

7. Romain Rolland: Robespierre; Regie: Arthur Jopp/Max Burghardt; Bühnenbild: Paul Pilowski, Premiere: 8.5.1952; Welturaufführung des Stücks, Schauspielhaus
Rolle: Der kleine Duplay, Sohn eines Tischlermeisters

8. Maxim Gorki: Jegor Bulytschow und die anderen; Regie: Fritz Wendel; Bühnenbild: Paul Pilowski; Premiere: 21.6.1952, Schauspielhaus
Rolle: Propotej, ein frommer Narr

9. Carlo Goldoni: Der Diener zweier Herren; Neu gefaßt von Wolfgang Böttcher und Fritz Wendel; Regie: Wolfgang Böttcher; Bühnenbild: Wolfgang Böttcher; Premiere: 19.8.1952, Kammerspiele, auch Freilichtaufführungen; Rolle: Truffaldino (Diener zweier Herren)

Spielzeit 1952/53

10. Wsewolod Iwanow: Panzerzug 14 – 69; Regie: Arthur Jopp; Bühnenbild: Paul Pilowski; Premiere: 23.10.1952
Rolle: Okorok

11. Johann Wolfgang Goethe: Egmont; Regie: Fritz Wendel; Bühnenbild: Paul Pilowski; Premiere: 7.12.1952, Schauspielhaus
Rolle: Erster Mann aus dem Volke

12. Ferdiand Raimund: Rappelkopf oder Der Alpenkönig und der Menschenfeind; Regie: Johannes Arpe; Bühnenbild: Max Elten; Premiere: 31.12.1952, Schauspielhaus
Rolle: Lippl, Hütejunge (dann Lipplnarius, Alpengeist)

13. William Shakespeare: Hamlet; Regie und Textfassung: Fritz Wendel; Bühnenbild: Paul Pilowski; Premiere: 21.2.1953, Schauspielhaus; Rolle: Zweiter Totengräber

14. Peter Karvas: Menschen unserer Straße; Regie: Wolfgang Böttcher; Bühnenbild: Klaus Poppitz; Premiere: 28.3.1953, Schauspielhaus; Rolle: Belo, Lehrling

15. William Shakespeare: Der Widerspenstigen Zähmung; Regie: Martin Flörchinger; Bühnenbild: Paul Pilowski; Premiere: 10.5. 1953, Schauspielhaus
Rolle: Grumio, Petrucchios Diener

16. Juri Burjakowski: Julius Fucik (Prag bleibt mein); Regie: Johannes Curth; Bühnenbild: Walter Schröder; Premiere: 26.6.1953; Schauspielhaus; Rolle: Skorepa, Tscheche, Politischer Häftling, Kalfaktor im »Pankrac«

Spielzeit 1953/54

17. Friedrich Wolf: Der arme Konrad; Regie: Max Burghardt, Frithjof Ruede; Bühnenbild: Walter Schröter; Premiere: 26.9.1953, Schauspielhaus; Rolle: Fidi, Bundschuher aus dem Breisgau

18. Gergely Csiky: Schmarotzer; Regie: Johannes Curth; Bühnenbild: Paul Pilowski; Premiere: 30.10.1953, Kammerspiele; Rolle: Janko, Sohn des Hausmeisters

19. Johannes R. Becher: Winterschlacht (Schlacht um Moskau); Regie: Max Burghardt, Frithjof Ruede; Bühnenbild: Paul Pilowski; Premiere: 23.1.1954, DDR-Erstaufführung, Schauspielhaus
Rolle: Xaver Maria Oberkofler, Stabskoch

20. Hedda Zinner: Der Teufelskreis; Regie: Erich-Alexander Winds, Bühnenbild: Paul Pilowski; Premiere: 27.6.1954, Schauspielhaus
Rolle: Marinus van der Lubbe

Spielzeit 1954/55

21. Andre Birabeau: Das Paradies; Regie: Arthur Jopp; Bühnenbild: Klaus Poppitz; Premiere: 11.11. 1954, Kammerspiele
Rolle: Robert Bataillon

Spielzeit 1955/56

22. Friedrich Schiller: Wilhelm Tell; Regie: Johannes Arpe; Bühnenbild: Walter Schröter; Premiere: 28.9.1955
Rolle: Jenni, Fischerknabe

23. Alexej Arbusow: Verschlungene Wege; Regie: Johannes Curth; Bühnenbild: Paul Pilowski; Premiere: 15.11.1955
Rolle: Arkadi Lipski, Passant

24. König Drosselbart; Regie: Rudi Kurz; Bühnenbild: Franz Havemann; Premiere: 10.12.1955, Operettentheater Musikalische Komödie; Rolle: Koch

25. William Shakespeare: Was ihr wollt; Regie: Arthur Jopp; Bühnenbild: Paul Pilowski; Premiere: 8.4.1956

Spielzeit 1956/57

26. Alexander N. Ostrowski: Der Wald; Regie: Johannes Curth; Bühnenbild: Paul Pilowski; Premiere: 19.8.1956
Rolle: Pjotr, Sohn des Holzhändlers

27. Werner Toelcke: Peter Petz; Regie: Johannes Curth; Bühnenbild: Franz Havemann; Premiere: 1.12.1956, Operettentheater
Rolle: Peter Petz

28. Friedrich Schiller: Wallenstein; Regie: Arthur Jopp; Bühnenbild: Paul Pilowski; Premiere: 1.3.1957, Schauspielhaus

Spielzeit 1957/58

29. Hans Rehfisch: Oberst Chabert; Regie: Erich-Alexander Winds a.G.; Bühnenbild: Paul Pilowski; Premiere: 3.11.1957; Kammerspiele; Rolle: Boucard, Schreiber des Advokaten Derville

30. Wsewolod W. Wischnewski: Optimistische Tragödie; Regie: Rudi Kurz; Bühnenbild: Walter Schröter; Premiere: 7.11.1957, Schauspielhaus

31. Carlo Goldoni: Der Lügner; Regie: Arthur Jopp; Bühnenbild: Walter Schröter; Premiere: 21.12.1957, Schauspielhaus
Rolle: Arlecchino, Diener

32. William Shakespeare: Romeo und Julia; Regie: Johannes Arpe; Bühnenbild: Paul Pilowski; Premiere: 28.2.1958, Schauspielhaus
Rolle: Peter

33. Bertolt Brecht: Der gute Mensch von Sezuan; Regie: Arthur Jopp; Bühnenbild: Bernhard Schröter; Premiere: 17.5.1958
Rolle: Der Neffe

34. William Shakespeare: Komödie der Irrungen; Regie: Fritz Wendel; Bühnenbild: Paul Pilowski; Premiere: 23.6.1958, Schauspielhaus
Rolle: Dromio von Ephesus, Dromio von Syrakus

Spielzeit 1958/59

35. Michail Scholochow/T.I.London: Neuland unterm Pflug; Regie: Karl Kayer; Bühnenbild: Paul Pilowski; Premiere: 5.11.1958, Schauspielhaus
Rolle: Luschnja, Mittelbauer

36. Jewgenij Schwarz: Rotkäppchen; Regie: Günter Schwarzlose; Bühnenbild: Bernhard Schröter; Premiere: 30.11.1958, Schauspielhaus; Rolle: Hase Weißohr

37. Slatan Dudow/Michael Tescho-Hell: Der Hauptmann von Köln; Regie: Rudi Kurz; Bühnenbild: Bernhard Schröter; Premiere: 7.2.1959, Schauspielhaus
Rolle: Köbes, Zeitungsverkäufer

38. Hans Rehfisch/Wilhelm Herzog: Die Affäre Dreyfuß; Regie: Erich-Alexander Winds a.G.; Bühnendbild: Paul Pilowski; Premiere: 25.3.1959, Schauspielhaus
Rolle: Duval, Geheimagent

39. Johann Nepomuk Nestroy: Der böse Geist Lumpacivagabundus; Regie: Hans-Dieter Schmidt; Bühnenbild: Paul Pilowski; Premiere: 3.5.1959, Schauspielhaus
Rolle: Zwirn, ein Schneidergeselle

40. Carlo Goldoni: Das Kaffeehaus; Regie: Martin Trautwein a.G.; Bühnenbild: Bernhard Schröter; Premiere: 28.6.1959, Kammerspiele
Rolle: Trappolo, Kellner b. Ridolfo

Spielzeit 1959/60

41. Johannes R. Becher: Winterschlacht (Schlacht um Moskau); Regie: Karl Kayser; Bühnenbild: Jochen Schube; Premiere: 11.10.1959, Schauspielhaus
Rolle: Xaver Maria Oberkofler, Stabskoch

42. Jean-Baptiste Moliere: Der Geytzige; Regie: Hans Michael Richter; Bühnenbild: Jochen Schube; Premiere: 22.11.1959, Kammerspiele
Rolle: Pfeil, Diener bei Cleantes

43. Djin Schan: Der rote Sturm; Regie: Karl Kayser; Bühnenbild: Paul Pilowski; Premiere: 12.3.1960, DDR-Erstaufführung, Schauspielhaus; Rolle: Hu Tu

44. Bertolt Brecht: Der kaukasische Kreidekreis; Regie: Heinrich Voigt; Bühnendbild: Paul Pilowski; Premiere: 11.6.1960, Schauspielhaus
Rolle: Jussup, Sohn der vorübergehenden Schwiegermutter Grusches

45. Pierre Augustin Caron de Beaumarchais: Der tolle Tag oder Figaros Hochzeit; Regie: Heinrich Voigt; Bühnenbild: Paul Pilowski; Premiere: 18.10.1960, Schauspielhaus; Rolle: Figaro, Kammerdiener des Grafen

46. Konstantin A. Trenjow: Ljubow Jarowaja (Die Entscheidung); Regie: Karl Kayser; Bühnenbild: Jochen Schube; Premiere: 21.12.1960, Schauspielhaus
Rolle: Tschir

47. William Shakespeare: Richard III.; Regie: Heirich Voigt; Bühnenbild: Paul Pilowski; Premiere: 10.6.1961, Schauspielhaus
Rolle: Ein zweiter Mörder

Spielzeit 1961/62

48. Alexej N. Arbusow: Irkutsker Geschichte; Regie: Karl Kayser; Bühnenbild: Bernhard Schröter; Premiere: 30.9.1961, Schauspielhaus
Rolle: Viktor, zweiter Maschinist

49. Hedda Zinner: Der Teufelskreis; Regie: Horst Smiszek; Bühnenbild: Jochen Schube; Premiere: 18.11.1961, Schauspielhaus
Rolle: Marinus van der Lubbe

50. Konstantin Simonow: Der Vierte; Regie: Karl Kayser; Bühnenbild: Bernhard Schröter; Premiere: 20.1.1962, Kammerspiele
Rolle: Fremdenlegionär Bonnard

51. William Shakespeare: Zwei Herren aus Verona; Regie: Johannes Curth; Bühnenbild: Klaus Poppitz; Premiere: 26.3.1962, Schauspielhaus; Rolle: Diener Schnell

52. Friedrich Schiller: Die Räuber; Regie: Karl Kayser; Bühnenbild: Paul Pilowski; Premiere: 13.5.1962, Schauspielhaus
Rolle: Räuber

53. Bertolt Brecht: Das Leben des Galilei; Regie: Heinrich Voigt; Bühnenbild: Paul Pilowski; Premiere: 30.6.1962, Schauspielhaus

Spielzeit 1962/63

54. Horst Kleineidam: Millionenschmidt; Regie: Karl Kayser/Horst Smiszek; Bühnenbild: Bernhard Schröter; Premiere: 9.11.1962, Uraufführung, Schauspielhaus
Rolle: Hans Bielek, Maurer

55. Helmut Baierl: Frau Flinz; Regie: Horst Smiszek; Bühnenbild: Bernhard Schröter; Premiere: 11.5.1963, Schauspielhaus; Rolle: Gottlieb, Sohn von Frau Flinz

Spielzeit 1963/64

56. William Shakespeare: Timon von Athen; Regie: Heinrich Voigt; Bühnenbild: Bernhard Schröter; Premiere: 18.8.1963, Schauspielhaus; Rolle: Hortensius, Diener von Timons Gläubigern

57. Friedrich Wolf: Die Matrosen von Cattaro; Regie: Karl Kayser; Bühnenbild: Jochen Schube; Premiere: 4.10.1963; Schauspielhaus
Rolle: Kuddel Huck, Heizer auf dem »St.Georg«

58. Nikolai Gogol: Der Revisor; Regie: Johannes Curth; Bühnenbild: Ralf Winkler; Premiere: 25.1.1964, Kammerspiele
Rolle: Ossip, Chlestakows Diener

59. William Shakespeare: Der Widerspenstigen Zähmung; Regie: Hans Michael Richter; Bühnenbild: Max Elten; Premiere: 7.5.1964, Schauspielhaus
Rolle: Grumio, Petrucchios Diener

60. Bertolt Brecht: Die Dreigroschenoper; Regie: Heinrich Voigt; Bühnenbild: Bernhard Schröter; Premiere: 28.6.1964, Schauspielhaus; Rolle: Hakenfingerjakob, Mackie Messers Gaunerplatte

Spielzeit 1964/65

61. Johann Nepomuk Nestroy: Einen Jux will er sich machen; Regie: Erich-Alexander Winds; Bühnenbild: Max Elten; Premiere: 31.12.1964, Schauspielhaus

62. Viktor Rosow: Unterwegs; Regie: Karl Kayser; Bühnenbild: Bernhard Schröter; Premiere: 1.3.1965, Schauspielhaus

Spielzeit 1965/66

63. Heinar Kipphardt: Der Hund des Generals; Regie: Walter Niklaus; Bühnenbild: Bernhard Schröter; Premiere: 10.10. 1965, Kammerspiele; Rolle: Czymek, Soldat einer Aufklärungsabteilung

64. Hedda Zinner: Der Teufelskreis; Regie: Horst Smiszek; Bühnenbild: Jochen Schube; Premiere: 24.4.1966, Schauspielhaus
Rolle: Marinus van der Lubbe

Spielzeit: 1966/67

65. Bertolt Brecht: Die Gewehre der Frau Carrar; Regie: Peter Förster; Bühnenbild: Köhn; Premiere: 16.10.1966; Rolle: Soldat

66. Der gestiefelte Kater; Regie: Peter Röll; Bühnenbild: Eberhard Keienburg; Premiere: 6.11.1966, Schauspielhaus; Rolle: Minister bei Hofe

Spielzeit 1967/68

67. Ernst Dietrich Müller/Peter Jakobs: Yesterday; Regie: Peter Förster; Bühnenbild: Boris Kubik; Premiere: 7.11.1967, Uraufführung, Kammerspiele
Rolle: McGraw

68. John Reed: Zehn Tage, die die Welt erschütterten; Regie: Karl Kayser; Bühnenbild: Bernhard Schröter; Premiere: 3.11.1967, Schauspielhaus

69. Bertolt Brecht: Die Tage der Commune; Regie: Horst Smiszek, Bühnenbild: Eberhard Keienburg; Premiere: 9.12.1967, Schauspielhaus; Rolle: Philipp Faure, Bäcker

70. Rainer Kerndl: Die Seltsame Reise des Alois Fingerlein; Regie: Horst Smiszek; Bühnenbild: Boris Kubik; Premiere: 27.1.1968; Kammerspiele Rolle: Marian Kochanski

71. Armand Gatti: V wie Vietnam; Regie: Gotthard Müller a.G.; Bühnenbild: Boris Kubik; Premiere: 22.6.1968, Schauspielhaus; Rolle: Huynh Dinh, Fahrradmechaniker

Spielzeit 1968/69

72. Jewgenij Schwarz: Rotkäppchen; Regie: Peter Röll; Bühnenbild: Joachim Köhn; Premiere: 20.10.1968, Schauspielhaus
Rolle: Hase Weißohr

73. Horst Salomon: Ein Lorbaß; Regie: Gotthard Müller; Bühnenbild: Jochen Schube; Premiere: 21.3. 1969, Schauspielhaus
Rolle: Arbeiter

Spielzeit 1969/70

74. Helmut Sakowski: Wege übers Land; Regie: Karl Kayser; Bühnenbild: Bernhard Schröter; Premiere: 12.10.1969, Schauspielhaus

75. Bertolt Brecht: Der aufhaltsame Aufstieg des Arturo Ui; Regie: Gotthard Müller; Bühnenbild: Falk von Wangelin; Premiere: 20.12.1969, Schauspielhaus

76. Hans Magnus Enzensberger: Das Verhör von Habana; Regie: Karl Kayser; Bühnenbild: Joachim Köhn; Premiere: 11.6. 1970, Schauspielhaus
Rolle: Ramon Calvino Insua

Spielzeit 1974/75

77. Helmut Richter: Kommst Du mit nach Madras?; Regie: Peter Förster; Bühnenbild: Barbara Schiffner; Premiere: 30.8.1974, Kammerspiele Rolle: Kumpan (Melker)

Spielzeit 1975/76

78. William Shakespeare: Der Sturm; Regie: Karl Kayser; Bühnenbild: Bernhard Schröter; Premiere: 4.9.1975, Schauspielhaus
Rolle: Caliban

Spielzeit 1976/77

79. Werner Heiduczek: Das andere Gesicht; Regie: Karl Kayser; Bühnenbild: Jochen Schube; Premiere: 5.12.1976, Kellertheater
Rolle: Aurelio, Bauer

Spielzeit 1977/78

80. Antonio Buero Vallejo: Das Konzert von San Ovidio; Regie: Karl Kayser; Bühnenbuild: Axel Pfefferkorn; Premiere: 13.11.1977, Schauspielhaus;
Rolle: Irenee Bernier

81. Johann Strauß: Die Feldermaus Operette; Premiere: 31.12.1977, Opernhaus; Rolle: Frosch

III
Verzeichnis der Filmrollen

1. Ernst Thälmann – Führer seiner Klasse (Premiere: 7.10. 1955); Regie: Kurt Maetzig; Buch: Willi Bredel, Michael Tschesno-Hell)
Nach »Ernst Thälmann – Sohn seiner Klasse« zweiter Teil der Verfilmung der Thälmann-Biographie. – Hauptrolle: Günther Simon

2. 52 Wochen sind ein Jahr (Premiere: 17.11.1955); Regie: Richard Groschopp; Buch: Jurij Brezan, Richard Groschopp
Film über den Weg eines Einzelbauern in die LPG. Nach dem gleichnamigen Roman von Jurij Brezan.

3. Der Teufelskreis (Premiere: 13.1.1956); Regie: Carl Balhaus; Buch: Carl Balhaus
Rolle: Marinius van der Lubbe
Film über den Reichstagsbrandprozeß nach dem gleichnamigen Theaterstück von Hedda Zinner.

4. Vergeßt mir meine Traudel nicht! (Premiere: 15.11.1957); Regie: Kurt Maetzig, Buch: Kurt Maetzig, KuBa
Komödischer Film über ein Mädchen, um das sich zwei Männer bemühen.
Hauptrollen: Eva-Maria Hagen und Günter Haack

5. Ein Mädchen von 16 1/2 (Premiere: 16.5.1958); Regie: Carl Balhaus, Buch: Jutta Czech-Kuckhoff
Schicksal einer Kriegswaise, die sich selbst durchschlagen will, aber am Ende freiwillig in den Jugendwerkhof zurückgeht.
U.a. mit Helga Göring

6. Das Lied der Matrosen (Premiere: 9.11.1958); Regie: Kurt Maetzig, Günter Reisch, Buch: Karl-Georg Egel, Paul Wiens
Über den Aufstand der Kieler Matrosen 1917
Hauptrolle: Günther Simon; u.a. mit Ulrich Thein, Hilmar Thate, Wolfgang Langhoff

7. Einer von uns (Premiere: 29.4.1960); Regie: Helmut Spieß, Buch: Gerhard Neumann, Hans-Albert Pederzani
Leben des Arbeitersportlers Richard Bertram (d.i. Werner Seelenbinder), der von den Nazis erst zu den olympischen Spielen 1936 zugelassen und später ermordet wird.
Hauptrolle: Günther Simon

8. Der Fremde (Premiere: 3.3.1961); Regie: Johannes Arpe, Buch: Herbert Jobst
Über einen Arbeiter im Braunkohlenrevier, der sich für die Partei bewährt.
Hauptrollen: Günter Grabbert, Günther Simon, Harry Hindemith, Helga Göring

9. Schneewittchen (Premiere: 8.10.1961)
Kinderfilm; Regie: Gottfried Kolditz, Buch: Günter Kaltofen
Verfilmung des Märchens der Gebrüder Grimm.
Rolle: Kleinster Zwerg (Zwerg Naseweis)

10. Auf der Sonnenseite (Premiere: 4.1.1962); Regie: Ralf Kirsten, Buch: Heinz Kahlau, Gisela Steineckert, Ralf Kirsten
Die Kurierung eines »Aufmüpfigen«, der erst von der Schauspielschule fliegt, sich dann in der Produktion »bewährt« und schließlich wieder zur Schauspielschule zugelassen wird.
Hauptrolle: Manfred Krug

11. Königskinder (Premiere: 8.6.1962) Regie: Frank Beyer, Buch: Edith und Walter Gorrish
Magdalena und Michael, zwei Arbeiterkinder aus Berlin, erleben in der Zeit des Faschismus ihre Trennung. Hauptrollen: Annekathrin Bürger und Armin Mueller-Stahl

12. Mord ohne Sühne (Premiere: 28.6.1962); Regie: Carl Balhaus, Buch: Joachim Barckhausen, Alexander Graf Steenbock-Fermor
Verurteilung des »polnischen Mörders« Jakubowski – nach einem authentischen Fall aus den 20er Jahren. Ein Unschuldiger wird hingerichtet.
Hauptrolle: Günther Simon

13. Ich überlebte meinen Tod (Produktion der CSSR/Filmstudio Barrandov); Premiere: 1962; Regie: Vojtech Jasny. Film über Schicksal des tschechoslowakischen Boxers Toni im KZ Mauthausen, der die Qualen durch die Aufseher – und damit seinen vorbestimmten Tod – überlebt. Rolle: Uneck

14. Die schwarze Galeere (Premiere: 10.7.1962); Regie: Martin Hellberg, Buch: Martin Hellberg
Verfilmung der gleichnamigen Erzählung von Wilhelm Raabe über den Freiheitskampf gegen die Spanier zu Beginn des 17. Jahrhunderts. U.a. mit Hans-Peter Minetti

15. Ach, du Fröhliche ... .(Premiere: 7.10.1962); Regie: Günter Reisch, Buch: Herrmann Kant
Das Weihnachtsfest des Betriebsleiters Lörke gerät durcheinander, als er glaubt, den staatskritischen Schwiegersohn nicht akzeptieren zu können.
Hauptrolle: Erwin Geschonneck

16. Nackt unter Wölfen (Premiere: 10.4.1963); Regie: Frank Beyer, Buch: Bruno Apitz, Frank Beyer
Verfilmung des gleichnamigen Romans von Bruno Apitz über die Rettung eines Kindes im KZ Buchenwald. Rolle: Pippig; Weitere Hauptrollen: Erwin Geschonneck und Armin Mueller-Stahl

17. Daniel und der Weltmeister (Premiere: 4.10.1963)
Kinderfilm ; Regie: Ingrid Reschke, Buch: Manfred Freitag, Joachim Nestler. Eine Junge will Radrennfahrer werden wie Täve Schur, aber nicht seine Milch trinken (nach einem Kinderbuch von Vera und Klaus Küchenmeister). Rolle: Schweizer U.a. mit Gustav-Adolf Schur

18. Koffer mit Dynamit (Co-Produktion DDR/CSSR), (Premiere: 15.11.1963); Regie: Milos Makovec, Buch: Milos Makovec, deutsche Version: Jan Koplowitz
Ereignisse aus der von Hitler-

Deutschland besetzten Tschechoslowakei. Ein Koffer mit Pässen für deutsche Emigranten wird von Menschen gerettet, die sich eigentlich für Politik nicht interessierten. U.a. mit Jutta Hoffmann

19. Karbid und Sauerampfer (Premiere: 27.12.1963); Regie: Frank Beyer, Buch: Hans Oliva
Abenteuer in den ersten Nachkriegsjahren – Kalle besorgt Karbid für den Wiederaufbau eines Zigarettenwerks in Dresden.
Hauptrolle: Erwin Geschonneck

20. Schwarzer Samt (Premiere: 27.2.1964); Regie: Heinz Thiel, Buch: Gerhard Bengsch
Abwehr eines Sabotageakts gegen die DDR durch den Sicherheitsbeamten Alexander Berg (nach dem Kriminalroman »Der scharlachrote Domino« von Fred Unger).
Hauptrolle: Fred Delmare, ua. mit Günther Simon und Herbert Köfer

21. Die Hochzeit von Länneken (Premiere: 28.2.1964); Regie: Heiner Carow, Buch: Herbert Nachbar, Heiner Carow. Junge Leute auf einer Fischerinsel im Bodden stehen gegen die Streitigkeiten ihrer Väter um die Fischereigenossenschaft. Am Ende setzen sich Henning und Bärbel durch – es gibt Hochzeit auf Länneken. U.a. mit Agnes Kraus und Hanns Anselm Perten

22. Die Suche nach dem wunderbunten Vögelchen (Premiere: 8.3.1964); Kinderfilm; Regie: Rolf Losansky, Buch: Günter Mehnert, Rolf Losansky
Kinder suchen das wunderbunte Vögelchen (nach dem gleichnamigen Kinderbuch von Franz Fühmann).
Rolle: Vogelstimmenmann

23. Preludio 11 (Co-Produktion DDR/Kuba), Premiere: 19.3. 1964, Regie: Kurt Maetzig, Buch: Wolfgang Schreyer
Eine Episode aus dem Verteidigungskampf Kubas gegen amerikanische Invasoren (nach dem gleichnamigen Roman von Wolfgang Schreyer).
U.a. mit Günther Simon, Armin Mueller-Stahl, Gerry Wolf

24. Viel Lärm um nichts (Premiere: 23.4.1964); Regie: Martin Hellberg, Buch: Martin Hellberg
Verfilmung der gleichnamigen Komödie von William Shakespeare
U.a. mit Christel Bodenstein und Rolf Ludwig

25. Das Lied vom Trompeter (Premiere: 1.10.1964)
Kinderfilm; Regie: Konrad Petzold, Buch: Hans-Albert Pederzani
Die Geschichte des kleinen Trompeters, der am 13. März 1925 durch sein Trompeten-Signal Thälmann vor dem Zugriff der Polizei rettet, aber selbst ums Leben kommt.
U.a. mit Doris Abeßer und Günther Simon

26. Engel im Fegefeuer (Premiere: 4.4.1965)
Kinderfilm; Regie: Herrmann Zschoche, Buch: Edith und Walter Gorrish
Die Handlung spielt im November

1918 im Ruhrgebiet am Vorabend der Revolution. 13jährige sind durch das Schicksal ihrer Eltern in die Ereignisse geworfen und lernen, sich zur Revolution zu bekennen. Hauptrolle bei den Erwachsenen: Tischler Stelzebein

27. Tiefe Furchen (Co-Produktion mit dem Deutschen Fernsehfunk) (Premiere: 3.9.1965); Regie: Lutz Köhlert, Buch: Helmut Sakowski, Lutz Köhlert
Episode beim Aufbau einer demokratischen Ordnung auf dem Lande
U.a. mit Erwin Geschonneck

28. Das verlorene Gesicht (Produktion CSSR/Filmstudio Barrandov) Produktionsjahr 1964; Premiere: 1965; Regie: Pavel Hobl
Kriminalfilm über einen wegen Mord und Raub steckbrieflich verfolgten Verbrecher, der sich durch immer neue Gesichtsoperationen seiner Festnahme zu entziehen sucht. Hauptrolle

29. Solange Leben in mir ist (Premiere: 10.9.1965); Regie: Günter Reisch, Buch. Michael Tschesno-Hell, Günter Reisch, Hermann Herlinghaus. Episoden aus dem Leben Karl Liebknechts in den Jahren 1914 bis 1916. Rolle: Geheimkurier des Spartacusbundes
Hauptrolle: Horst Schulze

30. Denk bloß nicht, ich heule (fertiggestellt 1965, verboten; erstaufgeführt 26.4.1990); Regie: Frank Vogel, Buch: Manfred Freitag, Joachim Nestler
Weil ein Oberschüler in einem Aufsatz schreibt, daß er die Republik nicht braucht, wird er der Schule verwiesen und bekommt die Ablehnung einer Front von Heuchlern zu spüren. Rolle: Brigadier
U.a. mit Helga Göring und Jutta Hoffmann

31. Wenn du groß bist, lieber Adam (fertiggestellt 1965, verboten; erstaufgeführt 24.10.1990); Regie: Egon Günther, Buch: Helga Schütz, Egon Günther
Der kleine Adam lebt bei seinem Vater, weil die Mutter studiert. Er bekommt von einem Schwan eine Taschenlampe, die die Fähigkeit hat, jeden der lügt, in die Luft schweben zu lassen. – Doch niemand will die Lampe haben, die Adam und sein Vater in Serie produzieren wollen.
Rolle: Regisseur
U.a. mit Manfred Krug und Günther Simon

32. Karla (fertiggestellt 1966, verboten; erstaufgeführt am 14.6.1990); Regie: Herrmann Zschoche, Buch: Ulrich Plenzdorf, Hermann Zschoche
Die Geschichte einer jungen Lehrerin, die mit ihren Idealen an der Praxis sozialistischer Volksbildung scheitert.
U.a. mit Jutta Hoffmann und Inge Keller

33. Hände hoch – oder ich schieße! (fertiggestellt 1966, verboten; nicht aufgeführt); Regie: Hans-Joachim Kasprzik, Buch: Rudi Strahl, Hans-Joachim Kasprzik
Der Meißner Kriminalist Holms langweilt sich, weil nichts passiert.

Er träumt vom großen Fall. Doch er hat nur Kaninchendiebstähle aufzuklären. Bis der große Fall eintritt – doch er fand nur dem Kriminalisten zuliebe statt, und der geht zum Psychiater.
Hauptrolle: Rolf Herricht
U.a. mit Gerd Ehlers, Agnes Kraus, Bruno Carstens

34. Das Tal der sieben Monde (Premiere: 10.2.1967); Regie: Gottfried Kolditz, Buch: Irmgard und Lutz Köhlert
Eine Episode aus dem Kriegsjahr 1944 in den Beskiden. – Der »Volksdeutsche« Rudek will sich aus der Politik heraushalten, muß aber lernen, daß sein Platz bei den Partisanen ist.

35. Brot und Rosen (Premiere: 28.9.1967, Voraufführung am 22.4.1967, Vorabend des VII. Parteitags der SED); Regie: Heinz Thiel, Horst E. Brandt, Buch: Gerhard Bengsch
Die Entwicklung des Georg Lendau, der eine Sonderschicht fuhr, um seiner Frau Hochzeitsschuhe kaufen zu können – und einsieht, daß man erst besser arbeiten muß, wenn man besser leben will.
Hauptrolle: Günther Simon
U.a. mit Eva-Maria Hagen

36. Die Brücke (Produktion Jugoslawien) Herstellung und Premiere: 1967

37. Der Tiger (Produktion Jugoslawien) Herstellung und Premiere: 1967

38. Die Fahne von Kriwoj Rog (Premiere: 25.10.1967); Regie: Kurt Maetzig, Buch: Hans-Albert Pederzani
Die Geschichte der Fahne von Kriwoj Rog. Sie wurde 1929 an Arbeiter im Mansfelder Kupferrevier übergeben, durch die Zeit des Faschismus als Symbol der Unbesiegbarkeit bewahrt und schließlich zum Empfang der Roten Armee 1945 wieder gezeigt (nach dem gleichnamigen Roman von Otto Gotsche).
Hauptrolle: Erwin Geschonneck
U.a.mit Marga Legal und Eva-Maria Hagen

39. Spur des Falken (Premiere: 22.6.1968); Regie: Gottfried Kolditz, Buch: Günter Karl
Wegen Goldvorkommen sollen die Dakota-Indianer von ihrem Land verjagt – doch sie können sich gegen die Weißen verteidigen. Erst dem Ansturm des anrückenden Militärs sind sie nicht gewachsen.
Hauptrolle: Gojko Mitic

40. Schüsse unterm Galgen (Premiere: 22.6.1968); Regie: Horst Seemann, Buch: Wolfgang Held
David kämpft um sein Erbe – ein Schloß, daß ihm sein Onkel vorenthalten will. Doch David findet Unterstützung in seinem gerechten Kampf (nach Motiven des Romans »Kidnapped« von Robert Louis Stevenson).

41. Abschied (Premiere: 10.10.1968); Regie: Egon Günther, Buch: Egon Günther, Günter Kunert

Im August 1914 entschließt sich der 17jährige Bürgersohn Hans Gastl, den Krieg nicht mitzumachen. Der Entschluß bringt eine Wende in seinem Leben (nach dem gleichnamigen Roman von Johannes R. Becher). U.a. mit Rolf Ludwig und Jan Spitzer

42. Weiße Wölfe (Co-Produktion DDR/Jugoslawien)
(Premiere: 27.6.1969); Regie: Konrad Petzold, Co-Regie: Bosko Boskovic, Buch: Günter Karl
Dakotahäuptling Weitspähender Falke will den Mord an einem Stammesbruder rächen – fällt aber am Schluß dem Machtkampf der Weißen selbst zum Opfer.
Hauptrolle: Gojko Mitic
U.a. Barbara Brylska

43. Zeit zu leben (Premiere: 25.9.1969); Regie: Horst Seemann, Buch: Wolfgang Held
Ein Wirtschaftsfunktionäre erfährt, daß er unheilbar krank ist – doch er will sich nicht schonen und übernimmt noch einmal eine wichtige Aufgabe. Rolle: Arbeiter Alfred Kalabis. Hauptrolle: Leon Niemczyk

44. Der Weihnachtsmann heißt Willi (Premiere: 30.11.1969)
Kinderfilm; Regie: Ingrid Reschke, Buch: Ota Hofmann
Ein Weihnachtsmann stiehlt eine Waschmaschine. Für den kleinen Peter verkörpert der Weihnachtsmann jedoch das Gute. Viele müssen helfen und den Dieb jagen, damit Peter seinen Glauben an das Gute am Ende nicht einbüßt.

45. Weite Straßen – stille Liebe (Premiere: 4.12.1969); Regie: Herrmann Zschoche, Buch: Ulrich Plenzdorf
Episodenfilm über eine ungleiche Beziehung – die des Fernfahrers Hannes und des jungen Herb, der sein Studium abgebrochen hat und nun jobt und durchs Land zieht.
Hauptrollen: Manfred Krug und Jaecki Schwarz

46. Weil ich dich liebe ... (Premiere: 9.9.1970); Regie: Helmut Brandis, Hans Kratzert, Buch: Helmut Brandis. Bei einem Forschungsauftrag lernt der Veterinärmediziner Dr. Thiessen eine andere Frau kennen. Aber seine eigene räumt das Feld nicht für die neue Beziehung. Sie kämpft um ihren Mann und gewinnt. U .a. mit Günther Simon

47. Trotz Alledem! (Premiere: 13.1.1972); Regie: Günter Reisch, Buch: Michael Tschesno-Hell
Anknüpfend an den Film »Solange leben in mir ist« wird der Kampf Karl Liebknechts von seiner Entlassung aus dem Gefängnis bis zu seiner Ermordung geschildert.
Rolle: Soldat Waldemar Lehmann
Hauptrolle: Horst Schulze

48. Der Mann, der nach der Oma kam (Premiere: 10.2.1972); Regie: Roland Oehme, Buch: Maurycy Janowsky, Lothar Kusche
Das vielbeschäftigte Ehepaar Piesold nimmt sich eine Haushaltshilfe – aber es ist keine Frau, sondern ein Mann. Was sich daraus ergibt, erzählt der Film auf komödiantische Weise.

Hauptrollen: Winfried Glatzeder und Rolf Herricht

49. Der Dritte (Premiere: 16.3.1972); Regie: Egon Günther, Buch: Günther Rücker
Die Mathematikerin Margit Fließer ist mit ihren zwei Kindern alleinstehend. Aber das will sie nicht bleiben. Und so nimmt sie – ganz gegen die Norm – die Dinge in die Hand.
U.a. mit Jutta Hoffmann, Barbara Dittus, Rolf Ludwig, Armin Mueller-Stahl

50. Schwarzer Zwieback (Co-Produktion DDR/UdSSR)
(Premiere: 15.3.1972); Regie: Herbert M. Rappaport, Buch: Michail J.Blejman, Edith Gorrish
Moskau 1918 – die Freude über den 1. Jahrestag der Oktoberrevolution verbindet sich mit der Freude über die Nachricht von der deutschen Novemberrevolution. Man will den Deutschen helfen.

51. Januskopf (Premiere: 31.8.1972); Regie: Kurt Maetzig, Buch: Helfried Schreiter
Ein Wissenschaftler mit Nazi- und USA-Erfahrung will in der DDR Forschung verweigern, weil er glaubt, daß mit den Ergebnissen Mißbrauch möglich ist. Man macht ihm klar, daß dies im Sozialismus nicht zu befürchten ist.
U.a. mit Armin Mueller-Stahl und Norbert Christian

52. Reife Kirschen (Premiere: 28.9.1972); Regie: Horst Seemann, Buch: Manfred Richter, Horst Seemann
Familiengeschichten im sozialistischen Alltag – ein Mann erlebt tragische Momente in seinem Leben und findet wieder die Kraft zu einer neuen Aufgabe.
Hauptrollen: Günther Simon und Traudl Kulikowsky

53. Die Legende von Paul und Paula (Premiere: 29.4.1973); Regie: Heiner Carow, Buch: Ulrich Plenzdorf
Paul ist mit einer anderen verheiratet und in Paula verliebt. Sie gibt ihren Plan einer »Sicherheits-Ehe« mit Reifen-Saft auf, doch Paul will für Paula seine Karriere nicht auf Spiel setzen. Erst spät beginnt Paul, um Paula zu kämpfen. Aber ihr Glück ist kurz.
Rolle: Reifen-Saft
Hauptrollen: Winfried Glatzeder und Angelica Domröse

54. Das zweite Leben des Friedrich Wilhelm Georg Platow (Premiere: 1.6. 1973); Regie: Siegfried Kühn, Buch: Helmut Baierl
Durch die Elektrifizierung der Bahn wird der 57jährige Schrankenwärter Platow »überflüssig«. Durch einen Trick nimmt er für seinen Sohn an einem Qualifizierungslehrgang teil und erobert sich die neue Technik. Hauptrolle: Fritz Marquardt

55. Apachen (Premiere: 29.6.1973); Regie: Gottfried Kolditz, Buch: Gojko Mitic, Gottfried Kolditz
Ein amerikanischer Geologe will den Apachen das Land wegnehmen lassen, um an die reichen Bodenschätze heranzukommen. Es

kommt zu einem Massaker unter den Indianern. Die Überlebenden nehmen Rache. Rolle: Der Kleine Hauptrolle: Gojko Mitic

56. Die Hosen des Ritters von Bredow (Premiere: 31.8.193); Regie: Konrad Petzold, Buch: Günter Kaltofen
Spiel um eine elchlederne Hose des Götz von Bredow, die ihren Träger unverwundbar macht (nach Motiven des Romans »Die Hosen des Herrn von Bredow« von Willibald Alexis). Hauptrolle: Rolf Hoppe

57. Orpheus in der Unterwelt (Premiere: 7.2.1974); Regie: Horst Bonnet, Buch: Horst Bonnet
Nach der gleichnamigen Operette von Jaques Offenbach.
Rolle: Götterbote Merkur

58. Für die Liebe noch zu mager? (Premiere: 25.4.1974); Regie: Bernhard Stephan, Buch: Joachim Nestler, Manfred Freitag
Susanne ist 18 Jahre und steht im Betrieb ihren Mann – beim Tanz aber wird sie als letzte aufgefordert. Doch sie entwickelt Selbstbewußtsein auch in der Liebe und erobert sich ihren Lutz.
Hauptrollen: Simone von Zglinicki und Christian Steyer

59. Ulzana (Premiere: 16.5.1974); Regie: Gottfried Kolditz, Buch: Gojko Mitic, Gottfried Kolditz
Die Indianer stehen vor einer guten Ernte. Damit werden die Hilfsaktionen der Regierung überflüssig. Aber die Männer, die daran verdient haben, wollen den Indianern die Ernte verderben. Es kommt zum Kampf.
Rolle: Bob Tribolett, Kellner im Saloon. Hauptrolle: Gojko Mitic

60. Wie füttert man einen Esel? (Premiere: 27.6.1974); Regie: Roland Oehme, Buch: Maurycy Janowsky, Dieter Scharfenberg
Ein Fernfahrer hat viele Lieben entlang der weiten Straßen ...
Rolle: Beifahrer Orje
Hauptrolle: Manfred Krug

61. Zum Beispiel Josef (Premiere: 20.9.1974); Regie: Erwin Stranka, Buch: Günter Karl, Erwin Stranka
Ein junger Mann, der nach seinem Leben als Fremdenlegionär so gar nicht für den disziplinierten Produktionsalltag zu begeistern ist – was die Brigade nicht schafft, schafft Julia. Rolle: Alois. Hauptrolle: Jürgen Heinrich

62. Johannes Kepler (Premiere: 14.11.1974); Regie: Frank Vogel, Buch: Manfred Freitag, Joachim Nestler. Episoden aus dem Leben des Astronoms Johannes Kepler – eingeflochte in die Historie des 30jährigen Kriegs
Hauptrolle: Reimahr Joh. Baur. U.a. mit Kurt Böwe, Katharina Thalbach

63. Suse, liebe Suse (Premiere: 27.2.1975); Regie: Horst Seemann, Buch: Horst Seemann, Claus Küchenmeister
Die Dumperfahrerin Suse zwischen zwei Männern.
Hauptrolle: Traudl Kulikowsky

64. Am Ende der Welt (Premiere: 26.3.1975); Regie: Hans Kratzert, Buch: Günter Mehnert
Eine kleine Stadt, die in den Maitagen des Jahres 1945 weder von den Sowejts noch von den Amerikanern besetzt wurde. Hier gehen zwei Männer daran, eine neue Ordnung aufzubauen. Für einen geht es schief aus.

65. Lotte in Weimar (Premiere: 6.6.1975); Regie: Egon Günther, Buch: Egon Günther. Verfilmung des Romans von Thomas Mann.
Hauptrolle: Lilli Palmer
U.a. mit Rolf Ludwig, Jutta Hoffmann, Katharina Thalbach

66. Ikarus (Premiere: 19.9.1975); Regie: Heiner Carow, Buch: Klaus Schlesinger
Ein achtjähriger Junge sucht seinen Vater, der ihm einen Flug versprochen und das Versprechen gebrochen hat.

67. Bankett für Achilles (Premiere: 20.11.1975); Regie: Roland Gräf, Buch: Martin Stephan
Ein Mann, der sein Leben lang aktiv war, hat Schwierigkeiten, mit 65 Jahren in die Rente zu gehen.
Rolle: Kanarienvogel
Hauptrolle: Erwin Geschonneck
U.a. mit Jutta Wachowiak

68. Hostess (Premiere: 12.2.1976); Regie: Rolf Römer, Buch: Rolf Römer, Wolfgang Ebeling
Jette, die seit zwei Jahren mit Johannes zusammenlebt, will keine standesamtliche Ehe. Sie beginnt über ihre Bereitschaft zur Ehe nachzudenken. Hauprollen: Annekathrin Bürger und Jürgen Heinrich

69. Die Moral der Banditen (Premiere: 11.3.1976); Regie: Erwin Stranka, Buch: Horst Bastian, Erwin Stranka
Im Jahre 1947 wird ein brandenburgisches Dorf von einer Bande Jugendlicher terrorisiert. Wie reagiert das Dorf darauf? (nach dem gleichnamigen Roman von Horst Bastian)
Rolle: Bauer Berg

70. Das blaue Licht (Premiere: 14.3.1976). Kinderfilm; Regie: Iris Gusner, Buch: Dieter Scharfenberg
Nach dem Märchen der Gebrüder Grimm. Hauptrolle: Männlein

71. Liebesfallen (Premiere: 2.7.1976); Regie: Werner W.Wallroth, Buch: Werner W. Wallroth
Episodenfilm über glückliche, unglückliche und sich anbahnende Beziehungen (nach dem Buch »Liebesfallen« von Ludwig Turek). Rolle: Schiffskoch Udo Klüterjahn
U.a. mit Marianne Wünscher

72. Philipp der Kleine (Premiere: 8.7.1976)
Kinderfilm; Regie: Herrmann Zschoche, Buch: Christa Kozik
Von dem kleinen Phillip, der sich den Hänseleien seiner Kameraden entzieht und mit seiner Musik am Ende große Anerkennung findet.

73. Nelken in Aspik (Premiere: 24.9.1976); Regie: Günter Reisch, Buch: Kurt Belicke, Günter Reisch
Jemand glaubt sich seinen Aufgaben nicht gewachsen und will sich selbst

zu Fall bringen, doch was er auch tut – es wird ein Erfolg.
Hauptrolle: Armin Mueller-Stahl

74. Beethoven – Tage aus einem Leben (Premiere: 14.10.1976); Regie: Horst Seemann, Buch: Günter Kunert. Episoden aus dem Leben und Schaffen Ludwig van Beethovens.
Rolle: Mälzel
Hauptrolle: Donates Banionis

75. Der kleine Zauberer und die große Fünf (Premiere: 4.2.1977) Kinderfilm; Regie: Erwin Stranka, Buch: Erwin Stranka
Ein Junge traut sich nicht, seinen Eltern eine Fünf zu gestehen – dafür setzt er so allerhand Zaubertricks in Bewegung.. Rolle: Lehrer Fiebig

76. Feuer unter Deck (Produktionsjahr 1976, verboten, Premiere: 6.6.1979 im Fernsehen der DDR); Regie: Herrmann Zschoche, Buch: Wolfgang Müller
Der letzte Raddampfer, der auf der Elbe verkehrt, wird stillgelegt und zum Restaurantschiff. Der Kapitän kann nicht Abschied nehmen. Er kapert das Schiff, und es geht zu Bruch. – Trotzdem bekommt er Verständnis, wenigstens von einer Frau ... Hauptrollen. Manfred Krug und Renate Krößner

77. Die Brautwerbung (Produktionsjahr 1977; Premiere: 1978)
Film der Hochschule für Film und Fernsehen (Diplomfilm); Regie: Warja Schijakowa; Buch: Warja Schijakowa (Nach der gleichnamigen Erzählung von Wassili Schukschin)
mit Helga Göring, Erika Pelikowski und Erwin Berner

78. Hiev up (Co-Produktion mit dem Fernsehen der DDR)
(Premiere: 29.6.1978); Regie: Joachim Hasler, Buch: Joachim Hasler, Hermann Rodigast
Eine Fischereibrigade verliert im sozialistischen Wettbewerb ihren ersten Platz, weil sie keine Kultur »veranstaltet«. Das wird nachgeholt, und dabei entstehen einige Verwicklungen.
Hauptrolle: Alfred Müller

79. Des Henkers Bruder (Premiere: 2.2.1979) Kinderfilm; Regie: Walter Beck, Buch: Brigitte Kirsten, Gudrun Deubener. Episode am Vorabend des deutschen Bauernkriegs.
Rolle: Octavio

80. Das Ding im Schloß (Premiere: 19.7.1979); Regie: Gottfried Kolditz, Buch: Gottfried Kolditz
Der alte Professor Bunzberger wird von zwei anderen Rentnern entführt und veranlaßt, eine Zeitmaschine in Gang zu setzen. Doch der Erfolg ist nur ein halber – die Verjüngung findet nur äußerlich statt.
Rolle: Theo
Hauptrolle: Erwin Geschonneck

81. Glück im Hinterhaus (Premiere: 5.3.1980); Regie: Herrmann Zschoche, Buch: Ulrich Plenzdorf
Der Bibliothekar Karl Erp flieht aus seiner Ehe in die Beziehung zu dem schönen Fräulein Broder. Doch am Ende will er zu seiner Frau zurückkehren (nach dem Roman »Buridans Esel« von Günter de Bruyn).

Hauptrollen: Dieter Mann, Ute Lubosch und Jutta Wachowiak

82. Die Schmuggler von Rajgrod (Premiere: 18.4.1980); Regie: Konrad Petzold, Buch: Konrad Petzold
Kleiner Grenzverkehr an der russisch-preußischen Grenze um 1903 – zwei Brüder stehen auf verschiedenen Seiten. Beide schmuggeln – der eine Menschen, der andere politische Schriften ...
Hauptrolle: Walter Plathe

83. Und nächstes Jahr am Balaton (Premiere: 26.6.1980); Regie: Herrmann Zschoche, Buch: Inge Wüste-Heym
Jonas und Ines sollen zusammen mit Ines Eltern den Urlaub in Nessebar verbringen – doch das will Jonas nicht. Er trennt sich, trampt und hat dabei einige aufregende Erlebnisse – am Schluß trifft er doch noch in Nessebar ein. Rolle: Otto Schmiedel. Hauptrollen: Gudrun Ritter und Peter Bause

84. Don Juan, Karl-Liebknecht-Str. 78 (Premiere: 7.8.1980); Regie: Siegfried Kühn, Buch: Siegfried Kühn. Heitere Zwischenfälle während der Inszenierung einer Oper – des »Don Giovanni«.
Hauptrolle: Hilmar Thate

85. Asta, mein Engelchen (Premiere: 14.5.1981); Regie: Roland Oehme, Buch: Manfred Wolter
Ein alter DEFA-Pförtner kommt in die Verlegenheit, einen berühmten Schauspieler zu kopieren – daraus ergeben sich heitere Verwicklungen.
Rolle: Meyer-Tassow
Hauptrolle: Erwin Geschonneck

86. Mein Vater Alfons (Premiere: 14.7.1981)
Kinderfilm; Regie: Hans Kratzert, Buch: Günter Ebert, Hans Kratzert
Eine Fahrradtour von Vater und Sohn quer durch die DDR mit Hindernissen. Rolle: Dixi-Mensch

87. Die Gerechten von Kummerow (Premiere: 18.3.1982); Regie: Wolfgang Luderer, Buch: Konrad Reich. In einem abgelegenen Dorf ist der Schäfer Krischan Anziehungspunkt für die Kinder – seiner phantastischen Geschichten wegen. Doch eines Tages wird er von den Dorfbewohnern abgeschoben und verschwindet. Die Kinder suchen ihn (nach dem gleichnamigen Roman von Ehm Welk).
Hauptrolle: Schäfer Krischan
U.a. mit Walter Jupé

88. Der lange Ritt zur Schule (Premiere: 13.7.1982)
Kinderfilm; Regie: Rolf Losansky, Buch: Gisela und Günter Karau
Ein Fernseh-Western, den der zehnjährige Alex sieht, wird Realität (nach der gleichnamigen Erzählung von Gerhard Holtz-Baumert).

89. Automärchen (Premiere: 16.6.1983); Regie: Erwin Stranka, Buch: Erwin Stranka
Merkwürdige Geschichten rund ums Auto; Hauptrolle: Kurt Böwe

90. Fariaho (Premiere: 1.9.1983); Regie: Roland Gräf, Buch: Martin Stephan, Roland Gräf

Die Geschichte eines Puppenspielers Ende der 50er Jahre, der immer noch mit der Erinnerung an Krieg und KZ nicht fertigwerden kann.

91. Einer vom Rummel (Premiere: 20.9.1983); Regie: Lothar Großmann, Buch: Lothar Großmann
Der 19jährige Benjamin arbeitet auf dem Rummel – eines Tages läuft er weg. Seine Erlebnisse lassen seinen Charakter wachsen. Verändert kehrt er zum Rummel zurück.
U.a.mit Renate Krößner

92. Unternehmen Geigenkasten (Premiere: 12.2.1985)
Kinderfilm; Regie: Gunter Friedrich, Buch: Anne Großens
Zwei Zehnjährige spielen Sherlock Holmes und Doktor Watson.

93. Gritta von Rattenzuhausbeiuns (7.3.1985). Kinderfilm; Regie: Jürgen Brauer, Buch: Christa Kozik
Märchenfilm nach dem Buch »Das Leben der Hochgräfin Gritta von Rattenbeiunszuhaus« von Christa Kozik
Rolle: Kuno Gebhardt Müffert
U.a. mit Hermann Beyer

94. Der Bärenhäuter (Premiere: 19.1.1986); Kinderfilm; Regie: Walter Beck, Buch: Eva Görsch
Märchenfilm nach den Gebrüdern Grimm; u.a. mit Hans Teuscher

95. Eine zauberhafte Erbschaft (Co-Produktion DDR/CSSR); Premiere: 13.7. 1986). Kinderfilm; Regie: Zdenek Zelenka, Buch: Josef Hanzlik, Zdenek Zelenka
Ein größenwahnsinniger Barockfürst und eine Zaubermütze, die unsichtbar macht, sind Hauptakteure in diesem Märchen.

96. Wie die Alten sungen ... (Premiere: 22.1.1987); Regie: Günter Reisch, Buch: Günter Reisch, Hans Weber
Rückgriff auf den Film »Ach, du fröhliche ...« – 25 Jahre danach steht Opa Lörke wieder ein turbulenter Heiligabend ins Haus: Von seiner Enkeltochter erfährt er, daß er Urgroßvater wird. Und wieder ist der Vater des Kindes jemand, der durchaus nicht an eine rosige sozialistische Zukunft glaubt. Aber am Ende gibts ein happy end.
Hauptrolle: Erwin Geschonneck

97. Die Alleinseglerin (Premiere: 2.7.1987); Regie: Herrmann Zschoche, Buch: Regine Sylvester
Das Segelboot, das eine junge Frau erbt, verändert ihr Leben. Erst will sie es verkaufen, doch dann entschließt sie sich, es auch allein zu segeln ... (nach dem gleichnamigen Roman von Christine Wolter).

98. Mensch, mein Papa ... ! (Premiere: 20.9.1988); Regie: Ulrich Thein, Buch: Ulrich Thein
Der Rentner Erich Zarling möchte Vorsitzender seines Hundesportvereins bleiben. Und er macht sich mehr als verdient, indem er ein Sportlerheim für den Verein bauen läßt.
Hauptrolle: Erwin Geschonneck

99. Zwei schräge Vögel (Premiere: 12. 9. 1989); Regie: Erwin Stranka, Buch: Diethardt Schneider

Zwei Informatikstudenten retten einen maroden DDR-Betrieb.
U.a. mit Gerit Kling

100. Ein brauchbarer Mann (Premiere: 19.10.1989); Regie: Hans-Werner Honert, Buch: Hans-Werner Honert
Der junge Ingenieur Uli Merkel wird von seinem Direktor beauftragt, den ehemaligen Chefkonstrukteur wieder in den Betrieb zu holen. – Doch Uli sieht sich nur benutzt und führt den Auftrag nicht bis zum Ende aus.
Hauptrollen: Tobias Langhoff und Rolf Hoppe

101. Das Land hinter dem Regenbogen (Premiere: 19.3.1992); Regie: Herwig Kipping, Buch: Herwig Kipping. Eine Filmparabel über den Versuch, in den 50er Jahren das Paradies in einem kleinen DDR-Dorf zu errichten. Was daraus wird, ist der Vorhof zur Hölle. – Den Enkeln bleibt der Traum vom Regenbogenland. Sie ziehen in die Wüste, einem neuen Land der Utopie entgegen.
Rolle: Kreissekretär
Hauptrolle: Winfried Glatzeder

102. Zirri – das Wolkenschaf (Premiere: 12.2.1993; Kinderfilm; Regie: Rolf Losansky, Buch: Losansky
Ein Stadtkind entdeckt auf seinem Weg zu den Großeltern auf dem Land die natürliche Welt und Ziri, das Wolkenschaf.
Rolle: Schnapsfabrikant
U.a. mit Walfriede Schmitt

IV
Rollen für das Fernsehen (bis Ende 1989, Auswahl)

1. Nackt unter Wölfen (1960); Regie: Georg Leopold; Buch: Bruno Apitz (nach seinem gleichnamigen Roman) Rolle: Pippig
mit Hans-Peter Minetti, Johannes Wieke, Edwin Marian, Gert Schaefer, Manfred Borges, Wilfried Ortmann

2. Gewissen in Aufruhr (1961); Regie: Günter Reisch, Hans-Joachim Kasprzik; Buch: Kurt Jung-Alsen (nach dem gleichnamigen Roman von Rudolf Petershagen)

3. Köpfchen, Kamerad! (1966) nach Franz Fühmanns Erzählung »Spuk«; Episoden aus der Arbeit eines Polizisten; mit Horst Kube

4. Erlesenes (Auftaktsendung für die gleichnamige Reihe/1968); Regie: Otto Holub; Buch: Kurt Bortfeldt
Vier Hauptrollen in vier literarischen Adaptionen (nach Prosatexten von Maxim Gorki, Jaroslav Hasek, Mark Twain und Jack London)

5. Jeder stirbt für sich allein (1970) nach dem Roman von Hans Fallada; Regie: Hans-Joachim Kasprzik
Rolle: Enno Kluge
u.a. mit Wolfgang Kieling

6. Junge Frau von 1914 (1970); Regie: Egon Günthernach dem gleichnamigen Roman von Arnold Zweig mit Jutta Hoffmann

7. Die Verschworenen (1970/71); Regie: Martin Eckermann; Autor: Helmut Sakowski (zwei Fassungen, zuerst als Vierteiler, 1970; ein Jahr später als Fünfteiler)
Film über die Vereingung von KPD und SPD im April 1946
Rolle: Gefangener Schulz

8. Zement (1973)
nach dem gleichnamigen Roman von Fjodor Gladkow
mit Hilmar Thate; Regie: Manfred Weckwerth, Rolle: Loschak

9. Der Sonne Glut (1973)
4teiliger Film des Fernsehens der DDR; Regie: fünf Regisseure; Buch: Edwin Marian
Episodenfilm über die Entwicklung der FDJ, Rolle: Meister Hubert

10. Scheidung in Tennessee (ERLESENES/1974); Regie: Jens-Peter Proll; Buch: Kurt Bortfeldt (nach O'Henry). Rolle: Friedensrichter Ben Widdup mit Agnes Kraus und Martin Flörchinger

11. Der erste Urlaubstag (1974); Regie: Richard Engel; Buch: Martin Stade (nach seiner Erzählung)
Film über einen skurrilen Bauern, der aus Angst vor Vögeln alle Kirschbäume absägen läßt.
Hauptrolle

12. Der Leutnant vom Schwanen-Kietz (1974); Regie: Rudi Kurz
Rolle: Kohlen-Ali

13. Tiefenprüfung (POLIZEIRUF 110/1975); Regie: Otto Holub
Rolle: Rolf Gürtner

14. Die Regentrude (1976)
Märchenfilm für Kinder; Regie: Ursula Schmenger; Buch: Fritz Gottschalk (nach der gleichnamigen Erzählung von Theodor Storm)
Rolle: Schäfer
mit Helga Göring, Cox Habbema

15. Zur See (1976); Regie: Wolfgang Luderer
Rolle: Edmund Kähler

16. Das Herz der Dinge (25.9.1977); Regie: Hans Werner; Buch: Helmut Richter
Rolle: Bürgermeister Kott
mit Jutta Wachowiak

17. Happy End (1977); Regie: Manfred Weckwerth
nach dem Theater-Musical von Elisabeth Hauptmann und Bertolt Brecht, mit Dietrich Körner, Wolf Kaiser, Inge Keller

18. Viechereien (1977); Regie: Otto Holub; Buch: Werner Bernhardy
Rolle: Melker Hahnemann
mit Agnes Kraus

19. Ende vom Lied (1979); Regie: Jurij Kramer; Buch: Klaus Helbig (nach dem Roman »Ochsenfurter Männerquartett« von Leonhard Frank)
mit Wolfgang Dehler, Wolfgang Greese, Hans Teuscher, Peter Kalisch, Rolle: Falkenauge

20. Märkische Chronik (1982); Regie: Hubert Hoelzke; Buch: Harald Hauser. Rolle: Schäfer Mathes

21. Die Leute von Züderow (1983/84); Regie: Martin Eeckermann
Rolle: Hauptrolle ABV Eckboom

22. Geschichten übern Gartenzaun (1984); Regie: Horst Zaeske
Rolle: Walter Rudolf

23. Hubertustag (DER STAATSANWALT HAT DAS WORT/1985); Regie: Hans Werner
Rolle: Quitte

24. Schauspielereien für Fred Delmare (1986): Sammelleidenschaften. Buch: Reinhard Hanke
Rollen: Wirt, Kurt Franke, Rudi Schulz, Wilhelm Bäuerlein, Helfried

25. Der zersprungene Spiegel (POLIZEIRUF 110/1986); Regie: Hans-Werner Honert
Hauptrolle (als Doppelrolle)

26. Schauspielereien für Käthe Reichel (1986): Fahrerlaubnis; Buch: Rudi Strahl; Regie: Roland Oehme; mit Käthe Reichel

27. Treffpunkt Flughafen (1986); Regie: Manfred Mosblech
Rolle: Friseur

28. Buschgespenst (1986); Regie: Vera Loebner; Rolle: Wirt

29. Unter einem Dach (DER STAATSANWALT HAT DAS WORT/1987); Regie: Udo Witte
Rolle: Bauer Kluter

30. Die ehrbaren Fünf (1988); Regie: Klaus Gendries; Rolle: Egon

31. Mitternachtsfall (POLIZEIRUF 110/8.1.1989); Regie: Gunter Friedrich, Buch: Günter Radtke
Die Polizei muß einen mondsüchtigen »Täter« ermitteln.
Rolle: Schweinemeister Wilhelm Sippach

32. Klein, aber Charlotte (1989) Serie des DDR-Fernsehens; Regie: Günter Stahnke, Buch: Andreas Knaup; Rolle: Hubertus Augustin; mit Helga Piur

Bis 1989 entstanden rund 95 Rollen für das DDR-Fernsehen, dessen Schauspieler-Ensemble er von 1970 bis 1992 angehörte.

V
Rollen seit 1990 (Ohne Rollen für DEFA und Deutscher Fernsehfunk in dieser Zeit)

1. Geschichten um den Scooter (in sechs Teilen) (1990); Produzent: novafilm Otto Meissner KG für ZDF; Regie: Klaus Gendries; Buch: Felix Huby
Rolle: Opa Rodin (35 Drehtage)
mit Walter Plathe, Marijam Agischewa, Claudia Rieschel, Heinz Rennhack

2. Willi – ein Aussteiger steigt auf (1991); Produzent: novafilm Otto Meissner KG
Rolle: Herr Putlitz (2 Drehtage)

3. Der Landarzt, Folge 108 (1991); Produzent: terranova Otto Meissner KG
Rolle: Bauer Riffke (2 Drehtage)

4. Lindenstraße Folge 334 (1992); Produzent: Geißendörfer Film- und Fernsehproduktion GmbH; Regie: Karin Hercher; Rolle: Günther Rantzow (1 Drehtag)

5. Im Stau (Fernsehkomödie), 3teiliger Pilotfilm (1992) ; Produzent: Allianz Filmproduktion GmbH (für WDR); Rolle: Opa Müller (4 Probentage und 3 Drehtage); mit Herman von Ulzen, Brigitte Janner

6. Ene, mene Muh und tot bist du (POLIZEIRUF 110/1992); Produzent: Manfred-Durniok-Produktion (ARD); Regie: Thomas Jacob
Rolle: Opa Schimpf (5 Drehtage)

7. Der Bergdoktor (1992); Produzent: Neue Deutsche Filmgesellschaft m.b.H.; Rolle: Dipl-Ing. Hans Stelzer (1 Drehtag)

8. Der Nelkenkönig (1992); Produzent: Phoenix Film
Rolle: Herr Mueller (1 Drehtag)

9. Tödliche Liebe (POLIZEIRUF 110/1992); Produzent: Manfred-Durniok-Produktion; Regie: Thomas Jacob

10. Sylter Geschichten, Folge »Freunde für's Leben« (1992); Produzent: ARG TeleVision GmbH
Rolle: Herr Marotzke (1 Drehtag)

11. Teufelsbräute (GESCHICHTEN AUS DER HEIMAT/1993); Produzent: VEGAS-Film-und-Fersehproduktions GmbH; Regie: Herrmann Zschoche
Rolle: Großvater (2 Drehtage)

12. Auf eigene Gefahr ..., Pilotfilm »Pech im Spiel« (1993); Produzent: Regina Ziegler Filmproduktion für ARD; Regie: Dieter Berner
Rolle: Generalkonsul (1 Drehtag)

13. Cornelius hilft ... (1993); Produzent: novafilm Otto Meissner KG für ZDF; Regie: Klaus Gendries
Rolle: Opa Krüger (1 Drehtag)

14. Schwarz greift ein, Folge 4 (1993); Produzent: INFAGE-Filmproduktion für RTL; Regie: Bodo Fürneisen
Rolle: Herr Reschke (3 Drehtage)
mit Klaus Wennemann

15. Kumulus – Olli & Co, Folge 10 (1993); Produzent: Eikon Filmproduktion GmbH für ZDF; Regie: Jürgen Brauer;
Rolle: Albert (3 Drehtage)

16. Die Wache, Folge 41: Vertrauen gegen Vertrauen (1993); Produzent: JE Entertainment (für RTL); Regie: Bob Blagden; Kamera: Norbert Stern; Rolle: Opa Böttcher (1 Drehtag) mit Francesco Pahlevan und Holger Kunkel

17. Elbflorenz, Folge 8: Trennung von Tisch und Theke (1993); Produzent: terranova Otto Meissner KG für ZDF; Regie: Manfred Moosblech; Buch: Rolf Gumlich
Rolle Antiquitätenhändler Leutersdorf (1 Drehtag) mit Uta Schorn, Günter Schubert, Karin Eikelbaum, Karl Michael Vogler, Gerrit Kling

18. Lindenstraße Folgen 434 und 435 (1994); Produzent: Geißendörfer Film- und Fernsehproduktion GmbH; Regie: Jens Hercher
Rolle: Günther Rantzow (insgesamt 6 Drehtage)

19. Fernes Land Pa-isch (1994)
Spielfilm; Regie: Rainer Simon
Rolle: Pförtner (1 Drehtag)

20. Katrin & Wladimir (1994); Produzent: ZDF; Regie: Jens Becker; Buch: Eva Maria Mielke. Rolle: Opa; mit Marianne Sägebrecht, Petra Kelling, Christoph Dechant

21. Matulla und Busch (1995); Produzent: Ostdeutscher Rundfunk Brandenburg (mit SFB, MDR); Regie: Matti Geschonneck; Buch: Ulrich Plenzdorf (nach dem gleichnamigen Roman von Klaus Schlesinger); Rolle: Busch (14 Drehtage) mit Erwin Geschonneck

22. Lautlose Schritte (1996)
Produzent: UFA – Fernsehproduktion GmbH; Rolle: Herr Müggenbusch (1 Drehtag)

23. Die Wache, Folge 66 (1996); Produzent: Endemol Enterainment Productions GmbH (für RTL)
Rolle: Herr Bachowiak (1 Drehtag)

24. Sprechstunde bei Dr. Frankenstein (1996); Produzent: Regina Ziegler Filmproduktion für ZDF; Regie: Peter Hill; Rolle: Einbrecher Harry (1 Drehtag)

25. Reise in den Tod (TATORT/ 1996); Produzent: Saxonia Media für MDR; Regie: Hans Werner
Ausgestrahlt: 29.12.1996
Rolle: Vater Merkel (1 Drehtag) mit Peter Sodann, Marijam Agischewa

26. Königstein (Serie) (1997); Produzent: Saxonia Media für MDR; Regie: Hans Werner/Frank Strecker
Rolle: Kurtl (12 Drehtage)
mit Dietmar Schönherr

27. Mama ist unmöglich (1997); Produzent: Provobis
Rolle: Herr Blaubechler (1 Drehtag)

KLEINE LEUTE
Das Leben des Schauspielers Fred Delmare
Aufgeschrieben von Michael Hametner
ISBN 3-89602-122-2

Kastanienallee 32, 10435 Berlin
Umschlagbild: Fred Delmare in
»Die Regentrude« (1976/DDR-Fernsehen)
Satz: Morten Heise auf QuarkXPress, SelectSet 5000
Gesetzt aus der Garamond
Druck und Binden:
Westermann Druck Zwickau GmbH